КНИГА ЗА
БРАКА

The Marriage Book

Cover and text illustration: Charlie Mackesy

First published 2000
Revised edition 2002
Reprinted 2003
Reprinted 2004
Reprinted 2005 (twice)
Reprinted 2009

ISBN 978-954-92573-3-5

Превод: Габриела Генчева
Редакция: д-р Вениамин Пеев
Корекция: Радостина Петкова
Форматиране: Стоян Стоянов

гр. Горна Оряховица 5100, П. К. 107
Фондация Алфа България
e-mail info@alphabg.org
www.alphabg.org

КНИГА ЗА
БРАКА

НИКИ И СИЛА ЛИЙ

ИЛЮСТРАЦИИ ОТ ЧАРЛИ МАКЕСИ

Alpha

Съдържание

Предговор
Ники Гамбъл

Бракът е атакуван в нашето общество. Според много хора той е остаряла институция. Във Великобритания броят на браковете за една година спада постоянно. На двойките, сключили брак, им е изключително трудно да останат семейни. Нивото на разводите притеснително се покачва. Какъв е отговорът на всичко това? Защо да сключваме брак? Как можем да останем семейни?

В тази книга Ники и Сила отговарят на тези въпроси, като ни показват ценността и потенциала на брака. Те дават предложения не само как да съхраним брака си, но и да му се насладим в пълнота.

Ники е мой най-близък приятел повече от тридесет години. Заедно учихме, в университета живяхме в една стая. Винаги е бил една крачка пред мен и непрекъснато съм се стремял да следвам примера му. Той стана християнин на 14 февруари 1974. Четиридесет и осем часа по-късно ме доведе при Христос. Ники и Сила сключиха брак през 1976. Осемнадесет месеца по-късно Пипа и аз също сключихме брак. Първите ни три деца са на приблизително една и съща възраст. Те решиха да имат четвърто дете.

След университета пътищата ни се разделиха – Ники замина да преподава в Япония, а аз заработих като адвокат. После Ники постъпи в богословски колеж. Последвах го след една година. Ники и Сила се върнаха в Лондон, където се присъединиха към екипа на църква „Св. Троица Бромптън" (англ. Holy Trinity Brompton – HTB). Една година по-късно ги последвахме. Ники и Сила ръководеха Алфа курса в продължение на пет години и през 1990 ни предадоха щафетата.

Научиха ни на много неща. Научихме толкова много от примера на техния брак и семеен живот. В дома им сме били свидетели на неща, към които заслужава да се стремим.

Ники и Сила ръководят „ Курс за подготовка за брака" в HTB от 1985 и „Курс за брака" от 1996. Много семейни двойки са обогатили брака си чрез участието си в тях. Тези курсове буквално са спасили браковете на някои двойки от раздяла и развод. При други случаи са превърнали водата на един банален брак във виното на здрав брак – промяна, която е възможна поради присъствието на Исус Христос. За трети курсовете са предоставили форум за творческо мислене как да продължат да изграждат един добър и здрав брак.

Докато четете тази книга, можете да останете с впечатлението, че бракът на семейство Лий е „прекалено хубав, за да бъде истина". Тъй като го наблюдавам повече от тридесет години, ми позволете да ви уверя, че е истински и че ни вдъхновява да се стремим към най-доброто.

Надявам се и се моля чрез тази книга много повече хора да могат да се насладят на плода на примера и мъдростта на Ники и Сила.

Ники Гамбъл

Благодарност

Искаме да благодарим на многото хора, които ни помогнаха с тази книга. Те са прекарали стотици часове в четене на черновата, в предложения за промени и добавки. Нямаше да напишем книгата без тях.
Особено сме благодарни на Джон и Диана Колинс и на Санди и Анет Милър, които ни вдъхновяват чрез своите поучения и живот. Също така сме благодарни на хората, които ни разказаха истории от своите бракове. Те спомогнаха за вкореняването на теорията в ежедневието.

Искаме да изразим огромната си благодарност към Филипа Пиърсън-Майлс, Мери Елис и Джоана Дезмънд, които набираха безкрайните промени с бързина, умение, търпение, както и на Чарли Макеси за оживлението, което внася в нашето семейство и в тази книга. Искаме специално да благодарим на Джо Глен, нашата редакторка. Без убедителния й ентусиазъм, хумор, въображение и нови идеи всеки път, когато зацикляхме, вероятно нямаше да завършим тази книга. Също така искаме да благодарим на Ники и Пипа Гамбъл не само за тяхното приятелство и насърчение през всички тези години, но и затова, че ни убедиха да започнем този проект.

Най-накрая искаме да благодарим на родителите си за тяхната непрестанна любов и пример на два дълги и щастливи брака.

Ники и Сила Лий

Любовта дълго търпи
и е милостива,
любовта не завижда,
любовта не се превъзнася,
не се гордее,
не безобразничи,
не търси своето,
не се раздразнява,
не държи сметка за зло,
не се радва на неправдата,
а се радва заедно с истината,
всичко премълчава,
на всичко хваща вяра,
на всичко се надява,
всичко търпи.
Любовта никога не отпада.

1 Коринтяни 13:4-8а

Увод

Историята на Ники

За първи път забелязах Сила на доковете на Суонси. Пътувах към югозападна Ирландия за лятната ваканция и тъкмо се бях дипломирал. Бях на осемнадесет, а тя на седемнадесет. Беше любов от пръв поглед. Прекарахме две седмици в две ваканционни къщички в едно от най-красивите и съхранени кътчета в Британските острови – югозападен Корк. През по-голямата част от времето не смеех да се надявам, че тя изобщо може да се влюби в мен. Два дена преди да си тръгне събрах смелост и й разкрих чувствата си. За моя изненада разбрах, че тя изпитва същото. Не можех да повярвам.

Сила все още учеше и й предстоеше матура. Имах още девет месеца преди да започна следването си в университета. Осъзнах, че тя едва ли ще си вземе матурата, ако остана в същата страна и затова реших сам да обиколя Африка с раница. Африка бе несравнима с онова, което бях преживявал до сега. Бях прехласнат от природата, хората и културата, но тайничко копнеех да съм у дома, при Сила. Чувствах се самотен през по-голямата част от времето и живеех за писмата, които тя ми пишеше до столиците на държавите, през които преминавах от Адис Абеба до Кейп Таун. Всичко вървеше добре, до Южна Африка. Бяха изминали повече от шест седмици, когато пристигнах в Кейп Таун. Бях изпълнен с много надежди, че там ще ме чака писмо, но уви, нямаше нищо (с изключение на едно писмо от майка ми). Бях съсипан.

Започнах да се чудя дали чувствата на Сила не са охладнели поради моето отсъствие. Ако това бе така, нямах никакво желание да се връщам в Англия. След като няколко седмици ежедневно проверявах в пощенската станция, се върнах обратно на стоп до Йоханесбург с малка надежда, която се възпламени отново, защото там ме чакаше писмо, което бях пропуснал да получа преди четири седмици. Качих се на първия полет за дома.

Веднага отидох да видя Сила в училището интернат, което беше нещо средно между затвор, от който момичетата не можеха да излязат, и крепост, която възпираше момчетата. След три прекрасни часа заедно, осъзнахме твърде късно, че са я заключили отвън. Заловиха я да се катери през прозореца в полунощ и бе наказана със „строг" режим през последните две седмици от училище.

Записах се в университета, а Сила завърши училище и се премести в Лондон. Тогава чух хора да говорят за християнската вяра по нов за мен начин. Постепенно започнах да разбирам и да мисля сериозно за смисъла на моя живот. Въпреки това не предприемах нищо, защото приятелството ми със Сила бе най-важното нещо в моя живот. Страхувах се, че ако стана християнин, а Сила откаже, имаше опасност да се отчуждим един от друг.

След пет месеца, през които внимателно премислях всичко, осъзнах, че съм достигнал до решителния момент. Трябваше да взема някакво решение. Повдигнах темата пред Сила и тя откликна с обичайния си ентусиазъм. След като се запозна с твърденията на християнството, Сила, също като мен, осъзна, че е открила истината и двамата я приехме.

Вместо да ни отчужди, новооткритата ни вяра прибави ново измерение в нашето приятелство. Отвори врата към една житейска перспектива, за чието съществуване не бях подозирал до този момент. Сякаш всички отделни части от моя живот бяха като парченца от пъзел – моето минало, приятелството ми със Сила, това, че учих английски, че бях в университета, всичко. Изведнъж всяко парченце зае мястото си.

През есента на 1974, след две години ходене, и двамата, независимо един от друг, достигнахме до идеята, че ако искаме да разберем със сигурност дали да прекараме остатъка от живота си заедно, трябва да се разделим за известно време.

Затова, рано един понеделник, в началото на октомври, изпратих Сила до гарата. Решихме да не се виждаме и да не разговаряме заедно до Рождество.

Беше красива есенна утрин, с килим от мъгла в светлооранжевата зора. Сила ми махаше за сбогом, а аз се чудех дали някога ще я видя отново. Вървях по опустелите улици на Кеймбридж и ми беше много тежко. Никога не се бях чувствал така. Реших изобщо да не ходя в Лондон през това време, защото щеше да бъде прекалено болезнено да бъда там без да виждам Сила.

Седмица по-късно играх футбол с приятели в старото си училище. Когато потеглихме обратно, приятелят, който ни возеше, каза: „Дано нямате нищо против да се върнем през Лондон, защото се налага да взема нещо от нас". Бях ужасен, но не му казах нищо. Просто се надявах, че няма да се бави много. Сила живееше в друга част на града.

Приятелят ни остави на Хай стрийт Кенсингтън и каза: „Ще ви взема от тук след четиридесет минути", след което потегли. Валеше силен дъжд. Стояхме на тротоара и се опитвахме да решим какво да правим. В този момент вдигнах очи и там, на около четиридесетина метра, към мен вървеше Сила.

Оставих двамата си приятели без никакво обяснение и се затичах към нея. Тогава тя ме видя. Затича се към мен. Прегърнахме се и си спомням, че я завъртях няколко пъти. Извиках на приятелите си да не ме чакат.

Седнахме в едно кафе и говорихме часове наред. Разбрах, че Сила пътувала с автобус по Хай стрийт Кенсингтън, попаднала в задръстване, решила да слезе и да извърви последния километър до мястото, на което искала да стигне. Тогава ме видяла.

Вероятността да се срещнем по такъв начин бе един на милион и затова приехме тази среща за знак от Бога. И двамата решихме, че ако Бог ни помогна да се видим по този необичаен начин, въпреки че полагахме много усилия да се избягваме, Той може да ни покаже през следващите три месеца дали да прекараме остатъка от живота си заедно. Отново се съгласихме да не се срещаме до Рождество. Този път усещането беше по-различно. Отново имаше сълзи, но този път вярвахме, че Бог ще ни води.

Раздялата бе тежка, но до края на семестъра нямаше никакво съмнение в ума ми, че исках да прекарам останалата част от живота си със Сила. Отново започнахме да излизаме заедно в началото на 1975. Оставаше ми още година и половина в университета. Сила идваше да ме посещава почти всеки уикенд и този период се изпълни с едни от най-щастливите спомени в живота ми.

Сключихме брак на 17 юли 1976 в Шотландия, родината на Сила, две седмици след като се дипломирах от университета.

Историята на Сила

Израснах в планинска Шотландия. Детството ми беше радостно и безметежно. Обичах природата, бях буйна и си мислех, че живея на най-хубавото място на света. Имаше само един недостатък: липсваха хора. Затова, когато най-добрата ми приятелка в училище Пени ме покани да прекарам заедно две седмици от лятната ваканция заедно с нея, семейството ѝ и приятели в Югозападна Ирландия, веднага приех. Бях едва на седемнадесет и нямах ни най-малка представа, че тези две седмици ще променят изцяло живота ми.

Трябваше да пътуваме с ферибот от Суонси до Корк. Пристанището на Суонси е сред най-тягостните места, които познавам, но въпреки това го срещнах именно там. Ники застана зад нас на опашката, излезе от едно старо, зелено Мини и се усмихна. Това бе любов от пръв поглед (или вероятно неустоимо привличане от пръв поглед, ако трябва да бъда по-точна). Той имаше голяма, черна, филцова шапка (беше през седемдесетте), дънки и бяла риза. Имаше страхотен тен. Беше на осемнадесет и си помислих: „Той е великолепен!"

Прекарахме две идилични седмици заедно с голяма група приятели. Возихме се на лодки и плувахме, ловихме скумрия, гребяхме до островите за среднощни барбекюта, стояхме под звездите и разговаряхме през ранните часове на деня. През цялото време се влюбвах все повече и по-дълбоко. Не казах нито дума за чувствата си на Пени. Нямах ни най-малка представа дали Ники изпитва същото към мен.

Четиридесет и осем часа преди да потеглим обратно към Шотландия открих, че чувствата ни са взаимни и Ники ме целуна за първи път. Още тогава, макар че бях само на седемнадесет (и той беше единственото момче, което бях целувала!), си спомням, че лежах будна онази нощ и си мислих, че ще се омъжа за него. Бях с него всеки ден в продължение на две седмици и чувствах, че не мога да живея нито ден от живота си без него.

Той замина за Африка за шест месеца. Това бе мъчително, защото тъкмо бяхме започнали да се опознаваме. Всички приятели в училище ми казваха да не възлагам големи надежди на тази връзка: Африка била далеч, шест месеца били много дълго време и той със сигурност щял да срещне някое друго момиче по време на това пътуване. Приятелството ни обаче ставаше по-близко чрез дългите и все по-интимни писма, които си пишехме. От тях откривахме все повече неща един за друг, които едва ли бихме разбрали, ако бяхме заедно, въпреки хилядите километри, които ни разделяха.

Когато ми се обади по телефона, за да ми каже, че се е върнал, сърцето ми сякаш спря за миг. Силата на чувствата ми беше почти непреодолима. Разделихме се, след като се видяхме отново след пътуването му, с взаимната увереност, че любовта ни е нараснала през месеците, прекарани в раздяла.

През есента на 1973 Ники влезе в университета, а аз заминах за Лондон. През деня учех машинопис, а вечерно време посещавах курсове по рисуване и подготвях портфолио, за да кандидатствам в колеж по изкуствата. Изкушението на студентския живот и копнежът ми да бъда с Ники ме караха да прекарвам повече време в неговия университет, вместо в подготовка за курсовете, които бях записала. Приятелството ни стана още по-близко и се задълбочи, в определен смисъл прекалено много, за да бъде добро за нас.

Докато растях, учех неща за Бога. Никога не съм се съмнявала в Неговото съществуване, но тази вяра не оказваше никакво влияние върху живота ми, с изключение на това, че понякога заедно с Ники ходехме на ранната служба в църквата в университета. Имах някаква обща представа, че един ден, когато стана достатъчно голяма, ще заслужа правото да отида на небето с рецитирането на няколко молитви, с ходенето на църква и с някое и друго добро дело. В онзи момент не се нуждаех от нищо друго. Имах Ники.

Преди Нова година бях приета в художествения колеж „Челси" и предстоеше да започна следващия септември. Животът сякаш ми разкриваше куп нови възможности. Когато Ники дойде в Лондон да ме посети една февруарска вечер през 1974 и започна да ми говори за християнството, проявих същия ентусиазъм, с който посрещах всичко, за което той говореше. Не разбирах смисъла на това, което ми казваше и нямах ни най-малка представа за начина, по който то ще повлияе върху живота ни.

Когато отидох да видя Ники този уикенд, той ме заведе веднага да чуя един проповедник на име Дейвид Макинис. Бях изумена от това, което чух. Промяната, която Ники преживя в продължение на няколко месеца, при мен стана в рамките на двадесет и четири часа.

Бях пленена от това, което каза Дейвид. Никога до този момент не бях чувала някой да говори по този начин за Исус Христос. Никой не ми беше казвал до този момент, че мога да имам взаимоотношения с Бога. За мен взаимоотношенията са всичко. Този петък говорихме до късно през нощта с най-добрия приятел на Ники, Ники Гамбъл, който на този етап бе много подозрителен по отношение на това, което преживявахме.

Неделята отидохме отново да слушаме Дейвид Макинис. Той говори за кръста. Непрестанно си повтарях: „Защо никой не ми е казвал до сега, защо Исус умря на кръста?" Сякаш всичко, което знаех, се подреди не само в интелектуално, но също така в емоционално и в духовно отношение. Всичко придоби смисъл, когато бе обяснен кръстът[1]. Все едно животът ми до този момент приличаше на черно-бяла снимка, която изведнъж оживя, първо с кратки и бавни движения, след това засили скоростта си докато не се изясни и не придоби красиви цветове. Животът придоби реалност, която не познавах до този момент. Стана радикална промяна на перспективата, започна нова свобода във взаимоотношенията ни, която не бях мислила, че е възможна.

Животът с новооткритата вяра бе вълнуващ. Взаимоотношенията ни с Ники се задълбочиха още повече. Осем месеца по-късно и двамата усетихме, че Бог ни води към разграничаване на нашата вяра от любовта ни един към друг. Това бе един от най-трудните моменти в живота ми, по-труден от времето, когато Ники замина за Африка. Беше ми много трудно да повярвам, че Бог има най-добрия план за нас.

Беше невероятно да преживея, как Бог се намесва в живота ни по начин, по който само Той може. Когато се срещнахме и прегърнахме на Хай стрийт Кенсингтън и аз извиках с все сила: „Ники!", си помислих: „Боже, никога отново няма да се съмнявам в Теб". Разбрах и бях дълбоко убедена, че мога да Му се доверя във всичко, да Му поверя дори най-скъпоценната част от живота си – връзката с Ники. Вярвам, че Бог ми показа в този ден, че без значение колко силно обичам Ники, любовта ми към Бога и Неговата любов към мен са най-важни в живота ми.

През тези три месеца на раздяла и двамата израснахме във взаимоотношенията си с Бога. Когато отново започнахме да се виждаме, животът ни стоеше на различна основа, основата на лична вяра, която оттогава укрепява взаимоотношенията помежду ни.

Ники ми предложи брак през февруари 1976 и се венчахме през юли. Бях на двадесет и една, а той на двадесет и две.

Пишем от перспективата на тридесет и две годишен брак. През тези години живяхме в Япония, в Североизточна Англия и в Централен Лондон. Заедно преживяхме раждането на четирите ни деца и на приблизително 1528 безсънни нощи. Познати са ни радостта и стресът на четири деца под осемгодишна възраст, както и предизвикателството и сложността да бъдем родители на тийнейджъри. Преживели сме заедно болести и финансови затруднения.

Преживяванията ни не се различават от тези на много други двойки. Сигурно сме пропътували заедно повече от 500 000 километра, разговаряли сме 15 000 часа и сме спали повече от 10 000 нощи в едно и също легло. Работили сме заедно и заедно сме се забавлявали. Смели сме се и сме плакали. Чувствали сме се объркани, раздразнени, озадачени и запленени един от друг. Все още сме влюбени един в друг и харесваме брака си.

Не твърдим, че нашият брак е по-специален от останалите. Няма съвършен брак, няма схема как се постига, нито безпогрешен прототип. Всяка двойка е уникална и има своя история. Нима хората, които имат хубав брак, са го постигнали случайно? Вярно ли е, че онези, които са били разочаровани в своя брак, просто са се венчали за неправилния човек? Нашият опит ни е показал, че хората се нуждаят от инструменти, с които да изградят здрав и щастлив брак. Трябва да се научим как да общуваме и да караме другия да се чувства обичан. Трябва да се научим да разрешаваме конфликти и да прощаваме. Разбрали сме, че радостта от сексуалната близост не може да бъде възприемана за даденост.

През последните двадесет и пет години все повече се стремим да помагаме на други семейства. Запознали сме се със стотици двойки и заедно с тях сме разглеждали различни и трудни проблеми. От всички тях и от нашия собствен брак сме научили, че брачната връзка не винаги е лесна, но че носи голямо удовлетворение. Въз основа на този опит, съчетан с нашето проучване и много съвети на други хора, които работят в тази сфера, разработихме петседмичен „Курс за подготовка за брака" за сгодени двойки и още един седемседмичен курс „Курс за брака" за двойки на различни етапи от брачния си живот.

Хиляди двойки са преминали тези курсове. Организираме по три курса годишно от всеки.

„Курсът за брака", върху който се основава тази книга, е предназначен да помогне на всяка двойка да инвестира в брака си и да го направи по-здрав и по-добър. Написахме книгата от желание да предадем онова, което ни прави по-влюбени днес, отколкото сме били при сключването на брак. Християнската ни вяра оказва огромно влияние върху начина, по който се стремим да се обичаме един друг и затова на различни места се опитваме да обясним въздействието й върху брака ни. Въпреки това не е нужно да бъдете християнин, за да извлечете полза от тази книга. Повечето от съветите, които даваме, могат да бъдат описани като практични насоки за изграждане и процъфтяване на едно взаимоотношение.

Включили сме много истории от нашия брак и от други бракове. Някои примери могат да ви се сторят тривиални, но именно малките неща могат да изградят или да съборят един брак. Другите двойки, чиито истории сме разказали, бяха толкова отзивчиви да споделят своя опит с надеждата, че могат да вдъхновят семейства да постоянстват и сами да открият какво динамично партньорство може да бъде бракът. (В повечето случаи сме променили имената, за да запазим в тайна самоличността им.)

Брачното колело (виж илюстрацията) съдържа всичко, което считаме за нужно да поддържа един брак за цял живот. Всяка част от книгата (и всяка седмица от „Курса за брака") разглежда един сегмент от колелото. Нашият опит показва, че всяка част е потребна, ако искаме колелото да остане здраво, особено когато пътят е по-неравен. В десета глава ще обясним по-подробно защо, ако Бог е в центъра на брака, може да ни окаже силно влияние, както една ос – на колелото.

Външната част на колелото, която символизира нашето посвещение, поддържа връзката. Според някои трябва да загърбим идеята за „брак за цял живот" и да приемем съжителство, което лесно се започва и лесно се напуска. Съществува ли все още причина за традиционния възглед за брака? Отговаряме с твърдо „Да".

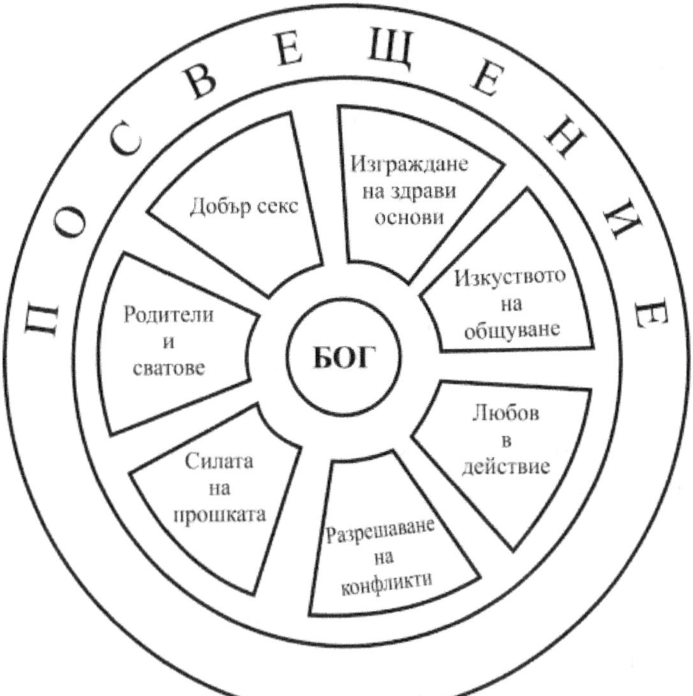

Според нас бракът остава от жизнена важност не само за нас като индивиди, но и като основа на всяко едно общество. Бракът е идеалната, дадена ни от Бога, основа за семеен живот особено защото децата научават най-добре какво представлява посвещението и любящите взаимоотношения чрез своите лични наблюдения върху посвещението между своите майка и баща. Няма по-важно нещо в образованието на детето. Децата, също като възрастните, учат много повече от това, което наблюдават, отколкото от това, което им се казва. Един баща ни каза наскоро: „Осъзнах, че най-добрият начин да обичам децата си е като обичам съпругата си".

Бракът не е само заради децата. Във всеки един от нас е скрит дълбок копнеж да имаме някого, пред когото да бъдем изцяло открити и честни емоционално, духовно и физически. Такава близост е възможна единствено когато има посвещение. Ще можем да разкрием най-съкровената си същност, ако знаем със сигурност, че няма да бъдем разочаровани.

Бракът е замислен от Бога като връзка, в която един мъж и една жена се посвещават един на друг в радикално и пълно отдаване. По време на венчавката свещенослужителят, свещеникът или пасторът може да благослови двойката, да се помоли за тях, да обяви, че пред Бога и пред хората те са семейство, но бракът се установява в обета, който мъжът и жената си разменят. Всяка фраза от него подчертава това посвещение за цял живот:

Младоженец:
Аз, Н., вземам теб, Н.,
да бъдеш моя съпруга,
да съм до теб и да се грижа за теб,
от този ден насетне;
в добро и зло,
в богатство и бедност,
в болест и здраве,
да те обичам и ценя,
докато смъртта ни раздели,
според Божия свят закон.
Това е тържественият ми обет.

Младоженка:
Аз, Н., вземам теб, Н.,
да бъдеш мой съпруг,
да съм до теб и да се грижа за теб,
от този ден насетне;
в добро и зло,
в богатство и бедност,
в болест и здраве,
да те обичам и ценя,
докато смъртта ни раздели,
според Божия свят закон.
Това е тържественият ми обет[2].

Бракът е предназначен от Бога да бъде приключение на любов, което продължава цял живот. Библията съдържа много практични съвети за това, как да изграждаме такава близка връзка. Исус Христос казва, че ако някой чуе думите Му и ги приложи, е като мъдър човек, който копае дълбоко и гради дома си върху сигурна основа. Когато дойдат бурите и задухат ветровете, а това става във всеки брак, къщата няма да се поклати.

Първа част

Изграждане на здрави основи

Първа глава
Поглед в перспектива

В леглото до мен има жена. Точно сега мога да протегна ръка и да я докосна, с лекотата, с която докосвам себе си. Колкото повече мисля за това, толкова по-изумително ми се струва от всяка звезда или луна. Мисля си, че това е още по-изумително, отколкото ако се окаже, че тази жена е ангел (което, като се замисля, може и да е така). Само два фактора правят тази ситуация поносимо прекрасна, така че сърцето ми да не експлодира в опит да я обгърне: единият е, че съм се събуждал точно като днес, със същата жена до себе си, стотици пъти преди и другият е, че милиони мъже и жени се събуждат един до друг, по същия този начин всеки ден, по целия свят, вече хиляди години.[1]

Майк Мейсън

Бракът е уникална възможност. Имаме шанса да споделим всеки аспект от живота си с друго човешко същество. Обещали сме да бъдем заедно в добро и зло и въз основа на сигурността на взаимното ни обещание, дръзваме да разкрием всичко за себе си.

Ние общуваме поради това, че сме хора, като изпитваме болката на другия и покриваме слабостите си един на друг. Радваме се на силните си страни и празнуваме успехите си. Даден ни е съветник, спътник, най-добър приятел – накратко, житейски партньор. Ако сме достатъчно търпеливи, достатъчно любезни и достатъчно неегоистични, ще открием, че всеки един от нас е неизчерпаемо богат.

(Англ. идиом: let the cat out = букв. пускам котката (от чувала) означава: издавам тайна – бел. ред.)

Бракът е донесъл неизразима радост на милиони хора и през вековете е почитан по целия свят с церемонии, стихове, проза и песни..

Какво представлява бракът?

Затова ще остави човек баща си и майка си и ще се привърже към жена си, и те ще бъдат една плът.

Битие 2:24

Бракът представлява съчетаване на двама души, свързани заедно, за да станат едно и следователно е най-близката, най-интимната връзка, на която човешките същества са способни. Някои могат да възразят, че връзката родител-дете е по-близка, като се вземе предвид, че животът на детето започва в майката. При все това, една здрава връзка родител-дете достига до непрекъснато раздалечаване и нарастваща *независимост*, тъй като всяко дете напуска семейното гнездо, за да създаде свой дом. В брачната връзка се случва точно обратното. Двама души, които преди са били непознати един на друг, се срещат и след това сключват брак. Те влизат във връзка, която в най-добрия случай е белязана от увеличаваща се *взаимозависимост*.

Джон Бейли пише за петдесетгодишния си брак след смъртта на съпругата си в книгата „Спомен на Айрис Мърдок". В края на живота си тя страда от Алцхаймер и той се грижи за нея.

> Когато поглеждам назад, ми е трудно да се разделим. Сякаш винаги сме били заедно... Що се отнася до Айрис, собствената ми памет, подобно на плътно прилепнала дреха, сякаш се е закопчала до горе и е съхранила всичко до настоящия миг. Докато работя в леглото рано сутрин и пиша на старата портативна машина, Айрис тихо спи до мен и сегашното ѝ присъствие изглежда такова, каквото винаги е било и каквото винаги трябва да бъде. Зная, че сигурно преди е била различна, но нямам спомен от този различен човек.[2]

Този процес на съвместно израстване не става автоматично. Повечето двойки пристъпват към брака с големи очаквания. Когато си тръгват от сватбеното тържество под дъжд от конфети и потеглят към залеза, не могат да си представят нито миг, в който да не искат да бъдат заедно. Дългосрочната реалност обаче е различна и потенциално далеч по-добра.

Съпругът и съпругата трябва да бъдат готови да градят своя брак. Всеки етап от този процес носи своите предизвикателства и възможности. В началните дни можем да бъдем шокирани от нещата, които ще открием един за друг – неща, които не са били очевидни по време на опияняващите дни на ходенето и годежа.

Що се отнася до нас, макар да се познавахме от четири години преди да сключим брак, и двамата трябваше да се пригодим към различни неща, които брачният живот разкри, като дразнещи навици, неочаквано поведение, различни ценности за двамата.

Първият урок на брака е да приемем своя съпруг или съпруга каквито са, да не се стремим да ги превърнем в хора, които сме се надявали да бъдат. Това взаимно съгласие трябва да продължи, тъй като следващите години със сигурност ще доведат до промяна. Както пише Шекспир:

Погрешно любовта се тъй зове,
когато на промени се поддава!
... И макар
да ни бразди челата и страните,
не може да я спре Косачът стар
да трае до завършека на дните.[3]

Въпреки всичките си усилия, не можем да останем каквито сме били. Променя се не само външният ни вид. Мисленето ни съзрява, характерът ни се изгражда и обстоятелствата ни се променят. Вероятно най-голямата промяна идва с пристигането на децата, макар и еднакво предизвикателно за нас да е обезпокояващото и травмиращо бездетие. Трудности в зачеването могат да доведат до голям стрес в брака, а това изисква голямо търпение, любяща подкрепа и решимост никой да не обвинява другия.

Раждането на дете носи невероятна радост, но често е придружено от физическо изтощение. По-късно, юношеските години могат да бъдат много забавни и да предоставят възможност да задълбочим приятелството си с децата, но и те обикновено ни въздействат изтощително в емоционален смисъл. Когато най-накрая децата се изнесат от дома ни, е възможно да скърбим за отсъствието им – този израз използва една майка, чиито деца постепенно напуснаха семейния дом, след като навършиха двадесет години.

През времето на отглеждане на децата трябва да мислим за много неща в дома и на работа и е много лесно да пренебрегнем брака си. Без съмнение, децата се нуждаят от грижи. От грижи обаче се нуждае и нашият брак. Когато една двойка продължи да инвестира във взаимоотношенията си и може да разчита на взаимна подкрепа през различните трудности в семейния живот, е възможно последните двадесет и пет години да бъдат най-хубави.

Една наша приятелка разпитвала наскоро родителите си за техния брак. Баща ѝ се обърнал към майка ѝ и казал: „Мисля, че имаме чудесен брак, в който има трудни и чудесни моменти". И двамата се съгласили, че най-трудна била фазата, когато били на тридесет – с малки деца, малко пари и високи изисквания на работните места. Когато обаче децата им започнали да стават все по-независими, въпреки че продължавали да запълват голяма част от живота им, натискът върху тях намалял и те имали време и възможност да се преоткрият по нови начини.

Франк Мюър описва в своята автобиография какво означава за него последният етап от дългия му брак с Поли:

> Когато брат ми Час и аз бяхме юноши, баба ни реши да ни подари пръстени с печати. Идеята да нося бижута не ми допадна и затова тя ми подари нещо друго.
>
> Наближаваше четиридесет и седмата годишнина от сватбата ни и Поли ме попита дали искам нещо за спомен. Изведнъж разбрах какво точно искам. Казах: „Може ли да имам венчална халка?"
>
> Поли бе много изненадана. Тя каза: „Кажи ми защо така ненадейно поиска венчална халка след всички тези години и ще получиш".
>
> „Първо исках да бъда сигурен" – отвърнах аз, под формата на остроумна полушега, която бе неподходяща за този емоционално наситен момент, но така спечелих време да помисля…
>
> Беше ми невъзможно да си представя какъв би бил животът без Поли. Да я намеря – това бе като замяна на петото ребро или намиране на половинката, която търсим, за да постигнем в процес онова, което Поли нарича „копнеж и стремеж към завършеност". В моя случай, това беше един съвършено успешен процес.
>
> Аз поисках венчална халка, за да мога да я нося като символ на щастието, което бракът ми с Поли бе донесъл. Сега, когато си работя у дома, е толкова прекрасно да зная, че Поли

е някъде наблизо, макар и невидима, вероятно се е навела и бере нещо в градината, и тихо мърмори или пък е някъде горе и скъсява полата на внучката ни.

Щастие е да зная, че Поли е наблизо.[4]

Защо някои бракове престават да функционират?

Трагично е, че днес чуваме как хора в толкова много бракове не преживяват това усещане за близост. В някои бракове нарастващото отчуждение през първите години разрушава връзката помежду им. Това може да се случи, когато децата са малки и ни изморяват или когато напуснат дома. В последния случай двойката може да открие, че няма какво повече да си каже и да се разведе, като си мисли, че изобщо не е трябвало да сключва брак.

Ние израстваме с вяра в един романтичен мит: ако Пепеляшка срещне своя чаровен принц, ще заживеят заедно, щастливо до края на дните си. Ако се появят търкания и се разлюбим, тогава, според мита, сме сключили брак за погрешния човек и сме осъдени да бъдем нещастни или да се разведем. Това послание се утвърждава в любовни песни, книги и филми. Зад този ширещ се и опасен мит стои убеждението, че истинската любов е нещо, което ни се случва, нещо, над което имаме малък или никакъв контрол.

Понякога този възглед се отразява в пресата по такъв начин, сякаш срещу него няма никакви възражения. Неотдавнашна статия в The Guardian твърди, че някои „хора с късмет" съхраняват интимни брачни взаимоотношения в продължение на двадесет или повече години, но естествената времева граница е само четири години. След като ги изгубиш, „нищо на света не може да възпламени отново тази магическа искра... Или я усещаш, или не я усещаш. С това въпросът приключва." С очевидно примирение авторът на статията завършва така: „Искрата може да бъде възпламенена от някой друг"[5].

Всеки обаче, който е бил част от стабилен брак в продължение на няколко години, би заявил, че взаимоотношенията трябва да се градят. Има повече неща от романтичните чувства, които карат една двойка да остане заедно. Нужен е ежедневен избор, понякога разговор на чувствителни теми, друг път превъзмогване на привличането към друг мъж или жена и ако романтичните чувства изчезнат за известно време, след това се връщат с още по-голяма и пленителна сила. На двойки, които сключват брак с мисълта, че изречението в обета „в добро и зло" няма да се отнася до тях, им предстои шок или провален брак.

Неуспешните бракове обикновено са резултат от процес на отчуждение, който трае много години, както описва това анонимно стихотворение, озаглавено „Стената":

> Сватбената снимка им се подиграваше от
> масата –
> двама души, чиито живот няма повече
> допирни точки.
> Обичаха се през толкова висока барикада,
> че нито думите на стенобойната машина,
> ни артилерията на докосването не можеха да я
> пробият.
>
> Изгубиха се един друг
> някъде между първия зъб на най-голямото дете
> и дипломирането на най-малката дъщеря.

През годините всеки бавно разви
това оплетено кълбо, наречено его.
И докато връзваха упорито възли,
всеки прикриваше копнежите си от другия.

Понякога тя плачеше вечер и умоляваше
шепнещия мрак да й каже коя е,
а той лежеше до нея и похъркваше,
унесен в зимен сън, без да съзнава нейната
зима.

Веднъж, след като се любиха, той искаше
да й каже колко се бои от смъртта,
но от страх да не разкрие голата си душа
просто заговори за красотата на гърдите й.

Тя се записа в клас по модерно изкуство
в опит да открие себе си
в цветове, разпръснати по платното
и в оплакване пред останалите жени за мъже,
които са безчувствени.

Той се качваше в гробница, наречена офис,
обвиваше ума си в погребалното платно на
цифрите
и се зариваше в проблемите на клиентите.

Бавно стената между тях се втвърди
от хоросана на безразличието.
Един ден, когато протегнаха ръка, за да се
докоснат,
откриха бариера, която не можаха да преодолеят.

Всеки се сви от студенината на камъка
и се отдръпна от непознатия в своя си край.

Любовта не умира мигновено
посред гневна битка.
Нито когато огнените тела изгубят своя плам.
Тя лежи ранена и чезнеща
в дъното на стена, която не може да се срине.[6]

Много бракове се разбиват не поради несъвместимост, а поради незнанието на съпруга и на съпругата какво е нужно, за да градят своята връзка. В нашето общество все по-малко хора израстват с примера на здравите връзки на своите родители.

Живеем в потребителски век, в който хората са отвикнали да поправят нещата. Ако нещо не работи, е по-лесно и по-евтино да си купят ново. Примамливи реклами ни насърчават да се съсредоточим върху копнежа си по нещата, които нямаме, вместо да сме благодарни за това, което имаме. Те увеличават очакването си за бързо задоволяване на желанията, подобно на мотото за кредитна карта, която обещава да премахне чакането поради липса. Насърчават ни да вярваме, че удовлетворението идва от това, което можем да придобием с най-малко усилия, вместо от онова, за което се трудим.

Алвин Тофлър, социолог и известен автор, пише, че хората днес „мислят през призмата на изхвърли всичко". Те не само купуват продукти за изхвърляне, но създават приятелства, които ще захвърлят. Този манталитет ражда бракове, които са обречени на изхвърляне.[7]

Много хора възприемат брака днес като временен договор между двама души, само докато трае любовта им. Нашата култура акцентува върху свободата на индивида. Ако взаимоотношението не носи лично удовлетворение, тогава е по-добре да го преустановим. Ако в брака няма повече любов, по-добре е да го прекратим.

Като общество откриваме, че последствията от това не се преодоляват толкова лесно. Единството на брачната връзка означава, че двама души не могат да бъдат разделени толкова лесно и безболезнено. Все едно да вземем два листа хартия, които са били залепени един върху друг, така че да станат едно и да се опитаме да ги разделим – непременно ще нарушим целостта и на двата.

В неотдавнашно интервю Майкъл Кейн *(Майкъл Кейн (род. 1933) – известен английски актьор, който има повече от 100 роли в киното – бел. ред.)* говори за разпада на първия си брак. Отчаяно се нуждаел от пари и съпругата му Патриша се опитала да го убеди да остави театъра: „... вместо да предаде мечтата си, той се отказа от брака си." Сега той твърди, че ако е подозирал терзанието, което ще преживее, би съхранил брака си на всяка цена. „Ако бях толкова силен, колкото бе Пат, можехме да успеем..."[8] Майкъл Кейн е прав. Бракът може да проработи отново, но за това са нужни съзнателни и целенасочени действия.

В продължение на две години живеехме само на три метра от един от най-големите новостроящи се жилищни квартали в Лондон. Посред грохота и праха можахме да наблюдаваме отвисоко всеки етап на строежа от прозореца на нашата спалня. Сами видяхме дълбочината и обхвата на работата, която бе свършена под земята. В продължение на няколко месеца четири огромни машини запълниха над двеста дупки с бетон, за да има здрава основа. Едва след това, започнаха да се градят впечатляващите с размера си сгради.

Ако искаме да градим здрав брак, трябва да положим дълбоки основи. За това е нужно време и е възможно да се вдигне шум и прах. Понякога напредъкът ще ни се струва болезнено бавен. Може да се наложи да се изградят нови начини на общуване. Чувствителните и спорни теми ще изискват обсъждане. Прошката ще трябва да се превърне в навик.

За онези, които имат дългогодишен брак, може да е нужно спешно да укрепят основите. Неотдавна чухме за промени, които били направени на една къща от периода на крал Едуард *(Крал Едуард: вероятно става дума за Едуард VII (1841 – 1910), чието управление (от 1901) предизвиква конституционна криза във Великобритания – бел. ред.)* в Северен Лондон. След две седмици един от строителите, който бил сам в къщата, усетил на приземния етаж разтърсване. Излязъл от задната врата и в този момент цялата къща се срутила до основи. Около нас има много бракове, които вече са се сринали. Има обаче и такива, които са били спасени от разруха и са били изградени до ново ниво на любов и посвещение.

Бракът, също като един дом, изисква поддръжка и редовни малки или по-големи ремонти. И домът и бракът предлагат безброй възможности за проява на творчество, вършене на различни неща и чести промени. Бракът може да стане статичен, което кара двойката да се чувства отегчена, в капан. Бракът процъфтява, където има творчество и нови инициативи.

За да изграждаме по-голяма близост помежду си, трябва да бъдем *инициативни* в браковете си. Твърде често просто *реагираме* по различен начин. Реагираме отрицателно на поведението или коментарите, които прави партньорът ни; обвиняваме се взаимно, когато нещата не вървят добре; отмъщаваме си, когато сме наранени.

Тази книга е предназначена за наръчник за изграждане на здрав брак. Всяка глава предоставя различен инструмент, с който можем да оформяме, поправяме, поддържаме или ремонтираме връзката си. Вярваме, че ако използвате дори само един от тези инструменти, ще започнете да виждате подобрение.

Надяваме се, че докато четете и обсъждате следващите глави, ще откриете, че можете да разговаряте помежду си с по-голяма лекота за вашия брак. Някои ще открият прекрасни неща за своя съпруг или съпруга, които никога не са виждали преди. Други ще разпознаят сфери от брака си, върху които трябва да поработят. Някои от практическите приложения могат първоначално да ви се сторят изкуствени, но от личен опит знаем, че ако продължите да ги изпълнявате, те ще станат нормална и естествена част от вашата връзка.

Ето какво казва журналистката Клер Рейнър, която води рубрика за семейни съвети, за брака си с Дезмънд:

> Тази година ще празнуваме четиридесет и три години брак. Не беше случайност. Не беше късмет. Колкото повече се трудиш над брака си, толкова повече нараства късметът ти. Станахме двойка, не двама души. Забавляваме се заедно, повече отколкото когато сме отделени. Все още го обичам и благодаря на Бога, че и той, изглежда, също ме обича.[9]

Втора глава

Планувайте, за да успеете

Между това не стои, а лети безвъзвратното време...[1]

Вергилий

Трябва да използваме времето като инструмент, не като кушетка.[2]

Джон Фицджералд Кенеди

Ясно си спомняме първия път, когато една двойка ни помоли за съвет поради проблеми във връзката им. Бяха женени от шестнадесет години и имаха две деца. Съпругът, успешен бизнесмен и на върха на своята кариера, се обади отчаян, че съпругата му иска да го напусне. Пристигнаха в дома ни и очевидно се чувстваха малко неловко. Ние отворихме вратата. Също се почувствахме неловко. Чудихме се дали има какво да ги посъветваме, за да им помогнем.

Попитахме ги къде са се объркали нещата. И двамата много добре описаха събитията през изтеклите месеци и години, като всеки имаше своя версия. Никой обаче не оставяше другия да завърши изречението си. След десет минути стана ясно, че имат по-голямо желание да се нападат взаимно, вместо да отговарят на нашия въпрос. Бракът им приличаше на много заплетено кълбо, което е по-лесно човек да изхвърли и да купи нова прежда, вместо търпеливо да се опитва да развърже всеки възел. За щастие, те бяха готови да се опитат да останат заедно.

Видяхме две неща, които трябваше да се променят, ако искаха да дадат шанс на брака си. Първо, беше нужно да прекарват много повече време заедно. Второ, трябваше да използват времето си по-ефективно. Много неуверено им предложихме всеки ден да отделят тридесет минути, в които да разговарят заедно. Всеки трябваше да позволи на другия да говори за своите чувства поне пет минути, без да го прекъсва. Също така ги насърчихме да планува веднъж седмично вечер, в която да излизат някъде, както са излизали преди да сключат брак.

Две седмици по-късно посрещнахме на вратата си двама съвсем различни души. Бяха поели по пътя на разбирателството. Бяхме развълнувани, когато се убедихме, как един брак може да бъде преобразен, ако една двойка престане да бъде реагираща и стане инициативна, когато е готова да отделя специално време един за друг.

Време заедно

Лишаването на един брак от време, прекарано заедно, е равностойно на лишаване на човек от въздух или растение от вода. Някои растения могат да оцелеят по-дълго от други, но впоследствие и те ще увяхнат и ще умрат.

Роб Парсънс, изпълнителен директор на Фондация „Грижа за семейството", описва нещо, което сам нарича „великата илюзия":

> Можете да имате няколко основни цели в живота си, но не можете да се посветите на всяка от тях стопроцентово, без някой да плати определена цена... Имаме толкова много извинения. Най-често се убеждаваме, че ще дойде ден с по-забавено темпо. Казваме си: „Когато къщата бъде ремонтирана, когато получа повишение, когато взема изпитите – тогава ще имам повече време". Всеки път, когато се наложи да кажем:

> „Не сега, скъпа...” се успокояваме, че денят с по-забавено темпо наближава. Най-добре е да осъзнаем още сега, че този ден е просто илюзия – никога няма да настъпи. В каквато и ситуация да сме, всички имаме потенциала да запълваме времето си. Ето защо е нужно да *отделим време* за онези неща, които считаме за важни, и то да го направим още сега.[3]

Ана Мърдок приписва провала на своя брак с Рупърт на липсата на време, което да прекарат един с друг. В интервю, което дава през 1988, когато излиза вторият й роман „Семеен бизнес”, тя казва: „Нужно ми е нещо, с което да запълвам времето си. Имам зает съпруг и децата ми вече не се нуждаят толкова много от мен. Пиша, за да избягам от самотата.”[4] Приятел на семейството коментира следното: „Вярвам, че на Ана й омръзна той да работи толкова много и по този начин тя му заявява: 'Не искам така да прекарам остатъка от брака ни'. Мисля, че тя иска той да забави темпото... Рупърт е изцяло посветен на работата си. Ако работиш със САЩ, Великобритания, Далечния изток и Австралия, непрекъснато си на телефона.”[5]

Самият Рупърт, в интервю със своя биограф Уилиам Шоукрос през 1999, изтъква подобна причина, когато е запитан защо бракът му се разпадна:

> Пътувах често, бях вманиачен в бизнеса и вероятно повече от нормалното бях незаинтересован, когато децата ни пораснаха и домът ни ненадейно опустя. Семейният дом изведнъж се превърна в дом за двама, без неговия

> централен, общ интерес, който се разпръсва по света. Това са основните причини, поради които се отдалечихме един от друг.[6]

За разлика от тях, бившият член на групата „Бийтълс" Пол Маккартни и починалата му съпруга Линда съвсем съзнателно положиха усилия да прекарват време заедно, въпреки натиска на славата. Хънтър Дейвис, приятел и биограф, си спомня, че Пол определя две неща като особено важни за самия него: да бъде със семейството си и да свири.

> Той бе готов да се върне назад, да започне отначало, да свири в местни зали, в университети. Тогава си помислих, че това е толкова зряло, толкова умно, толкова отговорно – да го осъзнае и да действа според него. Така се ражда групата Wings и обединява двете неща, които Пол обича най-силно в живота си. Той вземаше Линда и децата на турнета със себе си из страната. При нужда спяха и в каравани.
>
> Естествено, критиците бяха ужасни към Линда. Критикуваха музикалните ѝ умения или тяхната липса, бяха злонамерени към Пол, като го определяха като глупав, защото я влачи със себе си. Първоначално Wings не бяха толкова блестящи, но се упражняваха, учеха и ставаха все по-добри. Така беше и в брака им.[7]

Времето, прекарано с хората, които са най-важни за нас, не се създава от само себе си. То изисква съзнателно и категорично решение. Преди да сключат брак, повечето съпруги и съпрузи планують да прекарват всяка свободна минута заедно. Гари Чапмън, брачен консултант, описва това добре:

> Във върховата си точка чувството на влюбеност е еуфорично. Ние сме емоционално завладени един от друг. Заспиваме, като мислим за другия. Когато се събуждаме, този човек е първата мисъл, която ни идва на ум. Копнеем да бъдем заедно... Когато се държим за ръце, ни се струва, че кръвта ни се слива... Грешката ни е била, че сме очаквали това да продължи вечно.[8]

Принудени сме да вярваме, че ако действително сме влюбени, тези чувства никога няма да избледнеят. Изследванията на психолозите обаче сочат, че това състояние трае средно около две години. След това двойката повече не може изцяло да разчита на своите чувства. Двамата трябва да *изберат* да се обичат взаимно.

След като веднъж сключат брак, времето прекарано заедно, лесно може да отпадне от приоритетите. Когато живеем под един и същи покрив, е много лесно да започнем да си мислим, че не е нужно да координираме програмата си; да започнем да се възприемаме за даденост. Уверени сме, че *брачните двойки* трябва да продължат да планират специално време един за друг. Усилията, които сме влагали при срещите, когато сме били влюбени, очакването, вълнението, разнообразните часове и места са все неща, които допринасят за удоволствието от тях. Ако в брака продължим да отделяме време един за друг, романтиката ще бъде съхранена жива, ще имаме възможност да общуваме ефективно и разбирането ни един за друг ще се задълбочи. Честотата и естеството на прекараното време заедно ще подобри с годините качеството на нашата връзка.

В нашия брак се стремим да спазваме план на фиксирано време, което прекарваме заедно един с друг. Възможното и практически реализуемото е различно за всяка двойка, но знаем, че без такъв план, няма да прекарваме достатъчно време заедно. Когато хората искат да им кажем едно нещо, което брачна двойка може да направи, за да съхрани брака си жив и любовта си нараства през годините, им отговаряме със следното:

> Планувайте редовно време всяка седмица от поне два часа, които да прекарвате сами заедно.

Тъй като думата „среща" не се отнася стриктно до романтични срещи, в „Курса за брака" използваме прозаичния термин брачно време. Това време трябва да бъде различно от останалото време, което прекарвате заедно през останалата част от седмицата. Вечерта вкъщи може много лесно да се превърне в поредната вечер, прекарана в изчисляване на сметките, поправяне на счупената брава или в гладене на прането. Тези скучни домашни задължения са неизменна част от семейния живот, но ако се срещаме *само* да обсъждаме извлеченията от банката или нужните ремонти, ще убием смисленото общуване и любовта ни ще охладнее.

Внимателно планираното време заедно възпламенява романтиката в брака. Не е нужна изтощителна организация. Свещи на масата, музикален фон, поръчка на храна от ресторант (за да си почине готвачът), включване на телефонния секретар – това е всичко необходимо. Тези моменти трябва да бъдат забавни и незабравими. Можем да отидем на кино или на вечеря. Време е да се хванем за ръце, да се смеем, да се наслаждаваме на неща, които и двамата обичаме да правим заедно, и преди всичко време да разговаряме. Това е времето да споделим надеждите и страховете, вълнението и безпокойството, борбите и постиженията си. Такова едно споделяне изгражда близост. Просто е, но е много градивно.

Не е много лесно да запазим това време един с друг. Появяват се пречки: работното време, над което имаме малка власт, превозването на децата от едно място на друго или самоналоженият натиск, че „винаги има нещо важно, което трябва да бъде свършено". Много от нас са преуморени в края на деня и най-лесният вариант е да седнем пред телевизора, физически един до друг, но разделени в мислите си.

Опитът ни показва, че спазването на ежеседмичното време заедно изисква следните три ангажимента. Първият е да *го планираме*. Съпругът и съпругата трябва да огледат календарите си и да открият най-подходящото време всяка седмица. Зависи от това дали имаме деца, колко са големи, дали работим в дома или на отдалечено място. Трябва да решим кое време е най-добро за нас. Сега, когато нашите деца са пораснали и заради работата, която имаме, за нас най-подходящи са двучасовите обеди. Записваме ги в календарите си, веднъж седмично и им се посвещаваме като на покана, която сме приели или на среща, която сме уговорили. Тъй като сме заети, обикновено планувате ежеседмичните си срещи три месеца напред, като вписваме всеки името на другия в календара си веднъж седмично, като всяка друга среща.

Възможно е тази идея да планувате време с вашия брачен партньор да ви се стори изкуствена, но времето, прекарано заедно, е първото нещо, което безмълвно загърбваме в една връзка на любов. Решаваме да не се пренебрегваме. За да сме по-точни, рутината на ежедневието ограбва времето, което преди сме прекарвали един с друг.

Вторият ангажимент е да направим времето, прекарано заедно, *приоритетно*. Това означава да разпознаем важността му над и преди останалите добри неща, които бихме могли да вършим през свободното си време като: посещение на семейството, забавления в дома, отиване на парти, гледане на футболен мач с приятели или ходенето на църковни събирания. Когато превърнем времето, прекарано един с друг, в главен приоритет, изпращаме силно послание за нашата любов.

Когато сключихме брак, често пренебрегвахме това. Когато хора ни канеха да правим нещо заедно, ни се струваше нелюбезно да откажем и да запазим вечерта само за себе си. Затова сега, вместо да им казваме: „Ще си останем в нас", отговаряме: „Много съжалявам, но сме заети", без да уточняваме с *какво*. Ако получим вълнуваща покана, която съвпада с брачното ни време, сме се разбрали да не я приемаме преди да сме се посъветвали един с друг. Обикновено приемаме такава покана, само ако можем да намерим друго време за нашата среща за въпросната седмица.

Третият ангажимент е да *защитаваме* това време. Прекъсванията могат да унищожат времето ни заедно. Телефонът може да ни хване в плен. За някои хора е трудно да устоят без да го вдигнат. За други е трудно да не говорят по телефона няколко часа. Ако попадаме в някоя от тези категории хора, трябва да обмислим варианта да закупим телефонен секретар или просто да изключим телефона.

За други телевизорът е основният узурпатор. Той лесно завзема много часове всяка седмица, които биха могли да бъдат прекарани в разговори. Алън Сторки в книгата си „Бракът и неговите съвременни кризи" пише: „... силата на телевизията като отбой от взаимоотношенията в дома е огромна, а въздействието й върху споделянето в брака е опустошително. Телевизията расте и популяризира култура на едно субективно удовлетворение."[9] Ако телевизията е проблем, направете нещо. Махнете телевизора от всекидневната или превърнете целия си дом в зона без телевизори.

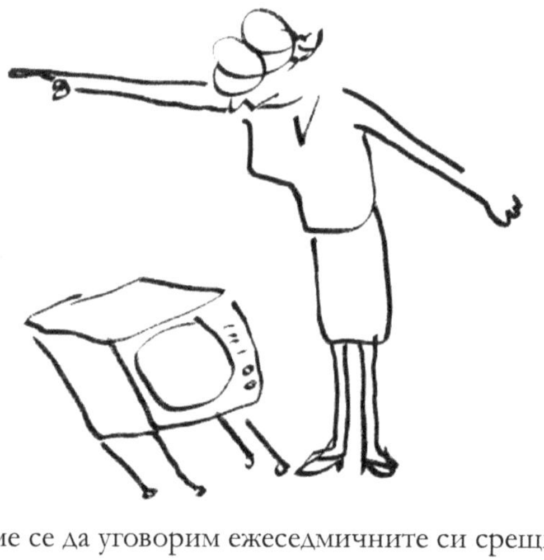

Опитваме се да уговорим ежеседмичните си срещи на места, на които е малко вероятно да попаднем на наши познати. Нуждите на семейството и на приятелите са важни, но не толкова важни, колкото е потребността да инвестираме в своя брак.

Колкото сме по-заети, толкова по-важно и по-неудобно става да отделяме време един за друг. Понякога при единия или и при двамата изникват неотложни задачи. Много по-лесно е да устоим на изкушението да отменим времето, прекарано един с друг, когато сме уверени в дългосрочното му преимущество. Разбира се, имало е седмици, когато това е било невъзможно, но сме открили, че две седмици без възможност да си отпочинем заедно и да общуваме правилно са твърде дълъг период в брака. След това установяваме, че сме изгубили връзка помежду си и че не сме добре. Когато сме прекарали време заедно, се чувстваме добре: седмицата ни се струва по-балансирана, по-малко се тревожим за житейските предизвикателства, държим се по-добре един към друг и към децата.

Един ден заедно

На всеки четири или шест месеца планувame да бъдем сами цял ден. Това е време, когато разговаряме за онези неща, за които в ежедневието не ни остава нито време, нито сила. Това е време, когато поглеждаме назад и преценяваме какво има смисъл и какво се нуждае от вниманието ни, време да разчетем средствата си, да прегледаме целите си за бъдещето и да помечтаем за нови идеи в брака и семейния ни живот.

Когато отделяме този ден на всеки няколко месеца, не допускаме зацикляне по тези по-важни въпроси. Тези дни са специални и забавни за нас. Тъй като живеем в града, се опитваме да отидем сред природата. Разхождаме се, обядваме заедно и си предоставяме достатъчно време за разговори. Понякога набелязваме плановете и целите си за няколко месеца, за да можем да ги прегледаме в идните месеци.

Почивки

Открихме нуждата внимателно да обмисляме как и къде да прекарваме отпуските си, като се съобразяваме с нуждите и предпочитанията си. Прекалено лесно е просто да се пуснем по течението, да видим как ще се получат нещата и да приемем първата покана, която получим от някого. Били сме на почивки, които не сме обмисляли и когато сме се връщали сме осъзнавали, че ни е нужна още една почивка, за да се възстановим от предишната. Основната цел на почивката е да се забавляваме и да прекарваме време заедно извън рутината на ежедневието. За нас празниците с много други приятели, децата на приятелите или със семействата ни са прекрасни за *част* от времето, но не за цялото време.

Кратки медени месеци

Два или три дена прекарани заедно като двойка, веднъж годишно, без децата, оказват изумително ревитализиращо въздействие върху взаимоотношенията ни. За двойки с малки деца това може да е по-трудно за организиране, но определено си заслужава усилията. Ако нямате близки, които да се грижат за децата ви, защо не се договорите с приятели, които имат деца на същата възраст?

Ако пътуването до някъде е прекалено скъпо, можете да си останете у дома (но без децата) и да правите нещо съвсем различно. Можете също да размените домовете си с приятели или с някои от роднините ви, които живеят в друга част на страната. Възприемаме това време като кратък меден месец всяка година. Преимуществата възнаграждават щедро всички положени усилия за организирането им.

Време отделно един от друг

Въпреки че акцентуваме върху времето, което прекарваме заедно, повечето съпрузи и съпруги прекарват известно време разделени. Едни наши приятели, които са щастливо женени от няколко години, си спомниха, че съпругът е трябвало да отсъства цяла седмица три седмици след венчавката. Всички съчувствали на бедната, изоставена съпруга. Тя обаче била доволна. Могла отново да се наспи. Споделянето на легло с чифт ритащи крака и други нощни занимания напълно я били изтощили. Тя се нуждаела точно от една седмица, за да се възстанови.

Когато раздялата не е поради необходимост, трябва да става с искреното и доброволно съгласие на съпруга и на съпругата. Твърде чести „ергенски вечери" или „момински партита" не допринасят за брака и всяка подобна покана трябва да бъде внимателно обмислена и от двамата. По-добре разочаровайте приятел, отколкото да накърните брака си.

Възможно е някои приятелства от дните преди брака да се задълбочат, когато съпругът и съпругата ценят тази връзка. Не е възможно обаче да се съхрани всяко едно приятелство. Взаимоотношенията, които по някакъв начин застрашават брака, трябва да бъдат оставени да умрат, особено при опасност от физическо увлечение. Така ще останем верни на брачните си обети: „като загърбвам всички останали, да му бъда верен/ вярна докато смъртта ни раздели". Това е част от новото начало, което поставя бракът.

Това не означава, че трябва всичко да правим заедно. Не трябва да се опитваме и да принуждаваме нашия брачен партньор да стане като нас във всяко едно отношение. Възможно е да има социални събирания, църковни дейности, обществени събирания, покани за работа или за забавление, по отношение на които имаме различни становища. Възможно е това да се дължи на вида личност която сме, на способностите ни в дадена област или на степента на нашето самочувствие. Разбира се, приоритет за нас е да намерим дейности, които доставят удоволствие и на двама ни, но въпреки това ще има интереси, които няма да споделяме.

> Много брачни двойки са в конфликт по този въпрос. Единият се чувства изоставен, докато

> другият иска да е сам. В действителност всеки от тях има нужда от време за себе си. Така двамата осъзнават, че искат да бъдат отново заедно. В здравите бракове всеки зачита правото на другия на свое пространство и време.[10]

Трябва да вземем под внимание четири въпроса, особено ако имаме малки деца:

- Съпругът и съпругата имат ли възможност да изграждат индивидуалните си интереси?
- Индивидуалните ни интереси водят ли до взаимно негодуване или искрено си предоставяме това лично време един на друг?
- Искрено ли желаем първо да освободим своя партньор, а не да изкопчим време за себе си?
- Готови ли сме да се откажем от различните си интереси, ако семейните обстоятелства го изискват?

Ако отношението на съпруга и на съпругата е правилно, предоставеното време за отделни интереси ще даде възможност на връзката да придобие други измерения, да не поражда клаустрофобия, да бъде освежаващо, стимулиращо, да предостави нови мисли и истории в брака. Някои интереси обаче ще трябва да бъдат забравени или загърбени, ако водят до раздалечаване на партньорите или създават напрежение в брака.

Сила Една от страстите на Ники е плаването. Когато се срещнахме за първи път в Югозападна Ирландия, скоро осъзнах това и първа изявих желание да се включа в неговия екипаж по време на двуседмичното състезание през август. Няколко години по-късно открихме, че плаването и малките бебета са напълно несъвместими. След много напрежение, известно негодуване и агонизиране решихме, че семейна ваканция с четири малки деца под осемгодишна възраст, в продължение на две седмици по време на състезанието с лодка, ще донесе повече конфликти, отколкото удовлетворение.

В резултат на това, в продължение на много години планувахме отпуската си така, че да застъпи два или три дена от състезанието с лодки, за да има Ники възможност да се включи за кратко и след това да имаме свободно време, което да прекараме всички заедно. Днес всички в семейството са отлични моряци и трябва да се състезавам с останалите, за да стана част от екипажа на Ники.

Да споделяме един с друг

Процесът на съчетаването на два живота в един може да стане единствено, когато си изградим навик редовно да разкриваме един пред друг своя свят. Понякога за това са нужни много усилия, но различният ни принос в продължение на цял живот изгражда резервоар от споделени преживявания и степен на взаимно разбиране, което ни сближава.

Обикновено започваме всеки ден като обсъждаме плановете си, както и потенциалните области на стрес или безпокойство, след което се молим един за друг, преди да се разделим. (Описваме по-подробно как правим това в четвърто приложение.) Тези няколко минути трябва да бъдат вмъкнати в променящия се облик на семейния живот. Когато децата ни бяха малки, обикновено разговаряхме и се молехме (с известни затруднения!) преди да станем сутрин. Когато децата пораснаха, започнахме да го правим веднага след като ги изпратим на училище.

Има огромни дългосрочни преимущества, ако споделяме един с друг ежедневните подробности от живота си. Когато прекарваме една или повече вечери разделени, отново се стремим да отделяме време за споделяне по телефона поне веднъж дневно. Това ни позволява да навлизаме в света на другия и ни помага да проявяваме по-голямо разбиране един към друг. Също така ни помага да привикнем един към друг, ако сме били разделени.

Вечер денят лесно може постепенно и поотделно за двама ни да забави своето темпо: един от нас да заспи на дивана, а другият да се пъхне сам в леглото. Заради връзката ни и въпреки умората, обикновено се опитваме да споделяме по нещо и в края на деня, когато се подготвяме за сън или докато единият от нас е във ваната. Една съпруга, след двадесет и пет годишен брак, описва по следния начин късните вечери: „Това е каймакът на нашия брак: вечерното разказване и споделяне на спомените от изминалия ден".

Първа част – изграждане на здрава основа

Заключение

В основата на здравия брак е здравото приятелство. Дори добрите приятели се отдалечават един от друг, щом приятелството им не се подхранва и укрепява. Първата инвестиция, която трябва да направите, е да прекарвате определено време заедно – ежедневно, ежеседмично и ежегодно, за да може приятелството ви да израства и да изгражда здрава основа за вашия брак.

Ежеседмичното ни време, прекарано заедно, се оказа прекрасна инвестиция и се превърна в единственото най-важно средство да останем близко свързани един с друг, което поддържа романтиката жива. Когато времето е планувано, защитавано и приоритетно, ще се преборите с илюзията, че един ден ще настъпи „по-свободен ден". Често си спомняме думите на Роб Парсънс: „... нужно е да отделяме време за нещата, които вярваме, че са важни и то още сега".[11]

Първо златно правило на брака

Непременно отделяйте време един за друг и
се забавлявайте заедно.

Втора част

Изкуството на общуване

Трета глава
Как да разговаряме по-ефективно?

Единственото истински важно нещо е да продължите разговора, който сте започнали.[1]

Майк Мейсън

През декември 1986 Ана напусна съпруга си Джеймс след тригодишен брак и заживя с друг мъж. Тя поиска развод и подаде молба. Джеймс започна да се моли за помирение, въпреки нейния отказ дори да го види.

След две години и половина бе завършен първият етап от развода (decree nisi). През юли 1989 той изпрати на Ана и на нейния нов партньор два билета за евангелизацията на Били Грейъм. Тя му ги върна. Стана така, че Били Греъм реши за остане още една, четвърта вечер и да говори на стадиона „Уембли". Джеймс й изпрати още два билета. Ана му се обади и му съобщи, че партньорът й не иска да дойде, но тя би отишла, ако Джеймс също отиде.

По-късно тя написа: „Сякаш всяка дума, която изрече Били Греъм, попадна право в сърцето ми. Работата ми беше хубава. Имах си приятел, но въпреки това не бях щастлива. Били Греъм говори много за това, как да положим ново начало. Помислих си: „По-бързо да се свърши с развода, за да започна начисто с новия си приятел".

В края на проповедта Ана излезе на поляната, за да предаде живота си на Христос. „През сълзи усетих по невероятен начин Божията любов и всички приоритети промениха местата си в моя живот. Вярвах, че Бог ми дава ново начало, но също така ясно Го чух да ми казва: 'Сега ще възстановя брака ти'. В този миг осъзнах, че бракът ми е много ценен за Бога и Той ще направи нещо свръхестествено. Той ме увери – някак си – че няма просто да закърпи брака ми, а че напълно ще го обнови."

Съветничка от организацията на Били Греъм се приближила към нея на поляната и я попитала дали е дошла с някого. През сълзи Ана отговорила: „Да". Съветничката я попитала дали този човек е християнин. Тя отново отговорила: „Да". Съветничката й предложила да отиде и да доведе този човек. Ана отвърнала: „Но това е моят съпруг!" Съветничката възкликнал: „Това е чудесно!" На което Ана отговорила: „Вие не разбирате, за първи път го виждам от две години и половина". В този момент съветничката се разплакала.

Ана разбрала, че трябва да се върне при съпруга си. Трябвало да се яви в съда заедно с Джеймс, за да отменят временното постановление на decree nisi. Съдията се зарадвал, секретарят се разплакал от радост. Днес, осемнадесет години по-късно, те имат две деца и са дълбоко отдадени един на друг.

Неотдавна ги помолихме да споделят какво се бе объркало, преди да се разделят. И двамата се съгласиха, че раздялата е била в резултат от липса на общуване. Ана писа: „Бракът ни рухна, защото не споделяхме истинските си чувства един с друг. Започнах да споделям със сестрите и близките си приятелки, вместо със съпруга си. Това започна, първоначално несъзнателно, да изгражда преграда помежду ни. Когато отново се събрахме, реших да нямам таен мисловен и емоционален живот скрит от Джеймс. В миналото често се съсредоточавах върху отрицателните аспекти на връзката ни, като рядко давах глас на чувствата си. Ефективно повдигах обвинения срещу него, без да му позволя да се защити."

„Сега много по-лесно разпознаваме, когато някой таи негативни чувства и настоятелно задаваме въпроси, за да излязат те наяве. Аз съм склонна повече към драматизъм от Джеймс и ако не се чувствам добре, ми е трудно да говоря, защото се самозатварям емоционално. В такива моменти трябва да полагаме много повече усилия, за да общуваме."

Джеймс писа: „Ако трябва да посоча една съществена причина за нашата раздяла, това би била неефективната комуникация. Много добре си спомням лекотата, с която човек смята, че ще се задоволи с изричането на много думи, без да каже каквото и да било по същество. Настоящият опит по този въпрос подчертава нуждата от качествено време, което да отделяме в заетите си програми. Това обаче според нашия опит не се отнася единствено до времето. Ефективната комуникация означава да разкрием всички части от живота си, в моя случай дори онези места, които съм се научил чудесно да прикривам. Поне по отношение на мен, за това е нужно не само време, а и смелост."

„Освен нуждата да зная, че Ана ме приема безусловно, се нуждая и от смелост, която надхвърля естествените ми запаси. Открил съм, че този вид смелост идва единствено, когато черпя от Божиите запаси. Без Него съм и бих си останал безнадежден случай. Най-добрите ми намерения да се променя биха се провалили. Най-често използваната фраза, с която жените ме определяха преди да стана християнин бе: 'Никога не знаем какво изпитваш'. Мислех си, че съм емоционален инвалид и че една част от мен някак си е останала дълбоко замразена. Все едно живеех със скрит недъг, който оставаше невидим, докато не се опитах да се приближа до някого."

„През последните осемнадесет години разбрах, че с Божията благодат действително е възможно да израстваме заедно и да имаме връзка, която става все по-добра с всяка изминала година. Сам съм го преживял и съм го наблюдавал много пъти в други християнски семейства. Винаги съм го искал, но преди си мислех, че то е възможно само в романтичните филми и в сантименталните романи."

Въпреки че Уинстън и Клементайн Чърчил са прекарали голяма част от петдесет и шест годишния си брак разделени поради политиката и двете световни войни, те непрестанно са поддържали връзка чрез писма, картички, телеграми и бележки, от които до днес са запазени над 1700.[2] Те си изградили навика да споделят един с друг всичко, което мислят или чувстват. Тази постоянна връзка сигурно е спомогнала за любовта помежду им, която продължила през целия им живот.

В най-добрите бракове няма тайни между съпрузите. В показан неотдавна филм за кралица Виктория по телевизията имаше разговор между нея и премиера, лорд Мелбърн. Кралицата искаше съвет дали да разговаря с новия си съпруг принц Албърт за държавни дела, по отношение на които той, като германец, може да не се съгласи с нея. Съветът на лорд Мелбърн бе много мъдър: „В брака несъгласията не са наполовин толкова опасни, колкото са тайните. Тайните пораждат недоверие."

Разбира се, трябва да се научим *как* да комуникираме един с друг. В статия, озаглавена „Пощата в неделя", в която се описва крахът на един брак на известни хора, съпругът е цитиран да казва: „Когато отидохме на брачен консултант, с изненада открих, че никога не сме говорили истински. Чух съпругата ми да говори пред напълно непознат човек за чувства, които изобщо не подозирах, че съществуват. Чух се да правя същото. Можехме да комуникираме само чрез непознати."[3]

Професор Джон Готмън, който ръководи лаборатория за изследвания на брака във Вашингтонския университет и анализира брачните връзки повече от тридесет години, отбелязва следното:

> Това, което се случва обикновено е, че единият партньор се стреми да спечели интереса на другия, но не успява. Основният проблем е емоционалната свързаност... Хората искат от партньора си: „Покажи ми, че ме обичаш". Много хора живеят в емоционална пустиня. Ето защо имат толкова голяма нужда от промяна.[4]

Да разговаряме

Важността на разговора

Робърт Луис Стивънсън *(Робърт Луис Стивънсън (1850 – 1894) е известен у нас най-вече с приключенските си романи „Островът на съкровищата" и „Мистерията на доктор Джекил и мистър Хайд" – бел. ред.)* описва брака по следния начин:

> Бракът е един дълъг разговор, прекъсван от спорове. Двама души все повече пригаждат своите възгледи в унисон с тези на другия и след известно време, без звуци на тромпет, те навлизат заедно в нови мисловни светове.[5]

Преди няколко години, когато децата ни бяха малки, ги оставихме при баба и дядо им за три дена, за да прекараме известно време само двамата. Отседнахме в малък хотел в планинска Шотландия като с нетърпение очаквахме тази отпуска, не на последно място, защото щяхме да имаме повече време да разговаряме. Пристигнахме в хотела вечерта, разопаковахме багажа си и слязохме в ресторанта.

Беше пълен с други двойки, повечето от които изглежда сякаш бяха семейни от двадесет и пет или повече години. Въпреки това, освен звука от дрънченето на ножове и вилици по чиниите, в залата цареше пълна тишина. Настаниха ни на маса по средата на ресторанта. Седнахме възможно най-близо един до друг и си шушукахме, за да не бъдем чути от останалите.

Уверени сме, че ако останалите двойки бяха на вечеря с приятели или дори на парти с непознати, нямаше така мълчаливо да се хранят през цялата вечер. Щяха да положат усилие да поведат разговор. Трагедията за много съпрузи и съпруги е, че *най-голямото усилие*, което трябва да положат, е по отношение един на друг.

Разбира се, освен ако не планувате време един с друг, обикновено се срещаме в най-лошите си моменти: рано сутрин, когато едва сме будни или късно вечер, когато сме изтощени. Телевизията или вестниците заемат мястото на разговорите. Ако се получи някакъв разговор, той се свежда до функционални молби като: „Можеш ли да занесеш палтото ми на химическо чистене?", „Можеш ли да пуснеш това писмо вместо мен?" или обикновена размяна на факти: „Робърт получи повишение", или „Жената от другата страна на улицата роди".

Да полагаме усилия

Ако при първото ни излизане със своя съпруг или съпруга не бяхме разговаряли, вероятно нямаше да сключим брак. Взаимоотношенията се изграждат, когато полагаме усилия. Една жена, която бе на ръба да изневери, ни каза защо е толкова привлечена към друг мъж: „Изглежда той проявява интерес към мен – задава ми въпроси...”

Не можем да разберем какъв интерес проявява някой към нас, освен ако не проявим усилие да проявим интерес към него. Голямата тайна за успеха на брака е да задаваме въпроси за деня, за различните неща, които сме правили, за това което ни тревожи, интересува, безпокои, обнадеждава, за плановете ни. Можем да установим мнението на партньора си за ежедневни неща, както и относно по-значими въпроси.

Много двойки прекарват деня си по различен начин. Неотдавна разговаряхме с бизнесмен от Австралия. Той има напрегната работа и прекарва по-голямата част от деня на мобилния си телефон. Телефонът му започва да звъни, когато влезе в колата сутрин и не престава да звъни цял ден, докато не го изключи на прага на дома си, когато се прибира вечер.

Съпругата му, която преди също е имала натоварена работна програма, сега прекарва деня у дома в грижи за трите им деца, които са под петгодишна възраст. Когато чуе вратата да се отваря, тя отчаяно се нуждае да поговори с друг възрастен, копнее за стимулиращ разговор със зрял човек по време на вечеря. Когато той влиза в светилището на своя дом, единственото нещо, което *иска*, е да си отпочине сам. И двамата знаят, че трябва да положат върховно усилие, за да бъдат чувствителни към нуждите на другия.

Друга двойка, която познаваме, е изнамерила стратегия за такава ситуация. След като съпругът си тръгне от работа, времето му принадлежи на неговата съпруга. Затова, докато пътува към дома, започва да мисли за нея, за това, как тя е прекарала деня си, като по този начин се подготвя отново да я види и да вечеря заедно с нея. Тя прави същото, докато го чака да се прибере. Такова взаимно усилие лесно води до разговор и в много редки случаи няма да може да приближи двама души и да задълбочи приятелството им.

Други ситуации също изискват подобни усилия.

Представете си медицинска сестра в раково отделение, която е женена за банкер – всеки ще трябва да положи големи усилия, за да разбере натиска върху другия и да уважава неговата/нейната професия. Съпругът или съпругата на учител в училище може да се наложи да бъде изключително търпелив/търпелива по отношение на времето, тъй като голяма част от вечерите преминават в подготовка на уроците за следващия ден и подчертаване на книги, което оставя малко време за разговори и съвместна почивка. Натискът ще бъде различен по време на ваканциите, когато учителят ще се наслаждава на още един ден почивка, докато брачният партньор ходи на работа.

Да увеличаваме темите си на разговор

Някои двойки откриват, че им липсват достатъчно теми на разговор. В такъв случай трябва да увеличат броя на общите си интереси. Общите преживявания по естествен начин водят до стимулиращи разговори. Една наша приятелка ни каза за общи интереси, които родителите й са открили през четиридесетте години брачен живот:

> Когато татко се срещнал с мама, тя никога не била гледала през бинокъл, а познанието й за птиците се простирало единствено до света на врабчетата. Изумително е да видите огромните й орнитоложки познания днес, когато е на шестдесет и пет години. Тя започна да се интересува от тази област заради любовта си към татко – това беше неговата страст. Заедно са извървяли хиляди километри в изследване на птици през повече от четиридесетгодишния си брак.
>
> По подобен начин, татко изобщо няма афинитет към изкуството и на младини не би прекарал и една вечер в операта или театъра.

> Това е любимото занимание на мама. През годините той избра да я придружава и полагаше много усилия да се интересува от изкуство. Понякога се връщаше от опера или театър, които действително му бяха харесали. Друг път заспивал по време на представлението и когато се върнеше у дома, често не помнеше нито заглавието, нито сюжета. Бе прекарал вечерта в опит да разбере, как се сменят декорите.

Понякога е нужно съзнателно решение да покажем интерес към онова, което нашият съпруг или съпруга харесват. Възможно е това да означава да започнем да правим отново заедно онези неща, които сме правили, в началото на срещите си или да открием нови неща, които са важни и за двама ни. Списъкът с възможности е безкраен и може да включва: нови спортове, фотография за съхраняване на семейната история, ремонт вкъщи, градинарство, посещение на пазари и автомобилни изложения (като наблюдатели или като клиенти), посещаване на непознати места (с туристически наръчник), гледане на спорт, подкрепа за някой местен отбор, ходене на кино или на театър, четене на поезия, разходки, слушане на музика.

След това можем да обсъждаме различната си реакция. Трябва да извлечем от другия мислите и чувствата му, какво е харесал и какво не, какво иска да направим следващия път и т.н.

Да използваме времето за хранене

Първоначалното значение на думата *общуване* е *съвместно хранене.* Комедиантът и пътуващ писател Майкъл Палин прави следния коментар след като обикаля света:

> Почти във всяка страна, която посетих по време на пътуването „От полюс до полюс", съвместното хранене бе важна социална дейност. Така и трябва да бъде. Споделеното хранене е най-добрият

> форум за преодоляването на наскърбления и празнуването на удоволствия, които предстои да бъдат измислени.

В библейско време храненето е било възможност за изграждане на приятелства. Вероятно това стои зад избора на думите на Исус, в които описва желанието Си за връзка с нас: „Ето, стоя на вратата и хлопам; ако някой чуе гласа Ми и отвори вратата, ще вляза при него и ще вечерям с него, и той с Мене" (Откровение 3:20).

Съвместното хранене винаги е било ценено като средство, което сближава семейството, и едва във втората половина на двадесети век започва да бъде пренебрегвано на Запад. Опасността от ресторантите за бързо хранене и от микровълновата печка е, че позволява на хората да се хранят бързо и поотделно. В някои части на Америка това достига до крайност – някои къщи се строят без столова, но с място за телевизор във всяка стая. Това е голяма загуба. Една двойка сподели с нас: „За нас времето за хранене е сред най-важните поводи за смислени разговори. Без значение колко удобно е бързото хранене, подреждането на масата, сядането заедно без прекъсване или разсейване винаги носи полза."

Да говорим за чувствата си

Преди много години получихме тъжно писмо от жена, която бе семейна по-малко от година. Тя ни писа: „За целия свят бяхме щастлива, току-що сключила брак двойка. Той слагаше маска, когато сме с други хора. Няколко седмици след като се венчахме, толкова много се разочаровах. Мислех си, че ще можем да говорим за всичко, но той никога не говореше за чувствата си."

За мъжете в нашата култура като цяло е по-трудно, отколкото за жените, да показват чувствата си. Определено в миналото, а до известна степен и днес, от мъжете се очаква да пазят чувствата си в тайна, докато жените са насърчавани да споделят своите чувства с приятелките и семейството си. Както каза и Ана по отношение на разрушения си брак с Джеймс: „Започнах да споделям със сестрите и близките си приятелки, вместо със съпруга си".

Някои мъже се определят като „неемоционални". Чувствата обаче са основна част от човешкото естество и трябва да се научим да разговаряме за тях, ако искаме да общуваме ефективно в брака си. Когато попитахме една жена която наскоро премина „Курса за брака", какво най-много ѝ хареса по време на курса, тя написа: „Съпругът ми *трябваше* да споделя с мен мислите и чувствата си. Той има толкова прекрасни мисли, но никога не ги облича в думи." Ако понякога питаме своя брачен партньор: „Какво чувстваш?", можем да му помогнем да говори по-свободно. Ако се научим да изразяваме чувствата си, когато сме добре, има много по-голяма вероятност да успеем да правим същото и когато се чувстваме под натиск.

В един брак преминаваме през трудности от финансово естество, сблъскваме се със сериозни здравословни проблеми, преживяваме катастрофа, имаме проблем с подрастващо дете, преживяваме спонтанен аборт, скърбим. Преживяването на криза може да укрепи или да разруши един брак. Особено смъртта на дете обтяга неимоверно брачните връзки и нивото на разводите сред такива двойки е значително по-високо, отколкото при останалите. По време на скръб или тъга, можем лесно да започнем да отричаме чувствата си, да се отдръпнем един от друг или да се скрием зад работата си. Основно при справянето с подобни преживявания като двойка е да дадем глас на чувствата си, колкото и болезнено да е това и да си позволим един на друг да откликнем различно и заедно да преодоляваме скръбта.

В статия в едно списание, озаглавена „Разбирате ли интимността?", е цитирана жена на име Алисън, която казва: „Джеймс разчита аз да изпитвам всички чувства в нашето взаимоотношение... Той е англичанин. Много е дистанциран. Родителите му го изпратили в пансион, когато бил на осем години. Когато това се случи на едно малко момче, то скоро научава, че чувствата ще направят живота му много по-труден."

След като Алисън преживяла спонтанен аборт, двойката започнала да се отчуждава. Алисън продължава: „Открих, че ми помага, когато говоря за трагедията. Джеймс обаче потискаше чувствата си. Той преодоля скръбта като стана много критичен към мен и се ядосваше за най-малкото нещо. Една вечер в леглото осъзнах, че и той от седмици се чувства депресиран. 'Защо не ми каза, че се чувстваш така?' попитах го аз."[6]

Дълбокото общуване изисква да бъдем откровени за вътрешното си състояние и да признаем, че сме уязвими един пред друг. Ако не комуникираме болезнени и сложни чувства, ако се опитаме да ги преодолеем сами, ще се отдалечим един от друг. Онези от нас, които се чувстват неспособни да *разпознаят*, какво остава *да говорят за* чувствата си, трябва да знаят, че е възможно да се променят. Добро начало е да записвате три или четири (важни или маловажни) неща, които са ви се случили през деня. Срещу всяко от събитията запишете как сте се почувствали. Например:

> Хванах влака – бях отегчен / внимателен / изморен;
> Обадих се по телефона – ядосах се / обнадеждих се / обезпокоих се;
> Отидох в банката – срамувах се / бях спокоен / бях раздразнен;
> Съпруг или съпруга – почувствах се щастлив / напрегнат / развълнуван.

Нужна е смелост да започнем да изговаряме тези чувства, ако не сме свикнали да го правим. Тъй като вероятно ще се чувстваме разголени и уязвими, трябва да сме сигурни, че съпругът или съпругата ни няма да ни отхвърли, да ни се ядоса или обвини за това, което ще разкрием.

Да изберем подходящия момент

Макар да е важно да нямаме тайни един от друг и да можем да разкриваме чувствата си, не винаги е правилно веднага да казваме какво мислим. Внимателно трябва да вземем предвид въздействието на думите си. В Библията, в Притчи, се казва: „Правилната дума, казана на подходящото място, е като уникално бижу" (Притчи 7:11).[7] Да се въздържим и да изчакаме по-подходящ момент е част от цената да обичаме. Това може да изиска да изчакаме, докато и двамата сме отпочинали, докато не сме твърде ангажирани и имаме време да обсъдим въпроса.

Една двойка описа какво прави, когато двамата са раздразнени от поведението на другия и усетят, че вероятно темата е чувствителна. Вместо веднага да я обсъждат, първо разговарят с Бога за това и се молят Той да им помогне да я обсъдят на правилното време. Изумени са колко често другият е подемал инициативата да започне разговор по тази тема.

Да изразяваме привързаност

Проявяваме мъдрост, ако отложим повдигането на чувствителни теми за по-подходящ момент. Няма обаче правилни и неправилни моменти, когато искаме да говорим за *положителните* си чувства един към друг. Честото им обсъждане има силно въздействие върху брака, както казва Франк Мюър:

> Що се отнася до мен и до Поли, влюбеността със сигурност прерасна в нещо по-трайно, в любов. Любовта като цяло е много по-дълбоко взаимоотношение на *привързаност*, в което човек дава и получава, за разлика от влюбването.
>
> Заедно с Поли утвърждаваме чувствата си един към друг всяка вечер заедно с молитва за останалите членове на нашето семейство, за далматинката на Сал – Доти и за нашия котарак Чинто (наречен на най-високата планина в Корсика – чувствително име за абисинец). Затова, ако един журналист от женско списание ми се обади днес и ме попита колко често казвам на съпругата си, че я обичам, бих отвърнал (след кратка пауза за изчисление с помощта на елка) грубо 16 822 пъти, като това ще бъде самата истина.[8]

Четвърта глава

Как да слушаме по-ефективно?

Двама души могат да разговарят заедно много години под един и същи покрив, без наистина да се срещнат някога.[1]

Мери Катъруд

Нашият брачен партньор ни разказва за своя ден. Ние продължаваме да гледаме телевизия или да четем вестник и от време на време кимваме. Телефонът иззвънява. Един от приятелите ни е. Оставяме вестника и изслушваме всяка дума, която ни се казва. Брачният ни партньор вижда как отговаряме оживено, как показваме жив интерес, как проявяваме дълбока симпатия или показваме голяма наслада от разговора. Има дълги паузи, тъй като премисляме думите на приятеля си. Даваме знак на съпруга или на съпругата си да намали звука на телевизора и сядаме на стола с гръб към него като насочваме цялото си внимание към телефона.

Повечето от нас са съвършено способни да слушат, но често пренебрегваме да изслушваме хората, които виждаме най-често и чийто глас чуваме най-много. Лесно е да си помислим, че най-важната част от комуникирането е да *говорим*, да се изразяваме добре, да разказваме увлекателно, да показваме знанието си и да оповестяваме мнението си. Библията ясно се противопоставя на този възглед, като поставя много по-голям акцент върху нуждата от слушане.

В Притчи ни се казва: „Да отговаря някой преди да чуе, е безумие и позор за него" (Притчи 18:13). Колко от нас обаче правят именно това? Апостол Яков в Новия Завет ни насърчава към същото: „Вие знаете това, възлюбени мои братя. Обаче нека всеки човек бъде бърз да слуша, бавен да говори и бавен да се гневи" (Яков 1:19). Може би затова Бог ни е създал с две уши и с една уста, за да се научим да слушаме два пъти повече, отколкото да говорим. Ако живеем според съвета на Яков, всичките ни взаимоотношения ще функционират по-добре.

Като човешки същества един от най-големите ни копнежи е да бъдем изслушани и разбрани. Това посреща основната нужда, която всички ние имаме – да не бъдем сами. „Самаряните" един ден започнаха рекламна кампания с плакат, на който беше изобразено едно огромно ухо и надпис под него: „Отворено 24 часа в денонощието". Тази организация съществува, за да подкрепя всеки и по всяко време, като го изслуша. Някои хора посещават съветници или терапевти, за да са сигурни, че поне един човек ще ги изслуша в продължение на час. Не е нужно да плащаме за това.

В брака опасността идва, когато нехаем за изслушването било поради мързел или защото предполагаме, че вече знаем, какво ще бъде казано. Лесно си изграждаме лоши навици, като прекъсваме или довършваме изречението на другия. По думите на един съветник:

> Дарбата на добър слушател изисква постоянно упражняване и е вероятно най-целителната дарба, която някой може да притежава, тъй като тя позволява на другия просто *да бъде*, приютява го на безопасно място, не съди и не съветва, показва подкрепа на ниво по-дълбоко от словесното.[2]

Изслушването е силен начин, по който показваме, че се ценим взаимно, но ни струва скъпо. Нужно е усилие, за да изслушаме своя съпруг или съпруга, когато излива своите чувства или изказва мнението си.

Много от нас не сме слушателите, които можем да бъдем. Когато подобрим умението си да се изслушваме, ще подобрим брака си. Открихме, че следващите пет профила са полезни, за да определим върху какво трябва да поработим.[3] (Единият от нас разпозна себе си и в петте!)

Пет профила на лошия слушател

Който съветва

Вместо да се стреми да прояви съчувствие към своя съпруг или съпруга, *човекът който съветва*, иска да разреши проблема, като предложи бързо разрешение: „Ето какво трябва да направиш". Когато това достигне до крайност, може да унищожи брака.

Срещнах Патрик, когато бях на четиридесет години и бе женен от седемнадесет години. Спомням си го, защото първите му думи бяха толкова драматични. Седна на кожения стол в офиса ми и след кратко представяне се наведе напред и каза много развълнувано:

– Доктор Чапмън, бях глупак, истински глупак.

– Какво те доведе до такъв извод? – попитах аз.

– Бяхме женени седемнадесет години – каза той – и жена ми ме напусна. Сега разбирам какъв глупак съм бил.

Повторих първоначалния си въпрос:

– В какъв смисъл си глупак?

– Жена ми си идваше у дома след работа и ми разказваше проблемите си в офиса. Аз я изслушвах и след това й казвах какво според мен трябва да направи. Винаги й давах съвет. Казвах й как да се справи с проблема. „Проблемите не си отиват просто така. Трябва да разговаряш с хората, свързани с тях, или с шефа си. Трябва да се справиш с проблемите." На следващия ден тя се връщаше от работа и споделяше същите проблеми. Винаги я питах

> изпълнила ли е съветите ми от предния ден. Тя поклащаше глава и казваше: не. Затова повтарях съвета си. Казвах й какъв е начинът за справяне със ситуацията. На другия ден тя се прибираше у дома със същите проблеми. Отново я питах дали е последвала съвета ми. Тя поклащаше глава и казваше: не. След три или четири такива вечери, аз се ядосвах. Казвах й да не очаква съчувствие от мен, щом не желае да следва съветите ми...
>
> – Просто се оттеглях и се връщах към работата си. Какъв глупак съм бил – каза той – какъв глупак! Сега разбирам, че тя не е искала съвета ми, когато ми е говорила за своите борби в службата. Искала е съчувствие. Искала е да я изслушам, да й отделям внимание, да й показвам, че разбирам болката, стреса, напрежението. Искала е да знае, че я обичам и че съм с нея. Тя не е искала съвет, искала е да знае, че я разбирам. Никога не съм се опитвал да я разбера. Твърде зает бях да давам съвети.[4]

Който прекъсва

Вместо да слушаме това, което другият казва, лесно можем да обмисляме какво ще отговорим. Авторът на бестселъри Стивън Кови пише:

> Мнозина слушат, без да имат намерението да разберат. Те слушат с намерението да отговорят... разчитайки собствената си автобиография в живота на другите.[5]

Преди няколко години, по време на семейна почивка, децата ни караха водни ски и говореха развълнувано за постиженията си. Един мъж, който стоеше наблизо, се присъедини към разговора. Щом разбра темата, започна да ги обсипва с истории за личните си постижения в карането на водни ски, за скоростта на лодката си, за цената на костюма си и т.н. Децата ни, макар да бяха доста малки по това време, не го забравиха. Той развали един много хубав следобед с неспособността си да изслушва и склонността си да прекъсва като разказва своята автобиография.

Хората слушат средно по седемнадесет секунди, преди да прекъснат говорещия. Това понякога се превръща в такъв навик, че съпрузите дори не осъзнават, че го правят един с друг. Това крие особена опасност за онзи от тях, който се изразява по-добре от своя партньор. Някои хора осъзнават какво мислят, докато го изричат. В тези случаи се изисква силна воля, за да не довършваме изреченията на съпруга или на съпругата си или да отвърнем на това, което предполагаме, че ще ни кажат. Трябва да се научим да чакаме и да слушаме, защото *човекът, който прекъсва*, може да обезсърчи своя партньор да изразява какво преживява, извън минимума факти, които човек споделя в ежедневието.

Който уверява

Човекът, който уверява, говори преждевременно, преди събеседникът му да е завършил изречението си и изказва коментари като: „Вероятно ситуацията не е така лоша, както я описваш", „Уверен съм, че всичко ще се оправи" или „Утре ще се почувстваш много по-добре". Такъв човек забранява всяко истинско изразяване на чувства – било то на безпокойство, разочарование или нараняване, защото често самият той се нуждае от доказателство, че няма голям проблем и че животът му може да продължи необезпокояван.

Който рационализира
Човекът, който рационализира, вместо да се стреми да изслушва, се заема да обяснява *защо* се чувстваме по този начин.
В отговор на думите: „Днес имах ужасен ден", може да отговори: „Това без съмнение е резултат от комбинация фактори като потискащото време, натиска на работното място, тревога за финанси".

Който отклонява
Някои хора не коментират повдигнатия въпрос и отклоняват разговора в посока, която обикновено представлява интерес за самите тях. Те казват: „Това ми напомня за времето, когато..." и започват.

Всички можем да станем добри слушатели, но трябва да бъдем готови да признаем къде не успяваме и след това да придобием нови умения. Следващите насоки могат да ви се сторят първоначално малко изкуствени, но са от основна важност за доброто слушане. На нас ни помогнаха много да подобрим общуването си през годините.

Да се научим да изслушваме

Да даваме цялото си внимание

Неотдавна гледахме филм за една тийнейджърка, която се бунтува срещу ценностите на своите родители. В една от сцените дъщерята иска да говори с баща си за неща, които я притесняват.

Той отчаяно иска да завърши нещо, което е започнал да пише на компютъра си, докато тя се опитва да събере смелост и да изкаже на глас притесненията си. Очите му не се отделят от екрана на компютъра и след няколко минути, тя решава да не казва нищо. Неуспехът на бащата да я изслуша има опустошителни последствия в живота на дъщеря му.

Една друга дъщеря пише за баща си точно противоположното:

> Толкова се гордеех с него, когато той заемаше високите постове в индийското правителство. Все още го виждах пред себе си: безупречно облечен, оправящ пред огледалото своя тюрбан, преди да влезе в кабинета си. Дружелюбните му очи под гъстите вежди, благия му смях, остро изсечените черти на лицето му, извития му нос.
>
> С най-голямо удоволствие си спомнях за това, как работеше на бюрото си... Често,

> когато като малко момиченце исках да го попитам нещо, стоях боязливо на вратата на кабинета му и не се осмелявах да го прекъсна, а той ме забелязваше, оставяше писалката си, облягаше се назад в стола си и казваше: „Кеха?" Бавно и с наведена глава аз отивах към него. Той се усмихваше и придърпваше един стол до себе си: „Ела, мила моя, седни!" Тогава ме прегръщаше и притегляше към себе си: „Е, моя малка Кеха", казваше той приятелски. „Какво мога да направя за теб?"
>
> При татко беше винаги така. Не се сърдеше, когато му пречех, а когато имах някакъв проблем или въпрос, той оставяше работата си, дори тогава, когато беше много зает, и ми посвещаваше цялото си внимание.[6]

Единият баща показва, че слуша; другият не го прави. В брака, както при децата, отдаването на цялото внимание показва обич.

Изследвания в областта на комуникирането разкриват, че по-малко от десет процента от това, което искаме да кажем, е свързано с думите които използваме. Тонът на гласа допринася приблизително четиридесет процента, а езикът на тялото – останалите петдесет процента. Това е важно както за слушането, така и за говоренето.

Физическата близост подпомага общуването: когато викаме от едната стая към другата, не сме много ефективни. Ако съпругът или съпругата ни трябва да споделят с нас нещо, което ги е разтревожило, ще покажем загрижеността си, ако седнем близо до тях, ако ги прегърнем и преди всичко ги погледнем в очите.

Всеки поглед в очите предава посланието: „Интересува ме това, което казваш и ти давам неразделеното си внимание".

Да не се разсейваме

Сила За мен е трудно да отдам цялото си внимание на Ники, ако има практически неща, които трябва да бъдат свършени. На Ники не му пречи да живее сред хаос или да почиства и едновременно с това да води дълбок разговор. Аз мога да мисля единствено за почистването на масата след закуска, да почистя къщата или да сложа мръсните дрехи в пералнята. Зная, че не мога да се съсредоточа върху това, което казва Ники, и затова е по-добре да попитам: „Можеш ли да ми дадеш десет минути да почистя?" Понякога обаче няма време за това и ми е нужно голямо усилие да спра каквото правя, да го погледна и да му дам пълното си внимание.

Също така е много трудно да слушаме някого, когато има шум.

Ники Ако в стаята има включен телевизор, ми е практически невъзможно да се съсредоточа върху това, което ми казва някой. По същия начин се разсейвам от друг разговор в същата стая или от вестник с интересно заглавие.

Една още по-голяма пречка при слушането, освен телевизора или вестника, е, че често подсъзнателно по време на разговора слушаме *само себе си*. Все едно в нас има включен телевизор, който непрестанно ни разсейва. Думите на другия провокират мисли и спомени в нас.

Ако съпругът ни каже: „Днес говорих с Крис; майка му е починала", незабавно започваме да си мислим как сме се почувствали, когато сме загубили един от родителите си. Ако съпругата ни каже: „Докато карах към дома, разцъфналите дръвчета бяха изумителни...", умът ни се изпълва с мрачни мисли за многото работа, която трябва да свършим в градината. Така собствените ни мисли и спомени пречат на слушането и е възможно думите, които ще кажем, изобщо да не са свързани с разговора, който партньорът ни е подел.

Понякога е трудно да отстраним отделния разговор в мислите си, особено ако сме заети и умът ни е пълен. Целта ни трябва да бъде да оставим настрани собствените си възгледи и представи и да се постараем да схванем това, което ни казва нашият партньор. Стивън Кови подчертава важността на това:

> Ако трябва да формулирам с едно изречение най-важния принцип, който съм научил за човешките взаимоотношения, бих казал следното: *Стремете се първо да разберете, а след това да бъдете разбрани.*[7]

Интересно е, че китайският йероглиф за слушане включва освен символа за уши, символите за очи, сърце и ум.

Да проявяваме интерес

Ако решим да проявим интерес към това, което казва друг човек, слушаме внимателно. В противен случай, можем лесно да изключим. Една жена ни разказа за посещение при майка си. Тя искала да използва възможността да обсъди важни въпроси като смисъла на живота и др. Майка й обаче искала да говори за маловажни неща, като цената на картофите, кучето на съседите или някакво телевизионно предаване. Дъщерята бързо престанала да слуша и започнала да мисли за скучния живот, който водела майка й.

Един ден тя ненадейно осъзнала, че *това е животът* на майка й. Това я отрезвило. Тя си спомня: „Помислих си, че майка ми винаги се интересува от всичко, което правя и тогава осъзнах, че не съм била така щедра към нея. Затова направих съзнателно усилие да проявявам интерес и да я изслушвам. Това оказа огромно въздействие на взаимоотношенията ни."

Хората неизбежно имат различни интереси. Когато полагаме усилие да изслушаме това, което другите считат за интересно, им засвидетелстваме любовта си по много убедителен начин. Дейл Карнеги, автор и писател, пише следното за умението да общуваме добре:

> За да бъдете интересен, проявете интерес. Задавайте на другия въпроси, на които ще му бъде приятно да отговори.[8]

Да слушаме интелигентно

Струва скъпо да разкрием или да опишем подробно свое нараняване или отдавнашен проблем. По-лесно е да заобикаляме тези неща или да ги споменаваме шеговито.

Понякога е нужно да слушаме *отвъд* изречените думи и да доловим скрития смисъл. Добрият слушател има смелостта да насърчи говорещия да сподели като задава внимателно въпроси в подходящ момент.

Трябва да си предоставяме достатъчно време да говорим, защото често не осъзнаваме напълно, защо се чувстваме по определен начин. Когато изречем болката си, започваме да виждаме нещата в перспектива. Не се страхувайте от тишината. Тя позволява на някои хора да организират мислите си. Когато търпеливо изчакваме, им показваме своята загриженост.

Да слушаме без да критикуваме

Общуването процъфтява, когато се приемаме един друг и бива прекъсвано, когато критикуваме. Трябва да можем да изслушваме, без да се защитаваме и без да опонираме. Ако осъзнаем какво изпитва нашият съпруг или съпруга, поне наполовина сме разрешили трудната ситуация.

Често разговаряме със своя брачен партньор, когато се чувстваме емоционално наранени. Думите ни могат да бъдат объркани и противоречащи. Докато се изразяваме, е възможно чувствата ни да се променят. Слушателят напълно (и ужасно) ще се провали, ако започне да намира недостатъци в изказването на партньора си или в логиката му.

Да признаваме чувствата на своя партньор

Помага, ако повторим със свои думи това, което съпругът или съпругата са ни казали, особено когато са били изразени дълбоки чувства. Това позволява на партньора ни да разбере, че сме на една вълна и че правилно сме го разбрали.

Например, съпругата казва: „Децата направо ме побъркаха – не престанаха да се карат и да плачат цял ден”. Вместо веднага да предлага разрешение, съпругът може да признае чувствата й като каже: „Сигурно ти е било много трудно”.

Възможно е съпругът да каже: „Не зная как ще свържем двата края. Не мога да спечеля повече пари. Наистина се притеснявам за това." Съпругата му може да покаже, че е чула чувствата му с думите: „Наистина съжалявам, че толкова много се притесняваш. Нека поговорим за това."

Може съпругата да каже: „Наистина се разстроих, когато ми каза за възможността за нова работа. Ако се наложи да се местим, не искам да губя контакт с приятелите ни." Отново съпругът ѝ трябва да покаже, че е чул и разбрал какво изпитва тя като отговори например с: „Не допусках, че ще се притесниш да не изгубиш връзка с нашите приятели". Когато използваме точните думи, които брачният ни партньор е употребил, поне показваме, че сме слушали внимателно.

Признаването на техните чувства по този начин може първоначално да ни се струва неестествено и изкуствено, но ни помага много да се научим да слушаме и да градим емоционална близост.

Ники Преди няколко месеца един ръководител се отказа от един от нашите курсове. Въпреки че календарът ми бе запълнен с вечерни срещи, не открих друго разрешение, освен да се съгласявам и да водя сам групата четири вечери. Когато казах на Сила, очаквах да прояви съчувствие за допълнителните часове, през които ще работя. Вместо това, тя се начумери и се държа неразумно. Поне така ми се стори тогава.

Няколко седмици по-късно тя ми разказа колко е била разстроена, че съм се отказал от някои от свободните ни вечери, без да го

> обсъдя с нея. Изпълнен със самосъжаление, веднага оправдах решението си. Впоследствие осъзнах, че истинската нужда е била да изслушам Сила и да разбера как се чувства тя. Тя бе наранена. Почувствала, че хората от курса са по-важни за мен, отколкото е семейството ни.

В подобни ситуации основната цел на изслушването е да разберем и да приемем чувствата на своя брачен партньор, не да съдим дали са правилни или погрешни.

Да даваме съвет само когато ни го поискат

Когато се научим да се изслушваме един друг, ще преобразим целия си брак. Много двойки, които се включват в „Курса за брака" коментират промяната, до която води това:

- „Изслушваме се много по-добре и не чувстваме нужда да се обвиняваме взаимно."
- „Научих се да се вслушвам в истинските нужди на моята съпруга."
- „Помогна ни да се научим да се изслушваме взаимно със състрадание."
- „Умението да се изслушваме помогна и на двама ни. Позволяваме си всеки да довърши това, което е започнал да казва."
- „Научих се да слушам с нови уши. Малките неща *са* важни."

Втора част – Изкуството на общуване

Заключение

Дайан Вогън, социолог в Оксфордския университет, десет години изследва причините за неуспеха при браковете. Ето какво пише в заключението си:

> Всичко започва с партньора, който първи се чувства откъснат. Първоначално той или тя ще се опитат да скрият недоволството си, ще се преструват, че то не съществува или че ще изчезне. Вместо това, то става все по-силно и след известно време инициаторът ще се опита да подскаже недоволството си на своя партньор, обикновено с общи намеци или оплаквания, които *почти винаги биват пренебрегвани или остават незабелязани.*[9]

С други думи, десетте години на проучване откриват, че почти във всеки брак, който се разрушава, има провал в комуникирането.

Нищо не може да замени в брака ефективното говорене и ефективното изслушване. Двама индивиди, с отделни мисли и отделни чувства идват и се сливат в едно. Комуникирането е мостът, който свързва единия с другия, защото не можем да си четем мислите, нито да надникнем в сърцата си. Ако не комуникираме, вдигаме моста и се оттегляме в самотния си замък. Когато изберем да комуникираме, спускаме моста и отправяме покана един към друг. Предоставяме достъп до тайните си места.

Второ златно правило на брака

Продължавайте да разговаряте и
да се изслушвате един друг.

Трета част

Любов в действие

Пета глава

Пет начина за изразяване на любов

Възможно е някой да дава, без да обича, но е невъзможно някой да обича, без да дава.

Анон

Попитали група деца, защо според тях хората се влюбват. Едно деветгодишно дете отговорило: „Никой не знае със сигурност защо се получава, но чух, че е свързано с това как миришете. Ето защо парфюмите и дезодорантите са толкова важни." Едно момче на осем предложило различна теория: „Май трябва да те прострелят със стрела или нещо подобно, но всичко останало не е свързано с толкова болка". Гари, на седем, бил уверен, че влюбването е свързано с нещо повече от външността. „Това не винаги е свързано с външността. Я ме виж! Аз съм красив като останалите, но още не се е намерил никой, който да иска да се ожени за мен."

Някои възрастни също не са наясно за истинското естество на любовта. Били са възпитани да вярват, че любовта в основата си е чувство, над което имат малко контрол. Това вярване е разпространявано от текстовете на много от известните песни. Децата ни като юноши откриха (и много се забавляваха) някои от плочите ни от шестдесетте. В някои от песните се пее:

Преди да свърши танца, осъзнах,
че влюбен съм във теб.

Не знаех какво да направя
и затова прошепнах: „Обичам те!”

Увлечението лесно може да се породи от външния вид или от познаване на другия човек. То най-вероятно ще изчезне също толкова бързо и тайнствено, както се е появило. Често обаче се смесва с истинската любов. Всеобщото разбиране за любовта до голяма степен е било принизено до чувства.

Има един друг вид любов, който е съзнателен и нараства в продължение на времето. В романа на Луис де Берниер „Мандолината на капитан Корели”, д-р Янис описва на дъщеря си трайната любов:

> Любовта не е бездиханност, не е тръпка, не е обещания за вечна страст, не е желание да се съвкупявате през минута всеки ден, не е да лежиш нощем и да си мечтаеш как той целува всяка извивка на тялото ти. Не, не се изчервявай, казвам ти някои истини. Това е просто „да си влюбен”, него го умее всеки глупак. Любовта е онова, което остава, след като влюбването е отшумяло... Ние с майка ти я имахме, ние имахме корени, които се бяха срасли дълбоко под земята и след като всички красиви цветове окапаха от клоните, установихме, че сме едно, а не две дървета.[1]

Някои хора сключват брак въз основа на увлечение. Считат, че силните им чувства на взаимно привличане ще бъдат достатъчни за оцеляването на брака им. Впоследствие и неизбежно обаче, увлечението преминава и тогава, ако не знаят как да изграждат любов, която нараства с времето, корените им няма да се преплетат и бракът им ще изсъхне.

Християнската любов, както я описва Новият Завет, не е толкова абстрактно съществително, колкото е активен глагол. Любовта включва действия. Означава да се трудим да задоволим нуждите на другия, което често изисква да платим цена. В брака това може да означава да мием съдовете от любов към брачния партньор, когато по-скоро бихме искали да гледаме телевизия. Може да означава да седнем и разговаряме със съпруга или съпругата си, когато по-скоро бихме искали да свършим някоя работа.

„Исках ти да отвориш пакета кафе."

Може да означава да прегърнем партньора си, когато знаем, че е имал труден ден. Единствено *този* вид любов може да поддържа брачната връзка в продължение на много години и да води до нейното съзряване и задълбочаване.

На практика съществуват пет начина, чрез които можем активно да показваме любов към своя съпруг или съпруга:

1. Нежни думи
2. Постъпки на благост
3. Качествено време
4. Внимателно подбрани подаръци
5. Физическо докосване.

Тези начини за изразяване на любовта чрез действия се наричат „петте езика на любовта" в превъзходната книга на Гари Чапмън, в която той използва метафората на езика, за да изследва различните начини, по които комуникираме и разбираме любовта.[2] Работата му като дългогодишен брачен консултант разкрива, че както всеки от нас има роден език, който ни е лесно да говорим и разбираме, така всеки от нас има език на любовта, чрез който най-лесно разбираме, че сме обичани.

Всички пет начина за изразяване на любовта са важни, но кой е основният? Възможно е съпруг да затрупва съпругата си с подаръци, но преди всичко тя да се нуждае да чуе нежни думи, за да се чувства обичана. Възможно е съпругата да се труди усилено в дома за своя съпруг, но той да се нуждае от чест физически допир, за да усети любовта ѝ към него.

Най-голямата нужда, която всички споделяме, е да знаем, че сме обичани, че сме важни за някой друг, че сме специални. Следователно, трябва да си зададем въпроса: „Какво кара съпруга или съпругата ми да се чувства най-обичан/обичана?" Можем да открием отговора чрез разговор и чрез съзнателно и целенасочено наблюдение. Един наш приятел, който е семеен от много години, твърди, че за да има една двойка щастлив брак, съпрузите трябва „внимателно да се изучават". Когато го правят, откриват важна и понякога неочаквана информация един за друг.

Макар да съществуват достатъчно романтични начини по време на медения месец, по които да изразим любовта си с минимален брой думи, във всекидневието това е почти невъзможно, освен ако не говорим на един и същ език. Любовта всеки ден би била невъзможна, ако никога не разберем и не научим първия език на любовта на своя съпруг или съпруга (и вероятно втория и третия им език също).

Ники Осъзнах, че прекараното време и докосването показват най-изразително любовта за Сила, докато думите и действията са най-важни за мен. Би било унищожително за нашата връзка, ако отделям време и докосвам единствено компютъра си, не Сила или ако тя обсипва щедро с обич, изразена с думи и дела, децата ни, но не и мен.

След като разберем какво кара партньорът ни да се чувства обичан, трябва да решим да действаме въз основа на това откритие. Първоначално може да ни се струва неестествено. Също както когато учим чужд език, ще е нужно време, решимост и много упражняване. Някои са израснали в семейства, в които

не се е проявявала много физическа близост и затова такива хора не могат естествено и спонтанно да предложат това на своя брачен партньор. Човек може да се научи да изразява обич по този начин. Изключително важно е да го направим, ако именно така съпругът или съпругата ни се чувстват обичани. Други хора не са чували любящи и нежни думи в детството си. В този случай, ако те са особено важни за техния партньор, ще трябва да се упражняват в този начин на проявяване на любов. С времето ще стават все по-добри.

Пишем по-подробно за тези пет езика на любовта, защото знаем от личен опит, че в простотата им се крие мъдър и много влиятелен принцип, който може да бъде приложен от всяка двойка, за да укрепи и подобри своята връзка. Много от семействата които познаваме, продължават да бъдат силно „влюбени" много години след като първоначалното увлечение се е изпарило, защото хиляди пъти годишно показват любов към своя партньор по начин, по който той или тя я разбира най-добре.

Някои хора никога не откриват какво кара партньорът им да се чувства обичан. Възможно е да се изучават взаимно с неправилни намерения – да търсят повод да критикуват, не нужда, която да задоволят. В един кратък разказ, озаглавен „Очите на любовта", четем за една американска двойка – Кенет и Шанън, която пътува в кола и се прибира у дома след семейно тържество.

> Преди да може да го подтисне, гневът се надигна като някаква гореща вълна в костите на лицето му.
>
> – Добре, какво има? – каза той...
>
> Тя не отговори веднага.
>
> – Изморена съм – му каза тя, без да се

обръща към него.

– Не, наистина – каза той. – Искам да чуя. Хайде, кажи го.

Сега тя се обърна:

– Тази сутрин ти казах. Просто не обичам да слушам непрекъснато едни и същи истории.

– Не са едни и същи – каза той и в него се надигна неоправдан гняв.

– Разбира се, че са... Майка ти заслужава медал.

– На мен ми харесват. На майка ми й харесват. На всички им харесват. Баща ти и сестра ти също ги харесват.

– Отново и отново – измърмори тя и извърна поглед. – Искам просто да поспя.

– Знаеш ли какъв ти е проблемът? – каза той. – Ти си *критик*. Ето какъв ти е проблемът. Трябва всичко да оценяваш и *преценяваш*. Дори мен. Особено мен.

– Теб? – каза тя.

– Да – отвърна той. – Мен. Изобщо не става въпрос за баща ми, а за нас.

Според Кенет, тя е възприела вечерта и историите на баща му по същия начин, по който гледа на него, т.е. като критик. Разговорът продължава:

Той не оттовори за момент, но гневът продължи да работи в него.

– Знаеш ли какво не е наред с теб? – каза той. – Не виждаш нищо с любов. Виждаш всичко само с *ума* си.

– Щом така смяташ – отвърна тя.

– Всичко е заключено в *ума* ти – каза той и дръпна от цигарата, след което я угаси в пепелника.

Той запали колата.

– Познаваш ли хората, които живеят зад нас? – попита той. За него моментът бе станал философски.

Тя се втренчи в него с насълзени очи, а той започна да се чувства силен и щастлив.

– Познаваш ли ги? – настоя той.

– Разбира се.

– Наблюдавах ги онзи ден. Начинът, по който той стои в двора, сещаш се. Толкова му се присмивахме цяло лято. Колко се *смеехме* зад гърба му за вманиачаването му по чистене на плевели и подрязване на тревата.

– Предполагам, че действително е много важно точно сега да говорим за тези хора – каза тя.

– Казвам ти нещо, което трябва да чуеш – отвърна Кенет.

– Не искам да го чуя сега – каза тя. – Цял ден слушам хора да говорят. Изморена съм от говорене.

Кенет започна да й вика:

– Ще кажа само това и после ще мълча до края на годината, ако наистина го искаш!

Тя не отговори нищо.

– Казвам ти за тези хора. Мъжът вървеше с малка торбичка в ръка и събираше изпражненията на кучето. Разбра ли? Жена му подрязваше един от храстите си. Тя подрязваше един от храстите и аз си помислих, че за момент мога да усетя какво си мисли. На лицето й нямаше никакво изражение, но аз бях толкова прозорлив. Нали обикновено сме прозорливи, Шанън. Бях толкова прозорлив, че разбрах какво си мисли тя. Бях толкова *проницателен* по отношение на тези хора, които дори не познавам. Те бяха прекалено големи сноби, за да разговаряме с тях.

– Ти все им се присмиваш – каза Шанън.

– Нека свърша – отвърна той. – Видях как съпругата на този мъж го гледа от другата страна на двора и все едно можех да чуя мислите й: 'Отново събира изпражненията на кучето. Не мога повече да търпя това.' Знаеш ли какво? Тя обаче *не* си мислеше това. След малко тя се приближи към него и му помогна – посочи няколко места, които бе пропуснал да почисти. След това двамата влязоха в къщата си, хванати за ръце, заедно с изпражненията на кучето. Разбираш ли, какво ти казвам, Шанън? Жената го гледаше с любов. Тя не виждаше това, което аз виждах, тя не го критикуваше.

Най-накрая Кенет и Шанън спират да се карат.

Кавгата свърши. Сдобриха се. Тя протегна ръка и нежно стисна ръката му. Той хвана ръката й и нежно я стисна. След това отново хвана волана с две ръце. Апартаментът им вече се виждаше, надолу по улицата, отляво. Той се

> обърна и погледна съпругата си на оскъдната и слаба светлина и после бързо се взря в пътя. Малко уплашен осъзна, че в краткия момент на празния му поглед част от него отбеляза неприятния начин, по който устните ѝ висяха надолу, издяланата, твърде остра извивка на челюстта ѝ – цялата ѝ безформена, неопределена и повяхнала външност – все едно бе някой непознат, който не можеше да си представи какво някой, какво друг мъж или други мъже, какво някой като него би могъл да обикне в нея.[3]

В края на разказа осъзнаваме, че за разлика от съпруга и съпругата, които живеят в къщата отзад, Кенет и Шанън са се превърнали в критици един на друг. Жънем това, което сеем. „Не виждаш нищо с любов" – казва Кенет. Но той също не я вижда с любов. В свят, който е пълен с критици, сме призовани като съпруг и съпруга да се изучаваме взаимно, не през погледа на критик, а с любов, като се мъчим да открием това, от което партньорът ни се нуждае, за да го накараме да се чувства обичан и специален.

В следващите две глави ще опишем всеки от петте начина за изразяване на любов. Докато ги четете, си задайте следните три въпроса:

- Редовно ли изразявам любовта си по този начин?
- Колко важен е този начин на изразяване на любов, за да може моят съпруг или съпруга, да се чувства обичан/обичана?
- Колко важен е този начин за изразяване на любов за самия мен?

Лесно е да очакваме съпругът или съпругата ни да разбират инстинктивно нуждите ни и след това да се чувстваме наранени, когато те не ги задоволят. Всички сме склонни да изразяваме любовта си по начини, по които искаме да получаваме обич. Въпреки добрите ни намерения, това няма да се получи, ако съпругът или съпругата ни имат различни нужди от нашите.

Можем да оставим брака си да се разпадне или можем да се възползваме от възможността да изградим възможно най-добрия брак. Ако искаме да имаме реално усещане за близост и действително да се наслаждаваме един на друг, трябва да се изучаваме взаимно с любов и след това да използваме живота си – нашите думи, действия, време, пари и тяло, за да изразяваме ефективно любовта си.

Шеста глава

Думи и дела

Благите думи са медена пита, сладост на душата и здраве на костите.

Притчи 16:24

Където липсва любов, посей любов и скоро ще пожънеш любов.

Свети Йоан на кръста

Нежни думи

Стихчето „Тояги и камъни могат да строшат костите ми, но думите никога не могат да ме наранят" е вярно само във физически смисъл. Библията често ни напомня за силата на нашите думи: „Смърт и живот има в силата на езика..." (Притчи 18:21).

Проучвания показват, че думите могат в изключителна степен да повлияят върху поведението и способностите. Ако на деца се каже, че не могат да се справят с математиката, най-вероятно ще имат много нисък успех по математика. Ако им се каже, че могат да пишат прекрасни есета, вероятно ще се превърнат в брилянтни писатели. Хората живеят според очакванията, които се отправят към тях.

От тук следва, че е изключително важно, как си говорим в брака. Трябва да изразяваме любовта, кротостта и уважението в нашия тон и да избягваме навика да се критикуваме взаимно. Трябва да изграждаме авторитета на съпруга или съпругата си в дома и на обществени места. Унищожаваме ги, когато ги превърнем в обект на шегите си.

Начинът, по който можем да си помогнем да се чувстваме обичани чрез думите си, е като утвърждаваме авторитета си един на друг. Това включва начина, по който си правим комплименти, по който си благодарим, по който се насърчаваме, по който показваме добронамереност и по който отправяме молби. Неспособността да правим всичко това умело и благо, прави брачния ни партньор по-уязвим на изкушения отвън. Следващият откъс от едно стихотворение, написано преди сто години от Ела Уилър Уилкокс, *(Е. У. Уилкокс (1850 – 1919) – американска поетеса, известна със сборника „Стихотворения за страданието" – бел. ред.)* съдържа обяснението на една съпруга (което не я извинява), защо има извънбрачна връзка:

Всеки ден
животът ни, който бе един в началото,
сякаш се раздалечаваше все повече и повече.
Умря старата романтика между мъж и девойка.
Ти говореше единствено за политика и за търговия.
Твоята работа, твоят клуб, лудият стремеж към злато –

това изпълваше мислите ти. Целувката ти
по задължение бе ледена върху устните ми.
Животът изгуби своя жар и плам.
Докато един съдбовен ден, когато земята
ми се струваше твърде скучна,
внезапно засия и стана хубава.
Говорих малко, той слуша много;
В очите му прозираше внимание, а в ниския му глас
имаше такова разбиране,
че престанах да изпитвам самота.
Той проявяваше любезен интерес.
Говореше за моята прическа.
Хвалеше роклята, която носех.
Сякаш бяха изминали хиляди по хиляди
години и още повече,
откакто някой ме бе забелязвал така. Ако слухът ми
бе привикнал към комплименти през годините,
ако бях те чула да говориш,
както ми говореше този мъж, нямаше
да бъда толкова слаба.[1]

Съществуват много и различни начини, по които употребата на думи предава любовта, която изпитваме един към друг.

Правене на комплименти

На хора, които не са свикнали да чуват комплименти като деца, им е трудно да ги приемат и още по-трудно да ги правят. Можем да се научим. Комплиментите привличат вниманието към това, от което се възхищаваме и ценим в своя съпруг или съпруга. Много хора държат подобни мисли, заключени в умовете си. Считаме ги за прекалено тривиални, за да ги облечем в думи или твърде ненужни, тъй като нашият партньор вече знае, че го обичаме.

Въпреки това, по време на брачната церемония се говори, че трябва да се *ценим* един друг, а това е нещо, което всеки може да се научи да прави. Опитайте нещо толкова просто и недвусмислено, като:

„Наистина изглеждаш прекрасно в този костюм."

„На тази среща се справи превъзходно."

„Ти винаги измисляш и казваш най-подходящото нещо."

Изразяване на благодарност

Благодарността придава стойност и цена на някого. Когато живеем заедно всеки ден, става много лесно да пропускаме много неща, които партньорът ни прави за нас. Някои от тях са малки и редовни. Други показват голяма загриженост и изискват много усилия.

„Благодаря ти, че изхвърли боклука" или „Благодаря ти, че занесе панталоните ми на химическо чистене" звучи ежедневно, но е важно да забелязваме дори малките дела на любов. „Толкова съм ти благодарна, че си спомни рождения ден на майка ми" – оценява нещо, което лесно може да бъде взето за даденост. „Благодаря ти, че се държа толкова невероятно на рождения ден на Том, нямаше да мога да се справя без теб" – показва благодарност за участието на другия.

Предлагане на насърчение

Друг начин, по който можем да използваме думите положително, е като се насърчаваме, т.е. като си вдъхваме *смелост* един на друг. Всеки от нас се чувства несигурен в някои области от живота си. Това е липса на смелост. В наша власт е да предоставим насърчението, което ще помогне на нашия съпруг или съпруга да достигне развитие на своя потенциал. Ако критикуваме, думите ни постепенно ще ограбят партньора ни от чувството му за стойност и увереност. Когато се насърчаваме, си казваме един на друг: „Вярвам в теб".

Сила В живота ми след като сключихме брак, имаше много области, в които насърчението на Ники ме е подтиквало да правя неща, които в противен случай може би никога нямаше да направя. Като майка на пълно работно време у дома, думите му много ми помагат, като ми дават увереност и самочувствие, особено поради факта, че днес да бъдеш майка толкова се подценява.

Проявяване на внимание

Думите на внимание изграждат, докато ненавременните, пренебрежителни думи нараняват.

Сила В нашия брак трябваше да се науча да внимавам с думите си. Обичам да обсъждам веднага след приключването на дадено събитие. След като сключихме брак, нямах представа, че мога да избера по-добро време, за да споделя мнението си с Ники, особено ако той е бил уязвим.

Беше ми нужно известно време да осъзная, че неделя по време на обед не е правилният момент да анализирам проповедта му или църковната служба, която току що е водил. Открих, че е много по-добре да изчакам поне до следващия ден, когато той е много по-способен да прояви обективност.

Дори тогава трябва внимателно да подбирам думите си. Не ви препоръчвам ласкателство, но може да се наложи да направите съзнателно усилие да се уверите дали думите ви са насърчителни, любезни и утвърждаващи, за да изградят партньора ви. През годините осъзнах колко важни са тези думи за Ники. За него утвърдителните думи са основният начин, по който той се чувства обичан от мен. Те му дават увереност, която се превръща в основа и влияе на всички останали аспекти от неговия живот.

Отправяне на молба

Съществува огромна разлика между случаите, когато изискваме или молим за нещо. Когато молим нашия съпруг или съпруга да направят нещо, утвърждаваме тяхната стойност и способности. Ако изискваме, проявяваме нетолерантност и ставаме тиранични в собствения си дом, често без дори да го осъзнаваме. Не е лесно и приятно да живеем с такъв човек. Започваме да изискваме, когато започнем да приемаме за даденост нашия партньор (неговите дарби и способности).

Сила Ники е много практичен и може да се справи с всичко у дома, което се нуждае от ремонт.

> Въпреки това, понякога съм се улавяла, че започвам да изисквам. Осъзнавала съм, че понякога казвам: „Май още не си поправил спуканата гума. Колелото ми трябва за утре.” По-добър начин да го кажа би бил: „Ники, можеш ли да оправиш спуканата гума на велосипеда ми за утре?” Подобна молба дава възможност той да изрази любовта си към мен като откликне с готовност. Изискването изключва тази възможност.

Ако словесното утвърждаване е особено важно за вашия съпруг или съпруга и те не са го получавали известно време, вероятно ще се чувстват зле. Когато отново чуят от вас положителни думи, все едно ще открият оазис в пустинята. Когато се научим да изграждаме партньора си с думи, ще достигнем до ново ниво на любов и близост в брака. Думите имат силата ежедневно да обновяват любовта. Критиката и самосъжалението имат способността да разделят. Утвърдителните думи имат силата да обединяват.

Постъпки на благост

Апостол Павел описва „благостта” *(гр. глагол хрестеуетай означава: показвам се добър, благ или ласкав – бел. ред.)* като второто качество на любовта. Показваме благост към своя съпруг или съпруга, когато си служим взаимно по практически начини. В брака това може да приеме много различни форми: да направим чаша кафе, да изхвърлим боклука, да почистим стъклата на колата, да направим любимия кекс, да изгладим риза. Разбира се, рутинните действия могат да бъдат взети за даденост, но когато са направени с готовност, изразяват обич. Нерутинните практически дела на служене комуникират обич най-силно за хората, за които това е един от начините, по които се чувстват обичани.

Ники Мога да си спомня много случаи, когато Сила е правила за мен неща, които не съм очаквал. Тя ми е приготвяла багажа, когато се е налагало да пътувам и е трябвало да свърша нещо друго. Носила ми е вечеря и чай в кабинета, когато ми е било трудно да довърша проповед. Често сам съм си причинявал такива кризи, като съм поемал прекалено много ангажименти и съм се чувствал обичан заради грижите на Сила.

След дългогодишен брачен живот не спирам да се изненадвам и радвам на всичко, което Сила прави за мен, рутинно или нерутинно. Понякога се улавям, че се чудя защо ли го прави. Единственият отговор, за който се сещам всеки път, е, че тя ме обича!

В „Мандолината на капитан Корели" д-р Янис успява да излекува един възрастен мъж на име Стаматис от глухота, като маха изсъхнало грахово зърно, което е стояло в ухото му от детството. Стаматис се връща при лекаря, за да го помоли да сложи обратно граховото зърно, защото не може да понася непрекъснатото оплакване на съпругата си. Д-р Янис отказва, но предлага алтернатива. Той препоръчва цяр за оплакванията на съпругата му:

> – ... Съветът ми е да си по-мил с нея.
>
> Стаматис го изгледа стъписан. Такова поведение беше толкова невъобразимо, че никога не му беше и хрумвало да си го помисли.
>
> – Ятре... (Докторе – на гр. ез. „йатрос" е „лекар") – възроптa Стаматис, но не се сети какво друго да каже.
>
> – Просто носи дърва, без тя да те подканя,

и всеки път, когато се връщаш от полето, ѝ късай по едно цвете. Ако е студено, я замятай през раменете с шал, ако ли пък е топло, налей ѝ чаша вода. Не е кой знае каква философия...

– Значи няма да ми сложиш пак онова... гадното смрадливо възпрепятстващо тяло?

– А, не, и дума да не става. Полагал съм Хипократова клетва. Не мога да го допусна. Между другото, именно Хипократ е казал, че „за крайни болести най-подходящи са крайните мерки”.

Стаматис изглеждаше много покрусен.

– Така ли е казал Хипократ? Значи трябва да съм мил с нея.

Лекарят кимна бащински и Стаматис си сложи отново шапката... Лекарят загледа от прозореца възрастния мъж. Стаматис излезе на пътя и тръгна по него. Спря и погледна към малкото алено цвете, поникнало отстрани на банкета. Наведе се да го откъсне, ала веднага се изправи. Заозърта се, да не би някой да го наблюдава. Загащи се, пак се взря в цветето и се обърна кръгом. Направи няколко крачки, после се стрелна назад, откъсна бързо цветето, скри го под връхната си дреха и продължи нататък с прекалено безгрижен и нехаен вид.

Лекарят се надвеси през прозореца и се провикна подире му:

– Браво, Стаматис.

Направи го заради простичката, ала злорада наслада, че е станал свидетел на неговото притеснение и срам.[2]

Силният брак се състои от съпруг и съпруга, които търсят възможности да си служат един на друг и да изразяват своята благодарност един към друг. Когато животът е натоварен и за двама ни, инстинктивно си мислим: „Той / тя защо не ми помага?" Когато вместо това нашият партньор ни попита: „Какво мога да направя, за да ти помогна?" или спонтанно свърши работата, която най-малко харесваме, без съмнение е показал любовта си в действие.

Една приятелка описва влиянието, което подобни дела на жертвена любов оказват върху нея:

> Налага се моят съпруг да тръгва много рано за работа сутрин, преди да сме се събудили с децата. Много често, когато слезем долу, съдомиялната машина е изпразнена, масата е сложена за закуска и той е оставил малки изненади за всяко от децата – нищо голямо, желирани бонбони или крем карамел. Когато това стане, почти усещам, как сърцето ми физически се стопля щом вляза в кухнята и трите започваме деня с весело настроение, което понякога трае по време на цялата закуска. Следващото предизвикателство, с което се сблъсквам е да бъда радостна, дори когато това не се случи. Колко бързо започваме да се възприемаме за даденост!

Седма глава

Време, подаръци и докосване

Много добре знаеш, че любовта преди всичко е да дариш себе си.[1]

Жан Ануи

Качествено време

Наши приятели се връщали в Лондон от Австралия. Полетът им закъснял и прекарали заедно четири часа на летището в Хонг Конг в четене на вестници и списания и в забавляване на малката си дъщеря. След това прекарали още дванадесет часа, седнали един до друг в самолета.

На връщане от летището съпругът казал на жена си: „Напоследък ми липсва времето, което можем да прекараме заедно. Трябва да планувame нещо." Съпругата му била изумена. „Какво искаш да кажеш?" попитала тя. „Нали бяхме заедно през последните шестнадесет часа!" Съпругът й обаче се нуждаел от нещо повече. Той искал време и място, когато и където той и съпругата му да могат да отдадат един на друг цялото си внимание, без прекъсвания и притеснения кога ще излети самолетът или кога ще си пристигнат у дома.

Всяка двойка трябва редовно да прекарва време заедно, както обсъдихме във втора глава, но за някои хора качественото време е основен *език на любовта*. В този случай, времето, прекарано заедно, е нещо повече от физическа близост. Такива хора се нуждаят един от друг, жадуват за пълно, фокусирано внимание.

Ники За Сила мястото и дейностите са на второ място след времето, което прекарвам с нея в разговори, изслушване, обсъждане на идеи, споделяне на надежди и страхове. Това време, прекарано заедно, й помага да се справи с натиска в живота й, защото любовта в нашия брак й дава сигурност. Открих, че ценността на ежеседмичното време, което прекарваме заедно, се удвоява и дори утроява, ако успея да уредя да отидем някъде, където е малко вероятно да видим някой познат.

Писахме във втора глава за плана си всяка година да отиваме някъде двамата за две или три вечери. През последните две години ходихме в Париж. Разгледахме града, посетихме художествени галерии, хранехме се в малки ресторантчета. Тези два, три дена бяха много романтични и забавни. Върху Сила обаче оказват невероятно въздействие и я карат да се чувства обичана. Дни наред, след като се върнем, нищо не може да помрачи радостта и доброто й настроение. Осъзнах през годините, че тези кратки пътувания са най-добрата инвестиция, която мога да правя в нашия брак.

Библията ни казва: „... ходете в любов, както и Христос ни възлюби и предаде Себе Си за нас" (Ефесяни 5:2). Повечето от нас няма да бъдат призвани да пожертват живота си един за друг, но можем да показваме любовта си към своя съпруг или съпруга, като редовно отделяме време за тях.

Това може да означава да седнем заедно след работа за половин час и да изслушаме как е минал денят им. Може да означава да станем по-рано, за да прекараме малко време заедно сутрин. Може да означава да променим плановете си и да обядваме заедно. Може да означава да ангажираме някой да гледа децата, за да прекараме известно време сами. Любовта в действие изисква усилие и жертва, но наградата далеч надхвърля цената, която трябва да платим.

Внимателно подбрани подаръци

Даването на подаръци е основен израз на обич, който преминава всички културни бариери. Подаръците са визуални символи с много висока емоционална стойност. За някои от нас тези символи са толкова важни, че без тях ще поставяме под въпрос дали изобщо сме обичани. Ако някой е добър *в даването* на подаръци, вероятно обича да ги *получава*. Ако това е вярно за нашия съпруг или съпруга, ще трябва да се упражняваме в това изкуство.

Този начин за изразяване на любов се учи най-лесно от петте. Ще се наложи обаче да променим отношението си към парите. Ако лесно *харчим* пари, няма да ни бъде трудно. Ако ни е по-лесно да *пестим* обаче, може да се борим с идеята да харчим пари като начин за изразяване на обич. Тук не обсъждаме разликата между щедростта и скъперничеството.

Сила Ники е един от най-щедрите хора, които познавам, но по природа обича да пести. Тъй като не харчи лесно пари за неща, които не са от първа необходимост, за себе си, зная, че му е трудно да купува такива неща за мен. Той откри, че подаръците са още една форма на инвестиране. За мен подаръците не са най-важният израз на любов, но когато Ники съвсем спонтанно (без да имам рожден ден или някаква годишнина) се върне в нас с цветя или шоколад, осъзнавам отново, че той ме обича и че мисли за мен.

Струва си да разгледаме няколко препоръки за купуването на подаръци.

Подаръците могат да бъдат евтини, но да имат висока стойност. Например, едно цвете, откъснато от градината и придружено от бележка, може да изрази любов със същата сила, както букет, закупен от магазин за цветя.

Не чакайте специални случаи. Спонтанните и неочаквани подаръци носят неимоверна радост и създават усещане за това, че получателят е специален и обичан. Един подарък може да разведри човек, когато се бори с трудности, когато не е добре, когато се намира под натиск или има проблеми на работа. Когато нашият съпруг или съпруга е направил за нас нещо, което особено ни е помогнало, един подарък ще покаже, че не сме възприели помощта за даденост.

Открийте какви подаръци обича да получава вашият партньор. Струва си да забележим какви подаръци съпругът или съпругата ни обича да получава през годините от нас или от други хора. Ако сме някъде заедно, можем да запомним нещо, което са посочили в някоя витрина на магазин.

Сила През годините сме събирали бял и син порцелан в най-различни форми и шарки. Веднъж Ники ми подари две големи чаши за закуска в синьо и бяло, които станаха много специални. Свързвам ги с дълга, специална закуска събота сутрин. Всеки път, когато ги използваме, си спомням за грижата на Ники и времето, което е посветил, за да ги избере за мен.

Възможностите са безкрайни. Ето ключа как да станете добри в даването на подаръци: подаръкът трябва да е нещо, което носи радост на получателя, а не нещо, което самите ние бихме искали да имаме!

Лесно е да отхвърлим този начин за изразяване на любов като материалистичен или повърхностен. Всеки от нас обаче е различен. Един съпруг, за когото подаръците не означаваха много, разбрал едва след няколко години брак колко важни са те, за да може неговата съпруга да се чувства ценена и обичана. Първоначално обръщал малко внимание на опаковката и даването на подаръците. После осъзнал, че мисълта и усилието, които влага в опаковането и поднасянето, са също толкова важни за съпругата му, колкото е важен и самият подарък.

Ако съпругът или съпругата ни настояват за диамантени пръстени и спортни коли всяка седмица, вероятно с право ще поставим под съмнение мотивите им. Също така не трябва да заливаме партньора си с подаръци, които да заместят времето, прекарано заедно, или обсъждането на трудности. Времето и мисълта, които влагаме в избирането на подарък, го превръщат в истински дар. Поднесен подходящо, стойността му далеч надхвърля разходите.

Физическо докосване

> Много двойки, които силно желаят дълга прегръдка или лудуване в леглото, трябва да се задоволят с нова кухня или поредна отпуска на Бахамските острови.[2]

Приемането на обич чрез докосване е основна нужна на всеки човек. Бебетата се нуждаят от физически ласки, за да растат здрави. Снимки от сиропиталища в Румъния и Китай предоставят достатъчно трагични доказателства за това. Майка Тереза ясно е разбирала важността на докосването. Всеки път, когато е била сред хора, било то бебета, деца или възрастни, умиращи от нелечими болести, тя ги хващала, милвала ги, галила ги. Осъзнавала е, че често докосването може да изрази обич много по-ефективно от думите.

Физическото докосване е силно средство за изразяване на обич в брака, не само по време на любовната игра. Както пише един автор: „Да докосваш тялото ми означава да докосваш мен. Ако се отдръпнеш от тялото ми, означава да се отдалечиш от мен емоционално."[3] За онези хора, които се чувстват обичани посредством докосване, една прегръдка може да оправи всички проблеми през седмицата, а липсата й да доведе до изолация, празнота и дълбоко усещане за отхвърляне. Ако сме израснали в семейство, в което физическото докосване е липсвало, почти е сигурно, че ще трябва да усвоим този начин за изразяване на любов. Важно е да разберем, че ако на единия от нас му е липсвало физическо докосване, а на другия не е, това може да породи първоначално усещане за неудобство. Не се отказвайте!

В брака докосването може да приеме различни форми: държане за ръка, ръка около раменете или кръста, целувка, прегръдка, докосване на тялото, когато се разминавате, масаж на гърба, както и разнообразните и наситени възбуждащи докосвания по време на любовната игра.

Сила Обичам да се държим с Ники за ръце, когато се разхождаме заедно. Макар да знам, че има определени ситуации, в които той не го прави инстинктивно, е осъзнал, че си заслужава да изпита малко неудобство, за да се почувства съпругата му обичана.

Също така е разбрал от дългогодишен опит, че

> когато се безпокоя или съм притеснена, най-доброто нещо, което може да направи, е да ме прегърне, да ме задържи и да ме целуне нежно. Тогава притесненията ми се изпаряват!

Сексуалното и несексуалното докосване имат своето място, но трябва да отбележим, че мъжете и жените функционират доста различно в тази област. При повечето жени голяма част от желанието им за физическо докосване произтича от нуждата им от нежност, не от желанието им за секс. За разлика от тях, мъжете често възприемат физическото докосване като част от любовната игра и бързо се възбуждат от него.

Тези различни начини на откликване могат да се превърнат в порочен кръг. Ако съпругата не получава достатъчно ласки, често се отдръпва сексуално от съпруга си. Ако съпругът не получава достатъчно секс, изобщо не желае да проявява нежност. Твърде често това води до безизходица. Именно в такава ситуация сексуалната връзка започва да куца. Трябва да осъзнаем какво става, да говорим за това и да достигнем до съгласие как можем да си помогнем, за да разрушим тази опасна тенденция.

При някои хора границата между желанието им за секс и копнежът за физически допир е много фина и не може лесно да бъде разпозната.

Мат и Пени, едно семейство от „Курса за брака", изпитваха голямо напрежение след раждането на второто си дете. Пени не искаше да правят секс, докато Мат се чувстваше разочарован и се опитваше да я убеди. Тя престана изобщо да го докосва, да не би той да приеме това като покана да се любят. Колкото повече той желаеше да правят секс, толкова по-малко бе нейното желание, а колкото по-малко тя го желаеше, толкова повече се увеличаваше неговото желание. Животът им стана мъчителен. Мат бе объркан и не разбираше защо съпругата му не го желае. Тъй като докосването бе основният начин, по който той се чувстваше обичан, започна да се чувства недооценен и необичан.

Междувременно Пени също се чувстваше наранена, изпитваше гняв. Тя тълкуваше настояването му като безчувственост и мислеше, че той пренебрегва емоционалното й объркване. В резултат двамата започнаха да се нараняват и винят взаимно. Преустановиха всякакъв физически контакт.

В крайна сметка, посъветван от приятели, Мат се извини на Пени, че е поставил своите нужди над нейните и тя му прости. Той се отказа от сексуалните си стремежи в продължение на около два месеца. Това беше важен знак за Пени, че извинението му е истинско и предостави време за изцеление на нараняването. След това тя започна отново да се отпуска пред него. След като всичко бе изяснено, можеха да започнат да се сближават отново и да се докосват без страх, че ще бъдат разбрани погрешно. Скоро след това Пени откликна на желанието на Мат и самата тя започна да проявява подобно желание.

Ако физическото докосване е най-важният израз на любов за нашия съпруг или съпруга, прегръдката и държането за ръце във време на криза ще им покаже колко много сме загрижени за тях. Те ще помнят нежните ни и внимателни докосвания дълго време, след като кризата отшуми.

Трета част – Любов в действие

Заключение

В брака има няколко неща, които са по-важни от необходимостта да открием какво кара съпруга или съпругата ни да се чувстват обичани и след това да положим усилие да ги заобичаме по този начин, като помним, че нуждите им могат да се променят с течение на времето и при различните обстоятелства. Вместо да се опитваме да променяме своя партньор, трябва да приемем нуждите му и да се научим да изразяваме любовта си по разбираем за него/нея начин.

Струва си да отбележим, че в Евангелията Исус проявяваше любов по всичките пет начина: чрез думи, дела, време, подаръци и докосване. Той изричаше нежни *думи* на учениците Си: „Вие сте Ми приятели... Вие не избрахте Мене, но Аз избрах вас..." Той им служеше с практически *дела*, като им изми нозете, когато никой не искаше да извърши тази неприятна работа. Той прекарваше *време* с тях, водеше ги на усамотени места, далеч от множествата. Даде *дарове*, дара на Святия Дух. Изрази любовта Си към много хора с *докосване* – вземаше децата на ръце, сложи ръка на прокажения, позволи на блудницата да избърше нозете Му с косите си. По време на последната вечеря Исус каза на Своите ученици: „... да се обичате един друг, както Аз ви възлюбих" (Йоан 15:12).

Трябва да изпълняваме тази заповед на първо място и преди всичко към своите брачни партньори, като им показваме любовта си по начин, който ще ги увери, че са важни и специални за нас.

Знаете ли кой е първият *език на любовта* на вашия партньор? А кой е вашият? Основното е да разговаряте заедно за нещата, които всеки прави или не прави и които карат другия да се чувства най-обичан или най-пренебрегван.

Не отлагайте този разговор! Може да доведе до изненадващо откритие за вашия съпруг или съпруга.

Трето златно правило на брака

Изучавайте начините, по които партньорът ви се чувства обичан.

Четвърта част

Разрешаване на конфликти

Осма глава
Да ценим различията помежду ни

Заедно с Поли на хартия сме сравнително несъвместими – важна съставка за едно добро партньорство.[1]

Франк Мюър

Промяната не става без неудобство, дори когато е от лошо към по-добро.[2]

Ричард Хукър

Ники Спомням си съвсем ясно, когато бях на седем години, че се упражнявахме в ходене на три крака за състезанието по време на училищния спортен ден. Няколко седмици преди събитието обикалях с крак, завързан за десния крак на приятеля ми с червена кърпа. Първоначално беше мъчително. Крачките ни бяха различни, все забравяхме с кой крак сме се уговорили да тръгнем, падахме на тротоара, кърпата се затягаше на глезените ни, водихме няколко разгорещени спора. Въпреки това, когато спортният ден настъпи, можехме да бягаме заедно почти толкова бързо, както когато бягахме поотделно. Спечелихме състезанието!

Бракът малко наподобява на „състезание на три крака" и би било изненадващо, ако понякога не ни се иска да потичаме сами. Според Пол Турние, автор на книгата „Трудностите на брака": „Разногласията са напълно нормални.

Дори са нещо добро. Хората, които са успели в брака си, заедно разрешават проблемите си и ги преодоляват."[3]

Едно проучване на основните причини за спорове между съпрузите във Великобритания показва, че парите са на първо място, следвани от личните навици (особено безредие), децата, домакинската работа, секса, родителите и приятелите. Вестникът The Times, който публикува резултатите от проучването два дена преди Свети Валентин, пише: „Най-често срещаната форма на спор е яростната кавга, последвана от пълна липса на комуникация..." Според мнението на един брачен консултант: „Начинът, по който една двойка се кара, е единственият най-важен показател за това, дали връзката им ще бъде успешна или не."[4]

Браковете се състоят от двама души с различен произход, личности, желания, възгледи и приоритети, които встъпват във възможно най-интимната връзка до края на живота си. Към това трябва да добавим вродения егоизъм на човешката природа: желанието всичко да става по *моя* начин, да уважавам *моите* права, да налагам *моето* мнение, да следвам *моите* интереси.

Една жена, омъжена от шест месеца, коментира, че е

по-изненадана, след като сключила брак, от нещата, които е научила за себе си, отколкото за съпруга си: „Все едно някой вдигна огледало пред лицето ми и видях, колко егоистична съм в действителност.” Въпреки всички радости на брачната близост, свободата ни да правим това, което на нас ни се иска, е сериозно ограничена.

Сила Ясно си спомням един спор помежду ни. Първото ни дете беше на шест месеца, живеехме в Япония и един несемеен приятел, който живееше на триста и двадесет километра, ни покани да го посетим за един уикенд.

Той умееше да забавлява, беше много енергичен и всеки път, когато му ходехме на гости за някой уикенд, организираше партита за закуска, канеше други приятели по-късно сутринта за кафе, трети за обед, четвърти за следобедно кафе и пети за вечеря!

Срядата преди да заминем, изразих безпокойството си за уикенда, защото се чувствах изтощена от гледането на

> шестмесечното ни дете и предполагах, че един уикенд, изпълнен със срещи, на които ще присъства и малката ни дъщеря, направо ще ме довърши. Ники беше непреклонен. Трябвало да отидем, тъй като бил приел поканата и знаел, че вече са организирани няколко събирания в наша чест.
>
> И двамата държахме на мнението си. След като не успях да убедя Ники с думи и той не взе под внимание колко съм изморена, избухнах.
>
> За нещастие на Ники, бе сезонът на ябълките в Япония и ние тъкмо бяхме купили голяма щайга ябълки. Бяха подредени под формата на пирамида в една кошница. Започнах от най-горната и продължих да го замерям до последната ябълка в кошницата.
>
> Той успя да избегне сериозни наранявания като се скри зад дивана, докато кошницата се изпразни. С радост заявявам, че това са единствените неща, които някога съм хвърляла по Ники, макар че с голяма лекота запращам към него думи, когато се ядосам. Заключението на историята ще прочетете по-нататък в тази глава.

Несъгласията и конфликтите могат да изградят или да унищожат един брак. Когато съпругът и съпругата са твърдо решени да получат своето и правят всичко по силите си, за да накарат другия да приеме тяхното мислене, в резултат се получава нещо като война в окопи. Окопаваме се, за да защитим собствената си позиция, държим другия на разстояние и от време на време тръгваме в нападение. Може да изглежда, че единият от нас печели схватката, но на практика и двамата сме загубили, тъй като помежду ни има деветдесет метра ничия земя, на която има бодлива тел и остри забележки, неексплодирали мини и неотговорени въпроси. Конфликтът е разрушил нашата близост.

Несъгласията също така могат да доведат до израстване, когато и двамата партньори са готови да ги разрешат заедно. Разбира се, разрешението може да изисква коренно да променим позицията си. Състезанието на три крака изисква партньорите да пригодят хода си един към друг. Църковният реформатор Мартин Лутер казва, че има два начина да загърбим егоизма и да станем повече подобни на Исус Христос. Първият е да влезем в манастир. Вторият – да сключим брак!

Следва първата стъпка за ефективно разрешаване на конфликти.

Осъзнайте различията си

Уникалността предвещава конфликти, но също така внася вълнение и цвят. Ако имахме еднакви възгледи за всичко, бракът би бил скучен. Същността му е работа в екип. В най-ефективните екипи хората допринасят с различните си заложби, темпераменти и прозрение за общото благо.

Един футболен отбор е неефективен, ако всички единадесет играчи са защитници. Един бизнес няма да функционира успешно, ако всеки член е човек с идеи и няма кой да планува детайлите.

В последната част разгледахме едно общо различие: начинът, по който всеки се чувства обичан. В подхода ни към живота ще има много други различия, като се има предвид, че противоположностите често се привличат. Подсъзнателно сме привлечени към някого, който ни допълва, т.е. който притежава качествата, които ни липсват.

Обикновено в началото на една връзка се опитваме да се адаптираме един към друг. Много двойки дори не подозират фундаменталните си различия. Увлечението ни прави много толерантни и ни кара да променяме поведението си, така че да пасне с това на другия. Когато етапът на „медения месец" премине, същите тези различия, които са ни привлекли един към друг, могат да се превърнат в дразнители, които пораждат конфликти.

На този етап взаимното нагаждане бива изместено от опити да премахнем различията. Опитваме се да принудим своя партньор да мисли и да се държи като нас. Ако обичаме да планувame нещата предварително, очакваме и той да обича да ги планува предварително. Ако всяка вечер прибираме дрехите си в гардероба, очакваме същото и от него. Ако изстискваме пастата за зъби от долния ѝ край, очакваме същото и от него. Настояваме, манипулираме, дразним се и изразяваме гласно неудовлетворението си. Всичко това неизбежно унищожава близостта. За съжаление, на този етап много двойки заключават, че не са съвместими. Това не е вярно. Различията могат да се допълват и да бъдат превърнати в преимущество. Трябва да преустановим опитите да ги премахнем напълно и да започнем съзнателно да ценим различията помежду ни.

Монти Дон, специалист по градинарство, дизайнер на бижута и автор на статии, пише за различните начини, по които той и съпругата му Сара, подхождат към градинарството:

> Ако правите градина с друг човек, отчасти резултатът ще отразява вашата еднаквост, така както се радвате на една и съща храна или се смеете на едни и същи неща, но със същата сила ще отразява и вашите различия. Единствено когато позволите на другия да ви заведе там, където не бихте отишли сам, градината ще стане по-прекрасна от сбора на отделните ѝ части. На практика това означава, че макар никога да не налагаме своите градинарски предпочитания един на друг, често ще имаме големи разногласия какво да правим и какво да засадим. По природа съм прибързан и нетърпелив. Обичам да изпълнявам идеите, докато още се зараждат. Сара по-скоро обмисля всички възможности и заключава, че със сигурност е права. По-скоро не би правила нищо, отколкото да направи това, което не трябва. Аз бих направил каквото и да било, вместо да не правя нищо. Едновременно се възмущаваме и се възхищаваме един на друг. Това обаче е нещо добро. Правилно познахте. Важна съставка е от нашия брак.[5]

Различни видове личности

Следва описание на пет категории личности. Във всяка категория имаме предпочитания, които могат да бъдат умерени или силно изразени. Когато са силно изразени, ще ни е по-лесно да ги разграничим. Когато са умерени, можем да ги разпознаем единствено когато се сравним със своя съпруг или съпруга. Докато четете описанието на петте категории, си задайте въпроса към кой вид личности принадлежите вие и вашият партньор. Там, където се различаваме, трябва да се запитаме дали тези разлики водят до конфликт или ни подтикват повече да се ценим един друг.

Първа категория: екстровертна или интровертна личност

Първата категория е свързана с източника ни на енергия. Екстровертите извличат енергия от общуването си с околните. Искат да прекарват голяма част от времето си с други хора, зареждат се на празненства. Говоренето е важно, защото им помага да организират и да изяснят мислите си. Голяма част от говоренето им е гласно изразяване на техните мисли. Екстровертите понякога се наслаждават на самотата, но ако продължава прекалено дълго, самотата ги изцежда емоционално. Нуждаят се от стимула на външния свят, за да презаредят батериите си.

За разлика от тях, интровертите черпят енергия в своя тих размисъл. Естественият им фокус е съсредоточен върху вътрешния им свят на мисли и идеи. Възможно е да са топли, приятелски настроени и грижовни, но прекомерното социално общуване ги изцежда и се нуждаят от време да бъдат насаме, за да се възстановят. Обикновено предпочитат няколко близки приятели пред много познати и често избират вечерта вкъщи пред парти навън. Те са склонни да бъдат по-тихи и да организират мислите си, преди да говорят.

Интровертът може да цени лекотата, с която екстровертът общува с много различни хора, докато екстровертът може да цени тихата загриженост на интроверта.

Втора категория: логическа или интуитивна личност

Тази категория е свързана с начина, по който възприемаме света около нас. Хората, които предпочитат логиката, използват петте си сетива, за да събират информация. Искат факти. Обръщат се към миналото и се учат от опита. Изпитват нужда от яснота и предпочитат въпроси с практическа важност пред догадките. Интересуват се от подробностите и разрешават проблемите чрез внимателен анализ на фактите. Околните ги описват като методични, прагматични и фокусирани върху настоящето.

Интуитивните хора предпочитат идеите пред фактите. Те имат по-скоро новаторска, отколкото практическа нагласа. Те виждат по-лесно голямата картина, не детайлите. Обичат да мислят какво би било и често се съсредоточават върху бъдещето. Често разрешават проблеми чрез предчувствия и скачат от една дейност на друга. Другите ги възприемат като неконвенционални хора с въображение.

Личностите от първия вид могат да се възприемат като „педанти по отношение на детайлите", а от втория – като хора, „които се реят в облаците". Всеки проект изисква и двата вида личности. По-интуитивните имат виждане, идеи и цели; по-логичните се съсредоточават върху практичните страни, детайлите и стъпките на действие.

Трета категория: личност, насочена към изпълнение на задачи или към общуване с хората

Тази категория определя начина, по който вземаме решения въз основа на наличната информация. Хората, които са насочени към задачите, са наясно с целите си. Мотивирани са от ефективност, справедливост и истина. В бизнеса продуктивността и печалбата имат най-висок приоритет. Когато има ясна цел, насоченият към изпълнение на задачи човек се придвижва бързо и по план към нея.

За онези, които предпочитат хората, сърцето надделява над главата и взаимоотношенията са по-важни от целите. Такива хора имат дълбоки чувства и лесно съпреживяват чувствата на околните. Решенията им се основават върху начина, по който изборът им ще повлияе на другите. Склонни са да извиняват вместо да винят другите и често виждат сиво там, където насоченият към задачите човек вижда само черно и бяло.

Насочените към хората личности могат да се възхищават на личностите, ангажирани със задачите, за непоколебимото им преследване на целта, докато последните могат да ценят способността на първите да създават атмосфера на толерантност, насърчение и грижа към околните. Ефективният екип изисква присъствието и на двата вида личности.

Четвърта категория: структурирана или флексибилна личност
Тази категория е свързана с идеята дали обичаме предварително да правим планове, или сме склонни към спонтанност. Хората, които предпочитат структуриран живот, лесно решават как да действат и след това следват плана си. Хората, които предпочитат да останат гъвкави, обичат да оставят възможностите си отворени възможно най-дълго, в случай че получат нова информация, по-добро предложение или по-изгодна сделка.

Хората, които обичат структури, са добри в поставянето на приоритети. Обикновено те са добре организирани. Чувстват се удовлетворени, когато се справят преди крайния срок, но не са толкова добри в справяне с нещо неочаквано.

Хората, които предпочитат да останат гъвкави, са склонни да се носят по течението. Обичат свободата и спонтанността и се колебаят при окончателното завършване на плановете. Привидно са спокойни и не се притесняват за точното време на събитията. Уверени са, че нещата най-вероятно ще се получат по най-добрия начин. Понякога пропускат възможности, защото се бавят да вземат решение. Добри са в приспособяване към непредвиденото и понякога са успешни там, където другите се провалят.

Пета категория: инициираща или поддържаща личност
Тази категория посочва дали по природа предпочитаме да водим или да следваме. Инициаторите обичат да измислят нови идеи, лесно вземат решения и не се боят от промяна. Обичат да ръководят и са добри водачи. Поддържащите обичат други да бъдат инициативни. Те изслушват внимателно и се колебаят да изразят мнението си. Предпочитат да избягват конфронтация и са готови да пригодят личните си предпочитания, за да запазят разбирателството.

За да се постигне правилният баланс между ръководство и поддръжка, трябва да избягваме две опасности. Инициаторите понякога могат да пропуснат да се консултират със своя партньор. Поддръжниците могат да предоставят вземането на всички съвместни решения на своя съпруг или съпруга. И двете тенденции са нездрави в брака, тъй като и двамата партньори трябва да участват във вземането на всички решения, които са свързани с тях като двойка. Струва си да помним, че „воденето" не означава доминиране, контролиране или налагане на своето мнение. Поддържането не означава пасивно следване или несподеляне на мнение. За да работим ефективно като екип, инициаторът предлага и изпълнява, докато поддръжникът насърчава и помага.

Браковете функционират най-добре, когато всеки партньор е инициатор в някои области и подкрепя своя съпруг или съпруга в други области.

Извлечете най-голяма полза от различията си

Когато открием себе си в тези категории, не отричаме уникалността си. Всеки различен вид личност съдържа в себе си голямо разнообразие. Типичният начин на откликване не означава, че не можем да придобием нови качества от другия край на спектъра. Тези черти не означават, че насоченият към задачи човек не се интересува от взаимоотношения или че насоченият към хора човек няма цели. Те не заключават, че интровертът не може да се радва по време на тържество или екстровертът на разходка сред природата сам. Предпочитанията са основоположни за различния подход, който имаме към живота.

Първата стъпка е да признаем различията си. Втората е да приемем, че няма правилен или неправилен начин. Интуитивният ни начин на мислене не е по-добър или по-лош от този на партньора ни. Всяко предпочитание дава ценен принос, но само́ по себе си е ограничено. Ако считаме собствения си начин на поведение за „нормален", а поведението на другия за „погрешно", шансът да изградим интимност в брака е малък.

Третата стъпка е да се убедим, че различните ни подходи могат да се допълват. Бракът неимоверно много се укрепява, когато се съсредоточим върху това, от което се възхищаваме в другата личност, вместо върху онова, което ни дразни.

За Бил и Лин Хайбълс, ръководители на една от най-големите църкви в Америка, разпознаването на различията в личностите им преобразява връзката им от състояние на раздразнение и объркване към разбиране и оценяване. Бил пише за Лин:

> Лин е по-структурирана и организирана от мен. Аз предпочитам по-спонтанен подход към живота, съставям плана в движение. Склонността ѝ да планува ми се струваше чаровна..., но няколко години след като сключихме брак, очарованието прерасна в объркване. Започнах да не харесвам някои

от същите онези качества, които ме бяха привлекли първоначално в нея... Въпросът със структурирането. Тя просто не можеше да живее с въпросителни. Винаги настояваше да разбере плана – къде ще ходим на почивка, кога ще тръгнем, кога ще се върнем. Искаше да знае предварително!... Сега направих пълен обрат в преценката си и отново ценя различията помежду ни.

Тъй като Лин е интроверт, домът ни е безопасно и спокойно място. Прибежище. Животът ми е толкова препълнен с хора... Нуждая се от съпруга, която умее да подрежда живота. Благодарение на предпочитанието на Лин към структурирането, имаме отлично организиран дом. Имаме чисти дрехи. Храним се здравословно. Имаме действащ бюджет. Имаме две деца, които знаят как да седнат и да си подготвят домашните. Също трябва да призная, че някои от приключенията ни станаха още по-хубави благодарение на нейното предварително планиране.

Много пъти съм се изкушавал да взема чук и длето и да превърна Лин в мое подобие. Няколко пъти дори съм се опитвал да го направя. Благодаря на Бога, че не успях. Сега осъзнавам, че един човек като мен е повече от достатъчен в нашия дом.[6]

Лин разказва част от същата история, само че от своя гледна точка.

От Бил се научих да се отпускам малко по отношение на структурирането. Продължавам да предпочитам да планувам предварително и да следвам определен план, но открих, че понякога малко спонтанност в програмата може да направи живота по-забавен и да подобри връзката ни. Това е особено вярно, що се отнася до връзката родител-деца. Някои от най-добрите моменти, които съм прекарала с децата си, са били спонтанни. Вероятно бих ги пропуснала, ако не бях повлияна от подхода към живота на Бил – планувай в крачка.[7]

В таблицата в края на главата сме изброили някои области, в които съпрузите могат да имат много различни подходи. Решете по отношение на всяка област докъде можете да стигнете. След това вижте къде се различавате и се запитайте дали това различие води до конфликт. В края на таблицата има място да допълните други области, в които се различавате.

Обсъдете различията си по отношение на парите

Когато сложим всяка област на масата, е лесно да допуснем, че *моят* начин е по-добър и да критикуваме съпруга или съпругата си поради това, че мислят различно. Това проличава най-ясно по въпроса за парите. Този, който по природа е пестелив, обвинява другия, който по природа е разточителен, и предполага, че е много по-добродетелно да се пести.

Ники Със Сила пристъпихме към брака с много различно отношение към парите. То отразяваше характера на нашите личности, макар че и родителите ни сигурно са помогнали при оформянето на възгледите ни.

По отношение на парите има три възможности: да ги пестим, да ги харчим или да ги раздаваме. Нямали сме проблем да постигнем съгласие колко и кога да даваме. По отношение на другите две възможности, сме на двата противоположни полюса. Сила е по-добра в *харченето*, а аз предпочитам пестенето. (Като дете си спомням как пестях старите жълти монети. Впоследствие разбрах, че тези монети са излезли от употреба и цялото ми съкровище се оказа безполезно!)

В началото, когато сключихме брак, аз работех, а Сила беше студентка. Всеки месец ѝ давах част от парите, които бях спечелил, за домакинските разходи. Надявах се да не тегли повече от наличното. Надеждите ми бяха напразни. Винаги имах спестени пари, за да мога да изплатя дълга, но негодувах поради очевидната неспособност на Сила да контролира колко харчи и чувството ѝ за вина за всичко. И двамата считахме, че от двама ни аз съм по-добрият с парите, защото не ги харчех толкова лесно като нея.

Ненадейно, след петнадесет години брак, един ден осъзнах, че съм грешал. Осъзнах, че всеки от нас е добър в различни неща. Тя е по-добра в харченето: по-добра е в това да преценява от какво се нуждаем всяка седмица, както и в купуването на специални неща и изненади за семейството от време на време. Добра е в избирането на подаръци. Аз, от друга страна, съм добър в *пестенето*. Сила няма нищо против да преценявам колко имаме (или колко нямаме). Аз отговарям за спестяванията и за плащането на сметките.

Откакто осъзнахме, че различията ни се допълват, престанах да негодувам и парите спряха да бъдат източник на напрежение. Като обсъждаме колко трябва да заделим за различните нужди всеки месец, успяхме да открием области, в които всеки може да помогне на другия. Сила ми помага да не бъда прекалено стиснат и да използвам парите по-свободно по отношение на другите и на самите нас. Преди децата получаваха като джобни всяка седмица по едно пени за всяка навършена година: шест пенса, когато бяха на шест, осем, когато станаха на осем и т.н. Не виждах проблем в това, докато един ден Сила не посочи, че сумата от 10 пенса няма да научи нашата десетгодишна дъщеря да харчи благоразумно. Днес съм толкова благодарен, че Сила, с убедителната подкрепа на децата ни, успя да ме накара да променя мнението си!

От друга страна, смятам, че помагам на Сила да следи какво харчи и да спазва границите на бюджета. Сега, вместо да задържам част от парите, с напразната надежда да ги спестим за спешни случаи, давам цялата сума, за която сме се разбрали да похарчим този месец, на Сила и тя я използва за нещата, които счете за нужни.

Сила Дисциплината при спазването на бюджета не ми е по сърце. За това определено допринася фактът, че не съм добра с числата. Не бих се определила като екстравагантна и не обичам много да пазарувам. Купувам обаче всичко, от което се нуждаем като семейство и малко отгоре за специални случаи и подаръци. Като цяло, аз

> съм по харченето, а Ники е по спестяването. Това се случи без да го планувамe.
>
> Всеки месец се чувствах виновна за допълнително похарчените пари (макар да бях убедена, че не мога да харча по-малко), а Ники се тревожеше, че не можех да се променя. Тъй като той пропада много, се сблъскахме с тази разлика едва няколко години след като бяхме женени.
>
> Говорихме открито за чувствата си и какво можем да направим за тази ситуация. Запазихме ролите си, но с помощта на Ники започнах да планувам предварително и което е по-важно, да му казвам, когато реша, че съм похарчила повече. Сега осъзнавам, че е по-добре да го кажа открито, вместо да се надявам проблемът да се разреши от само себе си.
>
> В миналото не разбирах парите, страхувах се от тях и не исках да говоря на тази тема. След като установих своята слабост и мога да говоря за ситуацията, начинът, по който се чувствам, напълно се промени.

Тъй като парите са най-големият източник на напрежение в браковете във Великобритания, всяко семейство трябва да обсъди как използва парите си. Това очевидно звучи абсурдно, но е невероятно колко малко двойки го правят на практика.

Често партньорите имат различни приоритети в харченето. Затова предварителното планиране и договаряне на определен размер за харчене във всяка област е важно. Съхраняването на парите в различни сметки също помага: обща сметка за домакинството, сметките и нужните неща, и отделни сметки за купуването на подаръци и други несъществени неща. Така всеки партньор има пространство да взема собствени решения.

Ако ни е трудно да не харчим повече от заплануваното, трябва да използваме пари в брой и да избягваме кредитните карти. (Ако единият партньор има сериозни проблеми или имате големи дългове, потърсете помощ.) Ако, от друга страна, осъзнаете, че сте прекалено предпазливи по отношение на парите, тогава ще бъде полезно да се съгласите да заделяте определена сума за почивка, подаръци, забавления, благотворителност и др.

Когато единият партньор работи, а другият е у дома, е лесно този, който печели парите, да си мисли: „Работя като роб да спечеля пари, а той / тя само ги харчи". Разбира се, възможно е „необезпеченият" партньор също да работи като роб. В подобни случаи лесно може да се допусне неразбиране за ежедневието на другия. Репликата: „По цял ден си стоиш вкъщи" може да получи за отговор: „А ти само ходиш на хубави обеди".

Бракът трябва да се основава на разбирането, че всичко, което имаме, включително нашата заплата, принадлежи и на двамата. Съпругът и съпругата трябва да са наясно с финансовото положение. Ако единият партньор е в неведение за общия доход, за спестяванията или за размера на дълговете, могат да се породят сериозни проблеми не само по отношение на харченето, а и поради чувството, че единият е измамен или предаден. *Заедно* трябва да решим как ще използваме парите си. Може да си струва да определите граница, колко да харчи всеки от вас за определени неща или дейности, без да се консултира с другия.

Една двойка ни разказа как преди са се карали редовно за това, как да харчат парите си. Съпругата не знаела колко пари имат, а съпругът редовно я хокал, че харчи повече от допустимото. Преди две години съставили подробен бюджет, заедно решили как да харчат парите си и се погрижили разходите им да не превишават приходите им. Преди той следял сметките им (по доста опасен начин). Заедно достигнали до решението, че тя е по-подходяща за тази роля. Оттогава не са се карали нито веднъж за пари.

Обсъждането на финансите може да ни сближи, но ако избягваме тази тема, могат да се породят много недоразумения и негодувания, които да ви отдалечат един от друг. За да сме информирани при вземането на решения, сме добавили приложение, което обяснява как да си направим бюджет. Самият процес на съвместна подготовка ще ни помогне като двойка да обсъдим своите страхове и притеснения по отношение на парите. Това също така ще ни помогне да открием силните и слабите си страни.

Поддържайте чувството си за хумор

Различията помежду ни могат да доведат до конфликти или до разнообразие. Да ценим различията помежду си означава да продължаваме да се наслаждаваме на уникалността на другия. За повечето двойки смехът е част, при това важна част от връзката им, когато започнат да излизат заедно. Забавляват се от онези аспекти на личността и поведението на другия, които са различни. Когато връзката им се развие, често започват да се смеят на тези индивидуални черти на характера. Подобни „шеги" допълнително увеличават взаимното оценяване и насладата един от друг.

Те са противоположни на грубото дразнене, което се стреми да разобличи и унизи. Говорим за нежни, внимателни шеги, които са израз на задълбочаваща се близост в брака.

Общият ни смях бележи специалната територия на нашата връзка – място за лични шеги, общи забавни спомени и споделени забавления. Това ни помага да не се възприемаме чак толкова сериозно и не позволява връзката да стане твърде напрегната и тягостна.

В проучването си сред петдесет щастливи семейни двойки, в стремеж да открие общите фактори, които правят брака траен, Джудит Уолърстайн посочва хумора като ключова съставка:

> Многократно двойките от тези щастливи бракове казаха, че смехът е една от най-здравите връзки помежду им. Много използваха думата „забавен", за да опишат своя партньор. Под хумор и „забавен" обаче тези двойки имаха предвид нещо по-дълбоко от последната популярна шега. Те говореха за интимен начин на общуване помежду си, за дискретни и спонтанни закачки, които поддържат връзката им.[8]

Когато се радваме на различията помежду си и се шегуваме внимателно и мило един с друг, ще поддържаме смеха и хумора живи в нашия брак. Противоположно е на това да се възприемаме за даденост. Помага ни да изградим правилна перспектива за малките дразнители в живота.

Когато попитали Джоун Ериксън, кой фактор счита за най-важен в поддържане на повече от шестдесетгодишния ѝ брак с психоаналитика Ерик Ериксън, тя отговорила без колебание: „Чувството за хумор. Какво остава без чувство за хумор? Хуморът държи всяко нещо на мястото му."[9]

Бъдете готови да се промените

Въпреки че не можем да променим основната си личност или тази на партньора си, можем да променяме своите навици и поведение. Бракът наистина изисква да го правим, за да приравним скоростта си на движение. Не помага, когато казваме: „Ами такъв съм си". Когато разглеждаме различията си, има един много простичък и важен принцип за щастлив брак:

> *Можем* да променим себе си; *не можем* да променим другия.

Нагаждането трябва да продължи през целия брак. Хирургът Ричард Зелцър описва, какво може да означава това:

> Стоя до леглото, в което лежи млада жена, лицето й е претърпяло операция. Сега е изкривено от парализа, като лице на клоун. Има леко схващане на лицевия нерв, на този до мускулите на устата й, който бе отстранен. Ще бъде такава отсега нататък. Гарантирам, че като хирург следвах с религиозно посвещение извивката на лицето й. Въпреки това, за да отстраня тумора на бузата, отрязах малък нерв.
>
> Младият й съпруг е в стаята. Стои от противоположната страна на леглото и сякаш заедно размишляват, осветени от нощната лампа, изолирани от мен, отделени. „Кои са те?" питам се аз. „Той и тази изкривена уста, която направих. Как се гледат и докосват ненаситно един друг."
>
> Младата жена проговаря: „Устата ми винаги

> ли ще бъде такава?" – пита тя. „Да" – отговарям аз. „Такава е, защото срязахме нерва." Тя кимва и притихва. Младият мъж се усмихва. „Харесва ми" – казва той. „Сладка е." Изведнъж разбирам, кой е той и свеждам поглед. Човек не е дързък, когато се срещне със земен бог. Разсеяно виждам, как той се навежда да целуне изкривената уста и аз, толкова близо, виждам, как той criви своите устни, за да докосне нейните и да й покаже, че отново ще могат да се целуват. Спомням си, че богове са се явявали в древни времена като смъртни, задържам дъх и се наслаждавам на чудото.[10]

Когато съпругът или съпругата са готови да прегърнат неудобството на промяната, бракът има шанс да продължи напред. Когато и двамата решат да я прегърнат заедно, пред статичния и зациклил брак се откриват нови и вълнуващи хоризонти.

Нанси, чийто брак с Рик бе спасен на ръба на унищожението, описва най-важното прозрение, което е придобила от преживяното:

> ... връзката няма да се развива, ако се опитвате да накарате някой да влезе в рамките на вашите представи. Бракът работи не когато просто толерирате различията на партньора си, а когато ги цените.[11]

Отбележете с инициал на линията къде се различавате. Например (Н = Ники; С = Сила)

Пари	Харчи	__С____Н___	Пести
Точност	Времето е наше	С__________Н	Планувай времето

ВЪПРОС:

Дрехи	Всекидневни	__________	Официални
Разногласия	Забрави ги	__________	Не спирай
Почивки	Приключения	__________	Почивка
Пари	Харчи	__________	Пести
Хора	Време с други хора	__________	Време сам
Планувне	Планувай и следвай плана	__________	Бъди спонтанен, както стане
Точност	Времето е наше	__________	Планувай времето
Разпускане	Излез навън	__________	Остани си вкъщи
Сън	Лягай си рано	__________	Лягай си късно
Спорт	Ентусиаст	__________	Незаинтересован
Телефон	Говори на воля	__________	Говори по същество
Чистота	Поддържай всичко чисто и под контрол	__________	Бъди спокоен и живей в безредие
Телевизор	Да стои включен	__________	Изключи го

ДРУГИ НЕЩА __________

____

Девета глава

Да се съсредоточим върху проблема

Говори, когато си разгневен и ще произнесеш реч, за която винаги ще съжаляваш.

Анон

В романа „Любов по време на холера" Габриел Гарсия Маркес описва брак, който се разпада заради един сапун. Съпругът чувства, че съпругата му го е предала, като е забравила да смени сапуна и коментира обвинително: „Вече близо седмица се къпя без сапун". Тя настървено отхвърля обвинението. В резултат от това следващите седем месеца спят в отделни стаи и се хранят в мълчание. „Дори когато вече остаряха и се поуспокоиха" – пише Маркес, „те внимаваха много да не говорят за това, защото едва зарасналите рани пак щяха да започнат да кървят, все едно са нанесени вчера".[1]

Когато се появят конфликти, е прекалено лесно да се оттеглим и да мълчим, да изградим стена, която става все по-дебела всеки час, ден, седмица, месец, дори година. Също така започваме да нападаме по всички фронтове – по вода, земя и въздух, като се стремим да отслабим позицията на своя партньор и да го убедим да се предаде. Опитът да склоним партньора си да приеме нашата гледна точка може да доведе до словесно, дори до физическо насилие. Към каквото и да сме склонни, следващият съвет ни е помагал да се съсредоточим върху проблема, вместо да се нападаме един друг. Целта е да избегнем определени области на несъгласие, които влияят върху цялата връзка.

Споразумейте се за различията си

В брака ни ще има моменти, когато ще е нужно да обсъдим различните си подходи.

Ники Една от разликите между Сила и мен е времето, което си оставяме, когато трябва да хванем влак или самолет. Ако Сила е сама, най-вероятно ще пристигне толкова навреме, че да може да хване предишния влак или самолет. Аз, от друга страна, предпочитам да дам на влака или самолета „спортсменска преднина" и да пристигна възможно най-близо до потеглянето или излитането. В противен случай усещам, че губя ценно време, което бих могъл да използвам продуктивно за нещо друго. Според Сила времето, прекарано на гарата или на летището, може да бъде използвано за приятни разговори, наблюдаване на хората или четене на списание.

В продължение на много години не обсъждахме причините за различните си предпочитания, но съзнавахме, че пътуванията винаги бяха предшествани от някои от най-стресиращите моменти в брака ни. Беше ясно, че трябва да променим нещо.

„Но той тръгва утре по обед, Сила."

Какво да правим, когато поведението ни не е съвместимо? Има четири основни възможности: да атакуваме, да се предадем, да се пазарим или да се споразумеем. Някои хора нападат, като се опитват да принудят партньора си да приеме начина им на мислене. Това не действа. Най-честите реакции на опити за принудително съгласие са защита и окопи или външно съгласие и вътрешно отхвърляне.

Други се предават: те позволяват на съпруга или на съпругата си да постъпят, както желаят и не споделят мнението си. Това също не е здравословно, защото не води до динамично партньорство.

Трети се пазарят и искат всеки да отстъпи наполовина. „Ще отстъпя малко, ако и ти отстъпиш." Проблемът тук е, че поведението ни започва да зависи от отклика на нашия партньор. Когато гледаме на брака като „дай и вземи" в равни пропорции, лесно можем да се съсредоточим върху това, което ние даваме и онова, което съпругът или съпругата ни вземат. Всеки има собствена представа, къде е средата. Ако чувстваме, че партньорът ни не изпълнява своята част, преставаме да изпълняваме своята.

Четвъртият и най-добър начин е да се споразумеем за нашите различия. Това означава и двамата да бъдем готови да тръгнем един към друг. За разлика от атаката, която е съсредоточена върху „егото", или предаването, което също е нездраво съсредоточено върху „егото", споразумяването е съсредоточено върху „нас". И двамата питаме: „Кое е най-доброто разрешение за двама ни?" Понякога съпругът ще каже: „Аз трябва да се променя". Понякога съпругата ще каже: „Аз трябва да правя нещата по различен начин". Обикновено и двамата трябва да се променят.

Ники Понякога успяваме да намалим напрежението преди пътуване, като предварително обсъждаме в колко часа́ трябва да тръгнем и оставяме достатъчен запас от време в случай на задръстване. Обикновено трябва да се боря

> с инстинкта си, който ми казва, че губя време, като пристигна по-рано. Сила понякога трябва да пригоди своята точност, за да не се налага да чакаме прекалено дълго.

Споразумяването е умение, което може да бъде упражнявано и придобито, когато изберем да се придържаме към няколко основни принципа.

Намерете най-подходящото време

Проучване, направено от „Рилейт" *(Заглавието „Рилейт" отразява игра на думи. Глаголът relate едновременно означава: „разказвам" и „свързвам чрез брак" – бел. ред.)* разкрива, че „половината от кавгите в семейните двойки стават вечер и една четвърт от участниците в проучването признават, че са спорили в най-стресиращите моменти, преди специален повод".[2] Едни близки приятели ни казаха много обикновено, но ефективно правило, което са наложили в своя брак. Наричат го *„правилото десет ча́са"*. Правилото гласи, че ако след десет ча́са вечерта се разрази спор, в който се изразяват силни чувства, всеки от двамата може да отложи обсъждането на проблема за по-подходящ случай.

Ние също възприехме подобно правило. Осъзнахме, че болшинството от разгорещените ни спорове стават късно вечер, когато умората изкривява перспективата ни. В подобни моменти ни е трудно да слушаме и виждаме гледната точка на другия. „Правилото десет ча́са" изисква голямо въздържане, но може да попречи на много спорове да прераснат в нараняващи и безплодни кавги.

Обикновено няма съвършено време за изразяване на оплаквания или на различно становище, но си струва да определите в кои моменти да не го правите. Най-вероятно бихте включили няколкото натоварени минути преди да тръгнете за работа или докато се подготвяте за излизане. Ограниченото време обикновено придава по-голяма спешност на нуждата от убеждаване на другия в своята гледна точка и съответното нежелание да се изслушаме взаимно.

Опитваме се да избягваме повдигането на спорни въпроси в ежеседмичното време, което прекарваме един с друг. Чухме за двама съпрузи, които споделили един с друг, че се „боят от времето за среща" със съпругите си, защото очакват мъчително да разберат, в какво са сбъркали през *тази* седмица!

Преимуществото на това ежеседмично време, прекарано заедно, ще се изгуби, ако не е приятно и за двамата.

Бъдете готови да слушате

Вместо да възприемаме несъгласието като проблем на нашия съпруг или съпруга, трябва да го възприемем като наш общ проблем, на който трябва да намерим разрешение. Възможно е разрешаването на проблема да изисква труден разговор, но вместо да се борим един срещу друг, трябва да разберем, че сме на една и съща страна и атакуваме пречката, която стои и пред двама ни. Често е полезно да направим списък с всички възможни разрешения и след това заедно да преценим „за" и „против" на всяка една възможност.

Слушането е жизненоважно. Посред един нагорещен спор инстинктивно искаме да сме сигурни, че нашият партньор е схванал нашата гледна точка, но не сме толкова готови да разберем неговата. Когато се редуваме кой да говори, ще можем по-добре да достигнем до съгласие.

Когато изслушваме мнението на другия, често ще успяваме да проправим път напред, който не е нито мой, нито твой, а нов път.

Бъдете готови да изразявате своята гледна точка

Докато конфликтите карат някои хора да повишават глас и да спорят, други притихват и се отдръпват. Втората група може да запази мира, но подобен отговор не изгражда интимност в брака. Докато екстровертите често трябва да се научат да контролират изразяването на своите чувства и да отделят време да слушат, интровертите трябва да бъдат подготвени да изразят своите възгледи и да се научат да говорят открито за чувствата си.

Една жена на име Джейн се научава да постъпва така, когато заедно със съпруга си Рик стават християни:

> През първите няколко години от брака ни бях много пасивна и отстъпчива; рядко споделях мнението си. Чрез връзката си с Бога придобих нова увереност, която ми позволява да изразявам какво чувствам по-свободно. Също така не се страхувам, че Рик ще си тръгне, ако имаме трудности във връзката си, както правех преди. Зная, че можем да преодолеем различията помежду ни и това ми дава свобода да не се съгласявам винаги

> с него. *Сега съм по-уверена в себе си, но по-малко склонна да съдя.* Начинът, по който се справяме с конфликтите, се промени... Не оставям нещата да назреят, връзката ни е по-честна и по-лесно се справяме с различията си.

Избягвайте обвиненията

Няколко седмици преди нашата сватба свещеникът, който ни венча, ни даде един ценен съвет. Тридесет и две години по-късно все още го помним:

> В брака има две фрази, които трябва да избягвате на всяка цена: *„ти винаги"* и *„ти никога"*.

Тогава не доловихме мъдростта, която се крие зад това просто правило, но осъзнахме, как посред разгорещен спор тези две фрази могат да бъдат използвани много лесно, като лепваме определения и се подценяваме:

> „Никога не си мръдваш пръста да помогнеш."
> „Винаги се прибираш късно у дома."
> „Никога не мислиш за друг, освен за себе си."
> „Винаги говориш по телефона."

Ако се уловим, че използваме „никога" и „винаги" по време на конфликт, вероятно сме престанали да гледаме към проблема и сме започнали да нападаме характера на другия. Обикновено употребата на *ти* с „никога" или с „винаги" е експлозивна комбинация.

„Винаги казваш, че никога не чистя."

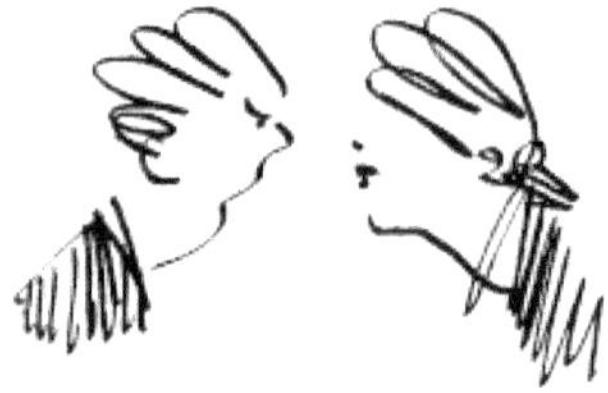

Понякога употребата на „аз" и „мен", които изразяват личните ни чувства, са по-продуктивни, отколкото обвиняването на партньора ни. Ето как може да кажем предходните изречения по нов начин:

> „Изтощена съм и наистина бих оценила твоята помощ в домакинството."
> „Чувствам се самотна и ми липсваш, когато се прибираш късно вечер."
> „Разстроен съм, защото когато сме заедно, сякаш не се интересуваш от мен така, както преди."
> „Чувствам се наранен, когато прекарваш толкова много време вечер на телефона, вместо да разговаряш с мен."

Когато говорим по този начин, показваме кротост, която е жизненоважна съставка на любовта. Несъгласията могат лесно да се превърнат в дуел с меч, само че грубите думи оставят много по-дълбоки рани, на които е нужно повече време, за да заздравеят, от физическите рани. Журналистката, водеща радиопредавания и авторка Либи Първис потвърждава това по прекрасен начин, като цитира млада жена, която познава, на име Морийн:

> „Веднъж моят съпруг ми каза, че съм егоистична, глупава, дебела, фригидна кучка. Трябва да призная, че преди това го бях нарекла с по-ужасни епитети, но когато ми каза, че съм фригидна, не можах да забравя тези думи. Всеки път, когато се любим сега, си спомням, че той мисли за мен именно това. Спрях да му имам доверие". Тя започнала да спазва строги диети, колкото и да била слаба, заради определението „дебела" от кавгата. Чудесно е да кажем: „Нямах това предвид", но в този случай, се пита жертвата, какво те накара да го кажеш? Старата поговорка, че ядосаните хора винаги казват неща, които не мислят, бива опровергана от друга толкова стара поговорка, според която *само* когато сме ядосани, смеем да кажем това, което действително имаме предвид. Повечето от нас си спомнят много добре думи, които са ни казани с гняв.[3]

Трябва да внимаваме да не припомняме стари случки или да отправяме жестоки лични коментари. Дори ако думите на нашия партньор са ни наранили, трябва да се съпротивим на изкушението да си отмъстим. Въздържанието е част от цената, която плаща истинската любов. Нито един спорен въпрос, без значение колко непоклатимо мнение имаме, не е по-важен от брачната ни връзка. Библията подчертава способността на думите да нараняват или изцеляват:

> Говорете с благо. Целта е да извадите на преден план най-доброто в другите, не да ги обиждате или да ги прекъсвате (Колосяни 4:6).
>
> Постарайте се да им покажете най-ясно, че сте на тяхна страна, че работите с тях, не против тях (Филипяни 4:5)[4].

Това не важи никъде другаде с такава сила, както в брака.

Бъдете готови да отстъпите

Няколко неща са по-трудни от признанието, че сме сбъркали. Отчаяно искаме да се оправдаем, да покажем, че сме прави и да получим справедливост. Роб Парсънс описва процеса така:

> Всеки един от нас притежава нещо, което наричам „вътрешен защитник", скрит адвокат вътре в нас, който скача да ни защити всеки път, когато попаднем в конфликтна ситуация. Този талантлив говорител е решен да представи на ума ни възможно най-добрата защита в наша полза... Описва ни като чувствителни, логични и милостиви. Другият не е на себе си и е неразумен... Докато този вътрешен адвокат заеме мястото си, сме напълно оправдани, заседателите са се произнесли: „Невинен!" Всичко би било добре, ако не беше фактът, че в същия този момент, не много далеч от нас, адвокатът на другия човек произнася заключителната си реч и невероятно, но получава същата присъда.[5]

Спечелването на спор може да бъде непродуктивно. За хората, които боравят добре с думите и могат да накарат противника да се почувства нищожен или глупав, способността да печелят, ще се превърне в недъг в дългосрочен план.

Често си мислим, че ако признаем грешката си, ставаме слаби. Когато обаче решим, че не е нужно винаги да побеждаваме и се опитаме вместо това да видим проблема през очите на другия, той повече няма да изпитва потребност да защитава своята гледна точка. Както се казва в книгата Притчи: „Започването на разпра е, както когато някой отваря път на вода, затова остави препирнята, преди да има каране" (Притчи 17:4). Отстъпването и ако е нужно, извинението, могат да ни струват част от гордостта, но ще направят брака ни по-щастлив. Ако ни е трудно да изгубим спор, трябва да се опитаме съзнателно да изгубим няколко пъти, за да видим какво ще стане.

Заедно да посрещнем трудностите

Родителите на Мартин се разделили, когато той бил още дете. Баща му живеел в чужбина, а майка му станала алкохоличка. Мартин бил изпратен в пансион, когато станал на седем. Родителите му често забравяли рождения му ден и било цяло щастие, ако получи подарък за Рождество. Понякога имало изненади, но никога не били опаковани. С приспособимостта, от която толкова много се възхищаваме у децата, той приел тези обстоятелства и се отдал на училищния живот.

Когато пораснал, открил, че му е трудно да изгражда трайни взаимоотношения. После се влюбил лудо, оженил се и мечтаел, как семейният му живот по някакъв начин ще изкупи и изцели болката и провала на миналото му.

Съпругата му Луси била от много здраво и единно семейство. Тя боготворяла родителите си. Особено й харесвал начинът, по който те празнували рождените дни и Рождество – голяма предварителна подготовка, с много забавления, изненади, подаръци, шеги и потайност.

Рожденият й ден дошъл няколко месеца, след като сключили брак. Мартин я попитал какво иска. Тя предложила няколко неща с надеждата, той да измисли и някаква изненада. Той купил две неща от поисканите и ги оставил неопаковани върху хладилника. Чувствал, че това е прекалено – никой не му бил купувал два скъпи подаръка за рождения ден. Три дена преди рождения си ден, тя видяла двата предмета върху хладилника неопаковани. Почувствала се смутена и необичана, но не казала нищо. Какво да каже?

Когато на рождения й ден се събудили, нямало картичка, нямало закуска в леглото, нито цветя. Точно преди да тръгнат за работа, Мартин взел двата предмета от хладилника (все още в найлоновите торбички от магазина) и й ги дал с усмивка. Тя се разплакала и излязла от дома.

Наранената връзка така и не се възстановила след събитията на онази сутрин. Никога не обсъдили случилото се. Луси заключила, че той или не я обича или по природа е лош и нечувствителен, най-вероятно и двете взети заедно. Мартин забелязал, че тя станала студена и предположил, че просто повече не е влюбена в него. Така започнали взаимно да се отхвърлят. За двамата последвали ужасни години, изпълнени с подобни мълчаливи недоразумения, докато най-накрая се развели.

Каква трагедия, че на този важен ден (рождения ден на Луси), не са видели нуждата да се съсредоточат върху проблема. Можеха да изслушат историите за това, как са празнували рождените си дни в детството. Можеха да изразят възгледите, чувствата, очакванията и разочарованията си. Тогава щяха да прозрат, че само един проблем е довел до конфликта в брака им в онзи ден. Толкова лесно биха могли да го разрешат. Вместо това, те го оставили да се превърне в първото черно петно във връзката им, което впоследствие се разпространяло като мастило върху попивателна хартия, докато не помрачило и не разрушило брака им.

Ако в брака ви има неразрешен конфликт, обсъдете следните въпроси:

- Какъв е основният проблем, който води до конфликт?
- Кога е най-удачно да го обсъдим?
- Изслушали ли сме гледната точка на другия?
- За какви възможни разрешения се сещаме?
- Кое разрешение да опитаме първо?

Десета глава

Поставете център на живота си

... брака – абсурдна измислица, съществуваща само поради безкрайната Божия милост.[1]

Габриел Гарсия Маркес

Скъпи Боже, обзалагам се, че Ти е много трудно да обичаш всички по света. В моето семейство има само четирима души и аз никога не успявам.[2]

Дан

Дан има право. Неизбежно е да имаме конфликти с хората, които са най-близо до нас и не винаги е лесно да намерим нужната ни обич. Повечето бракове преминават през пустинен етап. В нашия брак сме разбрали, че Божието присъствие е извор на живот. Когато съпругът и съпругата поставят живота си в Божиите ръце и Го помолят да бъде в центъра на техния брак, връзката им се напоява отвътре и се подхранва от външен източник.

За някои, присъствието на Бога в брака позволява да възстановят доверието помежду си; при други, любящата загриженост заменя егоизма; при трети, унищожителните видове поведение се променят.

Дейвид и Ан се запознали, когато и двамата били на петнадесет. Започнали да излизат заедно, когато станали на осемнадесет. След седемнадесетгодишен брак и две деца в юношеска възраст, Ан била готова да се откаже. Дейвид, който идвал от трудно семейство, се пристрастил към чашката, за да намери утеха от трудностите в работата си. Както сам казва: „Нямаше на какво да се облегна. Имах слабости, с които нямах сили да се справя. Струваха ми се по-лесни за преодоляване след чашка, две."

Бракът им тръгнал надолу. Непредсказуемите настроения на Дейвид и сприхавостта му често водели до престрелка от остри критики. Ан се защитавала, но присмехът му подронвал ролята й на съпруга и майка. Уважението им един към друг изчезнало. И двамата се чувствали изолирани.

Тогава Дейвид бил поканен на Алфа курс[3] – десетседмичен курс, предназначен да представи християнската вяра по практичен начин. Неотдавна бил започнал нова работа, но съзнавал, че няма да мине успешно медицинския преглед и ще изгуби работата си, ако не се откаже от пиенето. На третата седмица от курса, в отчаянието си, той казал на някои от ръководителите, колко е окаян. Те му предложили да се помолят заедно. Същата вечер Дейвид предоставил бъдещето си в Божиите ръце и помолил за Неговата помощ.

Не бил подготвен за промяната, която настъпила и бил изненадан, че до обед на следващия ден не усетил никакво желание да пие. Обикновено изпитвал силно желание да пийне още към 11.30, като по обед се нуждаел от няколко чашки, за да издържи деня. Пристрастяването му изчезнало като по чудо, без да остави някакви физически странични ефекти.

Дейвид започнал да се моли за Ан и за изцелението на брака им. Макар Ан да гледала подозрително на това, че той тръгнал на църква и му се присмивала, тя и децата забелязали промяна в него. Дейвид не отвръщал, когато тя го критикувала и усетила, че той отново започнал да проявява загриженост към нея. Ан се записала за следващия Алфа курс главно, за да провери какво се е случило с Дейвид. Тъй като продължила да наблюдава огромна промяна в него, започнала по-добре да разбира християнството и доверието й в него се възстановило. Ан си спомня: „Между нас имаше пълна, неизречена прошка".

По време на курса, вместо да се нападат взаимно, започнали да обсъждат проблемите, които се появявали всяка седмица. През деня говорели по телефона, за да споделят нова идея, която им била хрумнала.

Любовта се завърнала в техния брак и все повече влияела на дома и децата им. „Дейвид отново започна да ме ухажва" казва Ан, „и вторият меден месец бе още по-хубав от първия". Дейвид споделя: „Любовта ни стъпи на по-здрава основа. Не се върнах към старите си навици и новата свежест не се изпари както преди."

Продължава да има моменти, в които Дейвид и Ан се сърдят един на друг, но повече не съществува старият унищожителен навик да си връщат един на друг, за да изравнят резултата. Сега има на кого да се облегнат. Дейвид обобщава разликата: „Повече се контролираме и се стремим да не си отговаряме, когато сметнем, че сме нападнати несправедливо. Аз престанах непрекъснато да се защитавам. Започнах да се убеждавам, че мога без алкохола. Преди да стана християнин бях като ракета без управление. Сега вътре в мен има едно стабилизиращо влияние, нещо като жироскоп."

Ан казва: „Когато на някой от нас не му е хубаво, се обръщаме към Библията и се молим Бог отново да застане в центъра. Той ни изпълва с любов, която поддържа брака ни."

Бог съвършено изцелява всеки конфликт. Познаваме много двойки като Дейвид и Ан и Джеймс и Ана (за които говорихме в трета глава), които не биха били заедно, ако Бог не беше в центъра на техните бракове. Било то, че сме изправени пред големи трудности, или пред дребните ежедневни предизвикателства, когато Бог е в центъра, всичко се променя. Ще посочим четири причини за това.

Бракът е дар от Бога

Когато Адам видя Ева за първи път, каза: „Тази вече е кост от костите ми и плът от плътта ми...” (Битие 2:23). Тези красиви думи говорят за идентифициране, за близост, за радост и чувство на допълване.

Често, без да осъзнаваме, след няколко години или дори месеци брак, откриваме, че сме се съсредоточили върху недостатъците си и сме започнали да се критикуваме взаимно. Ако обаче се съсредоточим върху това, колко е чудесно да бъдем заедно и се стремим да виждаме всеки силните страни на другия, да благодарим на Бога за тях, любовта ни ще укрепва.

Мислите ни никога не трябва да се въртят около въпроса: „Защо сключих брак с моя съпруг или съпруга, а не с... еди кой си?” Вместо това, ако редовно благодарим на Бога за своя съпруг или съпруга, ще видим как започваме да ги ценим все повече. Критиката и неблагодарността само подчертават слабостите на другия. Когато започнем да възприемаме своя съпруг или съпруга като дар от Бога, ще продължим да бъдем благодарни един за друг.

Библията изисква взаимно уважение

Учението на Исус за брака бе дадено във век, когато съпругата е била считана за по-нисша и се е очаквало съпругът да налага волята си върху нея. Според римския закон съпругът е имал пълни права над своя дом – над съпругата, децата и робите си. Съпругата е нямала никаква защита от насилието в резултат от неговата по-голяма физическа сила.

Ето защо учението на Новия Завет е революционно: „Мъже, обичайте жените си, както и Христос възлюби църквата и предаде Себе Си за нея” и „Така са длъжни и мъжете да обичат жените си, както своите тела...” (Ефесяни 5:25, 28).

Напътствието на апостол Павел отразява необикновеното уважение и загриженост, които сам Исус показваше към жените. Веднъж, въпреки становището на тълпата, Исус предложи да даде прошка на жена, която бе уловена в прелюбодейство (Йоан 8:1-11). При друг случай четем, че Той не постъпи според обществената традиция, като разговаря с непозната жена на обществено място (Йоан 4:4-10). На една вечеря, за удивление на домакина си, Той позволи на една проститутка да облее нозете Му със сълзите си и да ги избърше с косите си (Лука 7:36-50).

Исус ценеше еднакво мъжете и жените. Това оказва невероятно голямо въздействие върху брачната връзка с разпространението на християнската вяра в Европа. Да следваме примера на Исус означава да се уважаваме взаимно и да ценим мнението на другия. Това изключва възможността съпругът или съпругата да налагат волята си в решения, които засягат и двамата.

Бог е източникът на любовта

Много хора сключват брак с нереалистично очакване към своя брачен партньор: надяват се, че един в друг ще намерят задоволяване на всяка своя нужда; че несигурността им ще изчезне посредством безусловната и неотпадаща любов, която имат един към друг; че животът им ще получи върховна цел и значимост чрез взаимоотношенията им. Опитът обаче ни показва, че никой човек не може изцяло да задоволи тези нужди. Единствено Бог може да го направи.

Всеки, който сключва брак с предположението, че съпругът или съпругата ще могат да задоволят най-съкровените им нужди, ще бъде разочарован. Нереалистичните очаквания могат да поведат след себе си неизпълними изисквания и вина, както е показано на диаграмата на стр. 163.

Библията ни насърчава да насочваме към Бога големите си очаквания и да търсим от Него любов, търпение, надежда, прошка, кураж и всичко друго, което ни липсва. Трябва да черпим от Неговите безкрайни ресурси и да открием в Неговата безкрайна любов сигурността и значимостта, за които копнеем. Християнският модел е да приемаме обич чрез близка лична връзка с Бога и след това да си отдаваме обич един на друг.

Неотдавна чухме за една двойка – Били и Деби – която живее в Северна Ирландия. Били женени от осем години и никой от тях не бил ходил на църква. Бракът им бил кошмарен. Две години след като се оженили, майката на Били починала от рак, а баща му при катастрофа. Били казва: „Когато татко почина, реших, че никога отново не искам да бъда нараняван по този начин и взех съзнателно решение да стана по-твърд и да не допускам никого близо до себе си. Така станах наистина ужасен човек... Избухвах, никой не искаше да е около мен."

Когато майката на Деби починала, Били бил неспособен и не искал да ѝ помогне в нейната скръб. „Мислех си: 'Деби не ми помогна много, когато моите родители умряха, защо тогава аз да ѝ помагам?' Така Деби изобщо не можеше да сподели чувствата си с мен. Дори започнах да я обвинявам, защото семейството ни се разпадаше."

Отишли в Париж и предприели напразен опит да възвърнат обичта в брака си, но открили, че повече не могат дори да си говорят. Деби казва: „Връзката ни щеше да престане. Всичко вървеше надолу. Не можех да направя нищо. Били също не можеше." Били споделя: „Знаех, че обичам Деби, но се движихме по наклонена надолу спирала. Бяхме изгубили контрол. Имаше само един възможен изход – да се разделим."

Тогава се запознали с едно християнско семейство, което ги поканило да се включат в Алфа курс, който се провеждал в дома им. За тяхна изненада, на Били и Деби много им харесало и те започнали да проявяват все по-голям интерес към това, което слушали. Били описва какво се случило след третата седмица от курса, когато Деби посветила живота си на Христос. „Казах на Деби: 'Тази вечер искам да стана християнин'. Така и направих."

„Седнах на леглото и казах: 'Господи, тридесет и две години живея на тази земя без Теб. Сега чувам за Теб за първи път. Много съжалявам за всичко, което съм сгрешил. Нуждая се от Теб в живота си, защото без Теб ще потъна.'"

„През следващите седмици започнах да прощавам на всеки, който някога ме бе наранявал и усетих, как горчивината се вдига от сърцето ми."

Деби описва въздействието върху тяхната връзка: „След това бракът ни започна да се подобрява. Все едно бяхме започнали отначало и изминалите години не бяха от значение. Все едно не бях живяла преди. Сякаш отварях очите си за първи път."

„Що се отнася до Били, той беше станал нов човек – по-любящ, по-грижовен. Отново се влюбих в него."

Деби продължава: „Преди да посетя курса, усещах, че толкова време бях живяла без любов, че не можех да обичам повече и не исках да приема обич от никого. След това се чувствах така, сякаш щях да избухна, ако приема още малко любов."

Били обобщава: „Това, което Бог направи в живота ми, е изумително. Аз бях най-грубият човек, когото някога сте срещали. Когато Бог влезе в живота ми, преобърна всичко. Преди не считах търпението за добродетел. Просто нямах търпение. Сега го имам в изобилие. Много рядко се ядосвам. Не повишавам тон. Не е възможно сам да се променя толкова много. За промяната е отговорна само една личност: Исус."

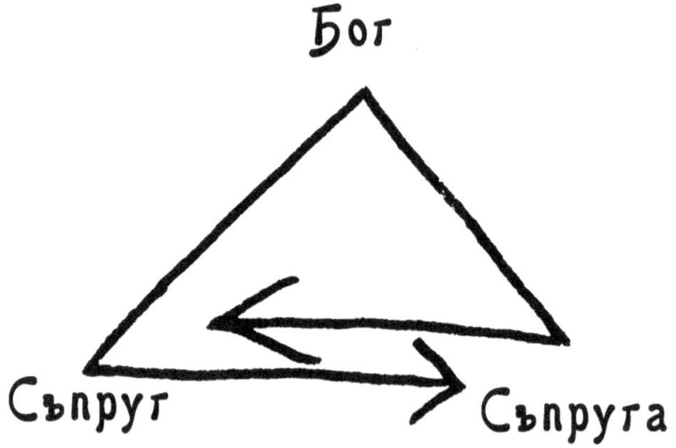

Когато призовем Исус Христос на помощ, бракът ни получава сила от източник, който е извън самите нас. Свободни сме да обичаме от знанието и опита, че самите ние сме обичани силно и безусловно от Бога. Както пише апостол Йоан в своето писмо: „Ние обичаме Него, защото първо Той възлюби нас" (1 Йоан 4:19). Освободени сме да даваме един на друг от увереността, че Бог познава много добре нуждите ни и обещава да се грижи за нас.

Бог внася хармония в брака

В нашия брак сме се стремили да предаваме важните си решения и несъгласия на Бога и да търсим Неговия изходен път. Многократно сме се убеждавали, че молитвата носи голяма хармония в брака.

Библията ни уверява в силата на двама души, които се молят един за друг. „И така, изповядайте един на друг греховете си и молете се един за друг, за да оздравеете" (Яков 5:16). Това обещание се отнася както за изцеляването на нашата връзка, така и за физическо изцеление.

Имало е случаи, в които сме имали разногласия и сякаш е нямало никаква алтернатива. Молитвата за нещо не е предназначена да си подсигурим божествена помощ, така че да стане както ние желаем! Когато се молим почтено, молим Бог да ни даде Своята мъдрост и да ни покаже *Своя* изходен път.

След като се молим заедно, макар и през стиснати зъби, често сме се изумявали, че сме започвали да ценим различните си становища и сме виждали трета възможност, за която не сме се сещали до този момент и за чието съществуване не сме подозирали. Когато представим нещо пред Бога, чувствата ни на гняв и неприязън изчезват и ставаме още по-близки, отколкото сме били преди това.

Ники Нека се върнем към случката с хвърлянето на ябълки, която описахме в глава осма. Тази вечер заедно със Сила решихме, че искаме да се помолим заедно за Божията помощ и мъдрост. Всеки от нас двамата бе уверен в своята правота.

Когато свършихме, открих, че виждам друга перспектива. Осъзнах, че не бях взел достатъчно под внимание умората на Сила, която бе резултат от кърменето на бебето. Също така прозрях, че нейното здраве е по-важно от неудобството да откажа гостуването при приятеля ни. Междувременно Сила усети, че ако аз познавам нуждите й, тя ще успее да се справи със ситуацията.

> Отидохме и прекарахме един невероятен уикенд, но не на последно място, защото бях осъзнал, че първият ми приоритет е да подкрепям Сила.

Трудно е да се молим в атмосфера на конфликт. Принудени сме да проверим отношението си и чувствата, които таим. Молитвата, гневът и негодуванието не могат да съществуват едновременно. Разбира се, ще можем да се молим заедно посред разногласия единствено ако се молим заедно и при други случаи. В Четвърто приложение даваме практически предложения за това, как една двойка трябва да започне да се моли заедно.[4]

Когато в брака настане суша, Бог може да го напои. Когато бракът забуксува, Бог може да премахне препятствията. Когато бракът привидно започне да умира, Бог може да му вдъхне нов живот.

Четвърта част – Разрешаване на конфликти

Заключение

Не е задължително различията и разногласията да унищожат един брак. Точно обратното, разрешаването им може да се превърне в нещо, което укрепява и изгражда нашата връзка. Бракът не изисква да потискаме личността, която сме. Точно обратното, изисква да обсъждаме различните си гледни точки, да се стремим да се разбираме и да търсим начин да съчетаем мъдростта и дарбите си. Когато правим това, установяваме, че проблемът, който е заплашвал да ни раздели, ни е привлякъл по-близо един до друг и е помогнал на брака ни да се придвижи напред.

Когато живеем съзнателно в Божието присъствие, със знанието, че Той е около нас, в нас и с нас в нашия брак, и когато Го молим за мъдрост и обич, не отхвърляме трудната задача да достигнем до съгласие и единство. Така по-скоро утвърждаваме вярата си, че Бог ни е свързал и че винаги има изходен път.

Четвърто златно правило на брака

Обсъждайте различията си и се молете заедно.

Пета част

Силата на прошката

Единадесета глава

Как можем да изгубим близостта?

... слънцето да не залезе в разгневяването ви.

Ефесяни 4:26

Две седмици преди сватбата Дебора отишла за последната проба на роклята. „Излязох от офиса с такси. Беше по Рождество и имаше натоварено движение" – обяснява тя. „Попаднахме в задръстване. Аз се чувствах много развълнувана. Тогава видях една двойка пред нас, която вървеше с гръб към мен. Бяха се прегърнали и си помислих: „Колко хубаво изглеждат заедно!"

„Когато таксиметровият шофьор ги наближи, бях шокирана, че мъжът бе Майлс, моят годеник. Вървеше и беше прегърнал друга жена. Нещо повече, аз я познавах и знаех, че Майлс бе излизал с нея, преди да започне да ходи с мен. Все едно бях във филм на ужасите."

„Таксито напредваше много бавно, затова ги наблюдавах още малко. Помислих си: 'Какво да правя? Да скоча ли от таксито?' Сърцето ми биеше лудо. Не можех да повярвам на очите си. Тогава ги видях да пристигат пред офиса, в който работеше тя. Казаха си довиждане и се целунаха. Целувката не беше страстна, но си беше целувка. В този момент таксито забърза ход и не след дълго пристигнах за пробата. Бях толкова разстроена, че дори не можах да заплача."

„По време на пробата непрекъснато настоявах да побързат. Исках само да се добера до телефона. При първа възможност звъннах на Майлс и му казах: 'Как мина обедната ти почивка?' Той отвърна: 'Какво имаш предвид?' Казах му:

'Видях всичко'. Той попита отново: 'Какво имаш предвид?' Отново казах: 'Видях всичко!' Той отвърна: 'Исках да ти кажа за това сутринта. Опитах се да ти звънна и да ти кажа, че ще се видя с Ан за обед."

„Затворих и се върнах в офиса. Едва удържах сълзите си. Майлс се опита да ми се обади, но аз не исках да говоря с него. Когато на следващия ден се опитах да му обясня как се почувствах, когато видях всичко това, той не ме разбра."

„После сключихме брак. Към нараняването се добави и обида, тъй като историята непрекъснато беше разказвана на различни празненства под формата на шега. Превърна се в любима история, която Майлс непрекъснато разказваше: „Познайте какво стана, докато Дебора пътуваше за последната проба на роклята..."

Майлс разказва своята страна на историята: „Наистина се провалих. Осъзнах, че преди да сключа брак трябва да се извиня на Ан за неуспеха си, да сложа край на връзката ни по правилен начин. Затова поговорихме и обядвахме заедно. Бях развълнуван, че успях да го направя. Опитах се да се обадя на Дебора няколко пъти сутринта, за да й кажа какво искам да направя. За съжаление не успях да се свържа с нея."

„След като се извиних на Ан и двамата почувствахме голямо облекчение, затова я прегърнах и преди да се разделим я целунах. Когато се върнах в офиса, Дебора ми се обади и попита: 'Как мина обедната ти почивка?' Отговорих й: 'Опитах се да ти се обадя.' Що се отнася до мен, се опитах да направя всичко по силите си и намеренията ми бяха почтени. Заех защитна позиция. Така и не казах на Дебора, че съжалявам, защото не виждах за какво да се извинявам."

„След това по време на „Курса за брака", когато трябваше да запишем начините, по които сме се наранявали един друг, всеки от нас се сети за четири или пет неща. Нещата на Дебора бяха все от далечното минало, а тази случка беше на първо място. Затова говорихме за нея."

„Наистина се постарах да видя всичко през нейната гледна точка, да стои в такси и да види бъдещия си съпруг да върви прегърнал друга жена. Осъзнах, че независимо от причината, ако човек преживее нещо такова и нараняването остане непризнато или пренебрегнато по някакъв начин, има проблем. Дори тогава ми беше трудно. Казах недоволно: 'Добре, да го разрешим още сега.''

„Едва когато казах на Бога, че съжалявам, осъзнах колко много случилото се бе наранило Дебора. Казах ѝ, че наистина съжалявам и я помолих да ми прости. Тя го направи и това бе чудесно. Много силно е да преминете през този процес стъпка по стъпка, да се справите с чувствата, които се появяват. Това много ни сближи."

Дебора заключава: „Когато започнах да говоря с Майлс, осъзнах, че бях потиснала обидата, защото случката се бе превърнала в хубава история. В резултат от това продължавах да се чувствам наранена. Всеки път, когато повдигахме тази тема, се чувствах по-наранена. Тъй като усещах, че Майлс няма да ме изслуша, се опитвах да не допускам това да ми влияе. По време на „Курса за брака", когато той наистина ме изслуша за първи път, усетих, че чувствата ми са обосновани и че той ги разбира. Това бе важно за мен. След това бях способна да му простя и да продължа напред."

Когато обсъдим начините, по които сме се наранили взаимно, възстановяваме доверието помежду си. Доверието е от изключителна важност за брака – така, както стъклото е изключително важно за всеки прозорец. Функцията на стъклото е да допуска светлината, но също има задача да спира вятъра и дъжда. Тъй като е направено от един от най-здравите материали, то може да устои и на най-силната буря. Въпреки това, обаче, може да бъде счупено на парчета с един удар на тухла или камък.

Доверието между съпруг и съпруга, колкото и здраво да е станало, също така е и крехко. Може да бъде разклатено с едно дело на изневяра, малтретиране или насилие. Може да бъде унищожено от натрупването на „бели" лъжи, измами, критични забележки или неучтивост. Тези неща са като мръсотията, която се напластява по прозореца и спира светлината.

Близките взаимоотношения се изграждат върху доверие и откритост. Тези две качества вървят заедно и се хранят едно от друго. Където съществува доверие, съпругът и съпругата също така могат открито да говорят за най-съкровените си чувства, за надеждите и страховете си, за радостите и тъгата си, за мислите и мечтите си. Те се допускат един друг във вътрешния си свят и позволяват да бъдат опознати такива, каквито са. Тази откритост от своя страна прави доверието по-силно и отваря врата за още по-голяма откритост.

Когато се нараним взаимно, било то съзнателно или не, увреждаме доверието и ставаме по-малко открити. Когато сме наранени, сме склонни да се затваряме, понякога несъзнателно, да държим партньора си на разстояние и да се защитаваме от ново нараняване. Колкото по-голямо е нараняването, толкова по-голяма е вредата.

Често в брака близостта между партньорите не се разваля от едно съзнателно действие, а от натрупването на малки наранявания, които оставяме необсъдени и неизцелени. Един съпруг, чийто брак се разпадна, написа тъжен и трогателен разказ за ситуацията, през която преминават със съпругата си.

> В крайна сметка бракът ни не беше ад, беше бездушен. Със съпругата ми не се мразихме, просто си лазихме по нервите. През годините бяхме натрупали куп малки, неразрешени оплаквания. Бракът ни бе като механизъм, напластен с толкова малки разочарования и дребни вражди, че частите му престанаха да работят заедно.[1]

Нараняване се появява всеки път, когато се държим враждебно един към друг: когато не се допитваме до партньора си при вземането на важни решения; когато желанието за интимен разговор получи студен оттовор; когато критикуването е повече от насърчението; когато времето за прекарване заедно е запълнено от други хора или дейности; когато не се поднасят подаръци на рождени дни и годишнините минават неотбелязани; когато егоизмът и мързелът заменят любящите дела; когато отвърнем на мил жест с неблагодарност; когато при опит за прегръдка чуем: „Не виждаш ли, че съм зает?"

Дори в най-любящите бракове има моменти, когато съпругът и съпругата се нараняват един друг. Понякога това е съзнателно, но в повечето случаи е несъзнателно и дори не подозираме, каква болка сме причинили. Подобни наранявания *трябва да бъдат обсъждани*, ако искаме да градим доверие и откритост. Самият процес на обсъждане поражда по-голямо разбиране и близост. Ако обаче не се започне, стените, които се извисяват около сърцето, стават още по-високи, циментът се втвърдява още повече, докато не остане никаква близост, а понякога и нищо от брака.

В тази част искаме да предоставим средствата, които ни помагат да разрешим минали наранявания, да разрушим всички изградени стени и да попречим на бъдещи наранявания да създават толкова сериозни последствия. Процесът не е сложен, но е предизвикателен и винаги е свързан с избор. Ето какъв е изборът: дали да оставим нараняването да узрее до край и да отрови връзката ни или да се справим с него.

Колкото сме по-отворени и искаме да го разрешим, толкова по-лесно става за нас. Ако не го направим, обаче, дори сравнително малки проблеми могат да се превърнат в огромни планини, които ни разделят.[2]

Разгневяване

След като сме били наранени, понякога само миг по-късно ни завладява следното чувство: гняв. Самите ние се чувстваме наранени. Инстинктивно се изпълваме с гняв към хората, които са ни наранили.

Важно е да знаем, че самото *чувство* на гняв не е лошо само̀ по себе си. Начинът, по който се справяме с гнева, може да навреди. Поведението на две животни, когато са физически ранени или заплашени, илюстрира две типични човешки реакции. Носорогът става агресивен, ако е ранен и най-вероятно ще ви нападне. За разлика от него таралежът, когато е в опасност, се обгръща със защитен шлем, като вдига бодлите си в опит да държи нападателя настрани.

Както животните откликват по различен начин на атаките, така и хората реагират различно, когато са наранени или разгневени. Има два основни начина на поведение и от вдигането на ръце по време на „Курса за брака" изглежда, че хората използват и двата по равно. Половината приличат на носорога: когато са ядосани, ви го показват. Другата половина е като таралежа: когато са ядосани, крият чувствата си. Стават тихи и затворени. Не че не правят нищо с гнева си. Те са по-склонни да го изразяват по незабележими начини: могат да престанат да показват топли чувства, изведнъж да започнат да слушат селективно своя партньор или да го нападат, когато са на гости. Тази група понякога се счита за по-добродетелна от групата на носорозите, но реакцията им може да бъде еднакво вредна за брачната връзка.

В много двойки, също и в нашата, има един човек, който е склонен да откликва като носорог и друг, който е по-склонен да откликва като таралеж. Историята с хвърлянето на ябълките в предишната глава илюстрира доста ярко в коя категория попада Сила. Следващата история показва каква най-вероятно е естествената реакция на Ники.

Ники Една от разликите между мен и Сила е, че когато отидем на парти вечер, си тръгваме по различен начин. Моят начин, щом се съгласим, че е време да си ходим, е да благодаря и да се сбогувам с домакините, след което си тръгвам. Начинът на Сила е да започне да се сбогува и след това да поведе разговор, който се оказва по-интересен от всички други през цялата вечер.

Открих през тридесет и двете години брачен живот, че ако трябва да се приберем у нас в час, за който сме се уточнили, трябва да започнем да си тръгваме, когато сервират супата.

Спомням си, че бяхме на рожден ден на много добър приятел. Тъй като следващият ден щеше да бъде особено натоварен, решихме на път за партито да се приберем у нас до полунощ. За да бъде възможно това, реших да удвоя нужното време за прибиране и двамата започнахме да си тръгваме в 11.30 вечерта. Сбогувах се, както подобава, и за да насърча Сила да тръгне, отидох да докарам колата, която бяхме паркирали нагоре по улицата срещу дома на приятелите ни. Паркирах пред дома на приятелите ни, на една тясна и пренаселена уличка в Лондон и зачаках Сила да дойде.

След петнадесет минути нямаше и следа от нея. Реших да се върна на мястото, на което бях паркирал. Маневрата не беше лесна първия път. Втория път също се оказа предизвикателна. Върнах се по улицата до дома на приятелите ни, звъннах и влязох вътре. Открих Сила потънала в разговор с домакинята в дъното на стълбите към мазата.

Със застинала усмивка на лицето, за да не развалям партито, ѝ споменах, че съм чакал в колата и че полунощ вече минава. Сила отвърна: „О, аз не съм разбрала, че си тръгнал". В този момент трябваше да се справя не само с разочарованието, че ще се приберем късно у дома, но с това, че тя дори не бе забелязала отсъствието ми. Отидох да взема колата втори път и след около десет минути тя дойде.

На връщане разговаряхме за партито. Тя бе развълнувана за хората, с които се бе срещнала и за интересните разговори, които бе водила. Външно изглеждах весел, но вътрешно негодувах. Изумително е как умът ни може да действа на две нива. Докато водех разговор с нея, премислях дали да спомена нещо за негодуванието си и факта, че ще си легнем доста по-късно, отколкото бяхме планували. Не исках да разваля веселото настроение на Сила. От друга страна ми беше трудно да се отпусна като нея.

Най-накрая преодолях склонността си да крия чувствата си и казах възможно най-спокойно: „Осъзна ли, че стоях и те чаках в колата петнадесет минути?" Тя спря по средата на изречението, погледна ме и каза с тревожен глас: „О, не! Ядосан ли си ми?"

Когато й разкрих истинските си чувства на негодувание, тя веднага каза: „Много съжалявам. Моля те, прости ми." Веднага след като казах открито всичко, не ми беше трудно да й простя и чувството ми на недоволство се изпари по-бързо, отколкото се бе появило.

Склонността ми да погребвам своя гняв потенциално не е по-малко вредна за връзката ни, отколкото склонността на Сила да изразява своя гняв. За да имаме здрав брак, аз трябваше да се науча да говоря за чувствата си, а Сила – да контролира начина, по който изразява своите.

Отмъщаване

Ако нараняването и съпровождащият го гняв останат да тлеят, следващата ни инстинктивна реакция е да пожелаем да си отмъстим: нараняване за нараняване, обида за обида, отхвърляне за отхвърляне. Искаме да си отмъстим не на последно място, за да разбере нашият съпруг или съпруга какво означава да бъде наранен по този начин. Трябва да изравним резултата.

Едно лято отидохме с кола до най-южната част на Гърция, част от Пелопонесия, наречена *Мани*. Беше горещо, областта беше малко населена, но имаше доказателства от няколко изоставени и унищожени села, че преди тук са живеели повече хора. Това, което ни изуми, бяха останки от много необикновено високи кули, които бяха построени като част от къщите. Научихме, че тези кули са се появили в резултат от вражди между различни семейства в едно и също село.

Обиденото семейство строяло къщата си по-висока от останалите къщи, за да може да хвърля камъни и сгорещено масло върху враговете си. Съседите, от своя страна, също строяли къщата си още по-висока, за да могат да си го върнат.

Тези вражди в крайна сметка довели до упадъка на цялото село. В брака може да се случи нещо подобно, когато двамата партньори решат да търсят справедливост и отмъщение. Нито един брак не може да оцелее в този случай.

Поддаване на страх

Трета реакция на нараняване е страхът: страхуваме се да не бъдем наранени отново и в резултат се затваряме. Това е особено вярно за онези, които също като таралежа държат другите на разстояние, за да се защитят. Преставаме да бъдем открити и се затваряме дълбоко в себе си. Преставаме да комуникираме. По думите на К. С. Луис *(Клайв Луис (1898 – 1963), известен у нас с „Хрониките на Нарния" – бел. ред.)*:

> Да обичаш, означава да си уязвим. Влюби се в нещо и сърцето ти със сигурност ще те боли и може би ще се разкъса от мъка. Ако непременно

> искаш да го опазиш, недей го дава никому, нито дори на някое животно. Внимателно го обвий с хобита и дребни луксове, избягвай всяко обвързване, заключи го на сигурно място в ковчежето (или в ковчега) на егоизма си. Но в това сигурно, тъмно, неподвижно и задушно ковчеже, сърцето ти ще се промени. Няма да се разбие, но ще стане неразкъсваемо, непроницаемо и неспасяемо...[3]

Носене на вина

Нараняването никога не е еднопосочна улица в брака. Наранявани сме, но и самите ние нараняваме. Вината, която носим, ако откажем да поемем отговорността за своята част от нараняването на партньора ни, има голяма унищожителна сила. Самозаблудата по отричане на отговорността ни бързо води до емоционално отделяне.

Тези четири резултата от нараняването – гняв, отмъщение, страх и вина – могат да се таят под повърхността на брака. Опасността от такова неразрешено нараняване на семейно ниво има своя прецедент на международно ниво и е свързано с дилемата, как да се махнат мини от стари бойни полета, които са скрити под повърхността и имат силата да осакатяват и убиват и днес. В един брак всичко може да изглежда чудесно на повърхността, но един или и двамата партньори са принудени да стъпват внимателно, без да знаят кога ще избухне следващата експлозия. Има загуба на доверие и откритост. Това е станало с течение на години, през които недоволството се е трупало постепенно. Най-накрая близостта е била заглушена.

Когато това стане в един брак, то може да се прояви чрез липса на комуникация, критика, гневни изблици, негодувание, малък интерес един към друг, липса на желание за физическа близост и предпочитание всеки да прави нещо отделно от другия. Възможно е да има други емоционални последствия като ниско самочувствие и депресия. За някои хора е по-лесно да не си позволяват отново да изпитат нещо, за да избегнат болката.

Хора, които се намират на крачка от раздялата, казват неща като: „Повече не изпитвам любов. Не изпитвам абсолютно нищо. Безчувствен съм." Това не е изненадващо. Неизцелените наранявания, които са се натрупали вътре, трябва да бъдат разрешени преди да се появи място за връщането на положителните чувства на любов, романтика и привличане. Не че няма възможност за възстановяване на любовта, а по-скоро, че тя е била изгонена от нараняването и гнева.

Авторката Велъри Уиндзор разказва историята на една англичанка, която е на почивка в Париж и решава да остави съпруга си. Става ясно, че всяка близост, която преди са имали в своя брак, се е изпарила.

> Опитвам се да се сетя какво ме накара да го направя и нямам никаква представа. Имам предвид какво конкретно ме накара да избера точно този момент пред някой друг. Следобедът беше странен. Не зная какво ми стана. Беше ветровито: вятърът или шумът от търкането на пластмасовия стол в тротоара породи в мен странно усещане в костите на главата ми. Тони избра кафенето: един от тези салони със стъкла, в които сервират скъпи коктейли.
>
> – Това харесва ли ти? – каза той. – Тук ли? – и помаха с кърпичката си по посока на една маса.
> – Още не сядай – каза той. – Не са почистени.

Аз съзнателно седнах, въпреки предупреждението, без да погледна, въпреки че носех бяла пола. Подразних се, че се безпокои за такива неща. Един мъж не трябва да го прави. Аз не го правех. Искаше да каже, че аз трябва да го правя ли? Че защото аз не ги забелязвах, той бе принуден да го прави пряко волята си ли? Странното усещане в главата ми се превърна в тъничко жужене, все едно в черепната ми кухина се бе промъкнала оса.

– Какво искаш? – попита той.

Беше юни. Май или юни, забравих вече кога. Беше студено. Достатъчно топло, за да стоим в кафене, на маса отвън, но достатъчно студено, за да поискам гореща напитка.

– Кафе – отвърнах аз.

Той зачете менюто. Зад него имаше поставка с островърхи, оранжеви цветя.

– Изкуствени – каза Тони като се обърна да ги погледне.

– Наистина ли? Мислех, че не са. – Протегнах ръка, за да докосна едно. Исках да е истинско. Исках да бъде живо и толкова зловещо, колкото изглеждаше. Той обаче се оказа прав. Разбира се, че бе изкуствено. Жуженето в главата ми стана по-ужасно.

– Какво става? – попита той.

Излъгах.

– Май има оса.

– Къде?

– Не зная.

Всяка проява на несигурност го вбесяваше.

– Или има оса, или няма.

> – Не зная какво има – казах аз като натиснах с пръсти слепоочието си. Тогава дойде сервитьорът.
>
> – Две кафета – каза Тони, без дори да го погледне. Аз трябваше да му се усмихна и за двама ни.
>
> Сервитьорът също ми се усмихна.
>
> – Ясно – каза той и избърса масата. Тони се облегна на стола си и издиша.
>
> – Е, хубаво е – каза той. Това бе всичко. Това стана помежду ни. Нямаше атмосфера. Неприятното усещане от това, че вчера се изгубихме поради неправилно разчитане на картата в Ньой, бе забравено. И по взаимно съгласие не позволихме повърхността да бъде обезпокоявана от каквото и да било споменаване на незадоволителните вечерни ритуали, които поради някаква липса на въображение никога не можех да свържа с любов.
>
> Стоях там, с ръце, свити в скута си, а жуженето в главата ми ставаше все по-силно и по-силно, като писклив електрически звук в костта. Изправих се.[4]

Тя се изправя и напуска брака си.

В реалния живот хората, които напускат своя брак с неразрешени чувства, разбират, че ги пренасят в следващата връзка. Неизцеленото нараняване може да се превърне в причина за провала и на тази следваща връзка, който често идва по-бързо от предишния. Виждаме това в хората, които сключват брак няколко пъти и откриват, че всеки следващ брак се проваля по сходни причини.

Нищо чудно, че Библията казва: „... слънцето да не залезе в разгневяването ви" (Ефесяни 4:26). Гневът, било то изразен или потиснат, трябва да бъде разрешен и причинилото го нараняване – изцелено, за да може взаимоотношенията да се развиват. Прекрасната новина е, че не е нужно да позволяваме на нараняването да унищожи нашата близост. Макар процесът, който е описан в следващата глава, да е труден и на някои да им коства усилия, ще освободи нас и нашия брак.

Дванадесета глава

Как можем да възстановим близостта си?

Прошката не е случайно действие, а постоянно отношение.[1]

Мартин Лутър Кинг

(Мартин Лутер Кинг – младши (1929 – 1968) – виден евангелски проповедник и борец срещу политиката на сегрегация в САЩ. Известен с прилагането на идеологията на „несъпротива на злото" – бел. ред.)

Да достигнем до сърцето на проблема

Когато близостта е била изгубена, често не търсим причините достатъчно дълбоко. Осъзнаваме само симптомите, а не това, което ги поражда.

Ники Когато се преместихме за първи път в Лондон през 1985, открих, че работата в църква има повече аспекти от тези, за които бях подготвен в богословския колеж. Посред един проливен дъжд отходният канал на църковните тоалетни се запуши и пътечката до нашата къща се напълни с 15 сантиметра вода. Заедно с Дерек, младежкия ръководител, успях да отворя входа към отходния канал. Той беше препълнен и съдържанието му бързо започна да се смесва с дъждовната вода. В този момент престанах да мисля за проливния дъжд.

Опитахме се да отпушим канала с пръчки, но скоро установихме, че е невъзможно да го

> направим отгоре. Някой трябваше да слезе в канала, който беше дълбок до кръста и да опита отново с пръчките, този път от по-подходящ ъгъл.
>
> Преди да успея да предложа аз да сторя това, Дерек, който е един от най-всеотдайните хора, които някога съм имал удоволствието да познавам, беше слязъл долу с пръчка в ръка, до кръста във вонящата вода. Той натисна пръчката с всичка сила и след няколко минути се чу мелодичен звук като при гаргара, след което последва прекрасният звук на бързо изтичаща се вода, след премахване на преградата. Водата бързо се отече. Измихме отвора и Дерек с прясна вода от маркуча. Миризмата изчезна, заедно с проблема.
>
> Нямаше да има никакъв смисъл, ако Дерек и аз, вместо да се заемем със запушването, се бяхме опитали да изгребем излязлата на повърхността вода. При следващия дъжд или когато някой пуснеше вода в тоалетната, алеята отново щеше да бъде залята.

Обсъждането на начините, по които сме се наранили един друг, може да бъде болезнен и неприятен процес, от който инстинктивно се отдръпваме. Когато обаче и двамата партньори съберат кураж да се изправят в лице с миналото, резултатите ще доведат до трайна промяна. Когато има пречка или неразрешено нараняване и гняв, трябва да отпушим тръбата, като направим следното:

- Говорим за нараняването.
- Проявим готовност да изразим съжалението си.
- Решим взаимно да си простим.

Този процес действа като прочистен отходен канал, който отнася нараняването, така че то да не повреди връзката ни. След като разчистим неразрешени конфликти от дни, седмици, месеци и дори години, трябва и двамата да се решим да обсъдим всяко нараняване, което е станало и никога повече да не позволим тези неща отново да се натрупат.

За онези, които са семейни от много време и никога не са считали, че могат ефективно да обсъждат болезнени въпроси, преминаването през трите стъпки на този процес ще изисква време. Също така това може да се окаже трудно за изпълнение, макар в крайна сметка да доведе до освобождаване. Възможно е положителните чувства да не се възстановят незабавно. Когато постоянстваме, този процес на лекуване на нараняванията ще се превърне в присъщ навик и бракът ни ще се промени в посока към доброто.

Да говорим за нараняването

Сила След като бяха изминали около девет месеца, откакто сключихме брак с Ники, бяхме поканени да пренощуваме при една приятелка за нейния двадесет и първи рожден ден. Бяхме развълнувани при мисълта за идиличния уикенд пред нас. По време на пътуването Ники направи или каза нещо (сега не си спомням какво точно стана), което много ме нарани и разстрои. Макар да се почувствах много обидена, когато пристигнахме, си помислих: „Няма да позволя на случилото се да развали уикенда". Исках да се убедя, че всичко е наред, че е без значение, защото ще си прекараме чудесно.

> Опитах се да го забравя. Опитах се да го потисна и да се преструвам, че ще отшуми само̀, но то се влоши и чувствата започнаха да набират сила в мен.
>
> Разбрах, че не мога да извиня Ники просто като си кажа: „Много го обичам и затова няма да забелязвам, когато ме наранява". Непрекъснато си припомнях случилото се. Вместо да изчезне, недоволството в мен ставаше все по-силно.
>
> Впоследствие не можех да издържам повече и разбрах, че трябва да кажа на Ники как се чувствам. Вероятно съм избрала най-неподходящия момент, точно преди да започне тържеството. Минахме през целия процес на обяснението как ме е наранил. Ники се извини и аз му простих. Това беше откровение за брака ни и урок, че прошката не означава да си кажем: „Това няма значение". Нараняването *има* значение и то трябва да бъде обсъдено от двамата.

Тази част от процеса прилича на решението да влезем в канала. Няма смисъл да се преструваме, че всичко е наред. Нараняването действа като тези огромни плажни топки, с които си играем в морето. С малко усилие можете да потопите топката под водата за известно време, но след това, когато най-малко очаквате, тя изведнъж излиза на повърхността със свистене.

Трябва да кажем на своя съпруг или съпруга кога и как са ни наранили. Не трябва да го правим грубо или осъдително. Трябва да го направим много внимателно, така че да им е лесно да се извинят. Струва си да упражним отново съвета, даден в девета глава – да използваме твърдения от първо лице единствено число. Вместо да критикуваме общо или да нападаме характера на съпруга или съпругата си, да се стремим да ги накараме да разберат как сме се почувствали в дадена ситуация, както когато Дебора каза на Майлс колко е било болезнено за нея, когато той разказвал историята за обеда си с Ан (единадесета глава).

Например:

„Почувствах се наранен и отхвърлен, когато се отдръпна от мен в леглото миналата нощ" е много по-удачно от: „Никога не ме предразполагаш за физическа близост".

Много по-добре е да кажем: „Почувствах се неподкрепена и неоценена, понеже не забеляза огромната работа, която бях свършила по украсяването на къщата за Рождество", отколкото: „Ти никога не си благодарен за това, което правя".

Много по-лесно може да се отговори на: „Не съм преодоляла факта, че не ми каза истината за писмото", отколкото на: „Ти си лъжец и не мога да ти вярвам".

„Много се разстроих, когато отиде в бара първата вечер, след като се върнахме от сватбеното пътешествие" е много по-удачно от: „Твоите приятели са много по-важни от мен".

„Почувствах се наранена и унижена, когато тази вечер каза пред приятелите си, че съм бавна" е много по-умерено от: „Тази вечер направо ми заби нож".

Можем да си мислим, че партньорът ни е като носорог, с дебела кожа, късоглед, че непрекъснато ни напада и нанася много вреда. В този случай той няма да се сети сам, че ни е наранил. Важното в случая с всяко едно нараняване не е дали нашият съпруг или съпруга е възнамерявал да ни нарани. Както казва един брачен консултант: „Не попадам на много хора, които са имали предварително разработен план, как да унищожат брака си".

Нужни са ни редовни възможности да бъдем насаме, за

да обсъждаме начините, по които сме се наранили взаимно, сериозно или не, за да не оставяме слънцето да залезе, докато сме още ядосани. Надяваме се това да не се налага толкова често, особено в ранните дни на брака, но е важно да имаме готова рамка за това, как да се справяме с нараняванията. Рано или късно ще се наложи да я използваме. Това става дори в най-хармоничните взаимоотношения.

Да проявим готовност да изразим съжалението си

Филмът „Любовна история", който излезе през 1970, бе рекламиран с лозунга: „Да обичаш означава никога да не ти се налага да кажеш, че съжаляваш". Нищо не е по-далеч от истината от това твърдение. В един брак, основан на истинска любов, често трябва да се извиняваме един на друг, дори ежедневно.

Повечето хора не обичат да поемат оттоворност за грешките си. Родителите наблюдават това в малките деца, които често казват: „Съжалявам" през стиснати зъби, за да избегнат по-неприятни последствия. По-лесно е да оправдаем това, което сме направили и да обвиним всички останали. Някои хора извиняват своето поведение като винят родителите си за начина, по който са ги отгледали. Други винят обстоятелствата като казват: „Ако само имахме повече пари" или „Ако само не се намирах под такъв натиск..."

Ники Спомням си, че преди няколко години срещнах една жена в болницата, която беше в тежко състояние. Имаше рак на белите дробове. Тя поиска да се помоля заедно с нея. Като част от молитвата си включих елемент на изповед, като помолих Бог да ни прости за лошите неща, които сме направили.

> Тя незабавно спря да се моли, отвори очи и каза: „Не мога да кажа, че съжалявам за грешни неща, които съм направила. Разбирате ли, не съм направила нищо лошо. Стремя се да бъда мила към всички хора. Понякога имам лоши мисли към отделни личности, но ги изхвърлям от ума си възможно най-бързо. Чудя се обаче дали не бихте се помолили за моя съпруг, защото той има ужасен нрав и се държи към мен като към негова слугиня."
>
> По-късно разговарях със сестрите в отделението. Те ми казаха, че тази жена е една от най-трудните пациентки, за които някога са се грижили.

Никога не е лесно, когато научиш, че си отговорен за нараняването на други хора. Трябва да се опитаме да видим всичко през техните очи. Когато съпругът или съпругата ни видят, че разбираме степента, в която се чувстват наранени, извинението ни ще придобие по-голяма тежест. Ако те почувстват, че не разбираме колко много сме ги наранили, ще започнат да се боят да не ги нараним отново. Някои случки, както историята на Майлс и Дебора, могат да ни се сторят тривиални или дори забавни, но трябва да осъзнаем, че са причинили голяма болка на нашия партньор.

За да бъде ефективно, извинението ни трябва да бъде безусловно. Вместо да кажем: „Ако беше по-разумна, нямаше да си изпусна нервите" или: „Ако не бяхме закъснели заради теб, нямаше да забравя да пусна писмото", трябва да преглътнем гордостта си и да кажем просто: „Съжалявам, че избухнах" или: „Наистина съжалявам, че забравих да пусна писмото".

Също така трябва да се уверим, че тонът на гласа ни и езикът на тялото ни не противоречат на това, което казваме. Възможно е да кажем: „Съжалявам" по начин, който означава: „Съжалявам, но..." или: „На практика вината е твоя".

Искрените, безусловни извинения имат голяма сила в брака, защото повече не е нужно да се защитаваме, да копнеем да си отмъстим, да се нараняваме взаимно в непрестанна битка. Изведнъж отново заставаме на една страна. Това позволява на гнева да се разсее и на нараняването да бъде изцелено.

Да решим взаимно да си простим

Това е третата и за мнозина най-предизвикателната част от процеса. Прошката е от изключителна важност и има несравнимата сила да носи изцеление в брака. Историята, която разказахме в трета глава за примирението между Джеймс и Ана, нямаше да бъде възможна без прошка. Помолихме ги да опишат как стана всичко.

Джеймс Ана ме остави в началото на януари 1987. Спомням си ясно как се опитвах да кажа на своите приятели на работа, какво бе станало и което бе значително по-трудно, защо се бе случило. Истината бе, че се стигна до това до голяма степен поради липса на комуникиране, но дори днес не зная защо наистина се разделихме. Приятелите ми бяха мили и проявяваха съчувствие, но най-насърчителното нещо, което можеха да ми кажат, бе: „Времето ще изцели всичко". Дните прераснаха в месеци, без да усетя някакво изцеление. Болката започна да прераства в експлозивен коктейл от гняв и съжаление, а това пораждаше още по-силна болка.

Спомням си как се събуждах сутрин и усещах, че съм на дъното на много дълбока черна дупка. Все едно умът ми бе изостанал частично от сърцето и ми бяха нужни няколко мига, преди да осъзная какво се бе случило. Изпитах нещо подобно през месеците след смъртта на баща ми две години преди това.

Запомнил съм един инцидент. Няколко месеца след като се изнесе, Ана поиска да се върне в къщата ни, за да вземе останалата част от багажа си. Спомням си как смених ключалките на пътната врата не защото й нямах доверие, а защото исках да я нараня. Това бе един от най-ужасните моменти, защото съзнавах, че постъпвам неправилно, но се чувствах безсилен да се възпра. Два дена по-късно летях над Лондон. Отивах на почивка в Индия. Спомням си как неконтролируемо се разплаках, когато видях Лондон под мен при мисълта за това, което бях направил.

Сетих се именно за тази случка, когато попаднах в църквата „Св. Троица Бромптън" по покана на един мой колега през декември 1987. Наистина съжалявах за това, което бях направил с ключалката и исках да се освободя от непрекъснато удължаващата се сянка, в която се бе превърнал моят живот. Отново се разплаках, но тези сълзи бяха по-различни. Сега се молих не за помощ да се опитам да простя на Ана, а за опрощение. Плачех за себе си, за моята роля, довела до раздялата, за липсата ми на съчувствие, за едностранчивото ми преследване на успех в работата, без значение от цената, която трябваше да плати нашата връзка. Не си тръгнах от богослужението по-щастлив.

Обстоятелствата не се бяха променили – Ана продължаваше да живее с друг мъж и да настоява за развод. За първи път от близо година насам обаче се почувствах жив.

Честно, не мога да ви кажа как точно стана промяната. Открих, че мога да простя на Ана и целият гняв, който бе влязъл като отрова в тялото ми, сякаш се изпари. В този момент Бог промени посоката на моя живот. Сега, когато погледна Ана и двете ни прекрасни момичета, Му благодаря.

Ана Прошката на Джеймс към мен бе толкова окончателна, че в началото ми се стори освобождаваща и смущаваща. Как всъщност може да прости всяка случка, всяко нараняване, без нито веднъж да ми напомни за нещо, в което бях сгрешила и да го използва по някакъв начин срещу мен? Когато опознах сама Исус и Неговата прошка, започнах да осъзнавам, че Бог бе извършил чудо в сърцето на Джеймс и че независимо колко пъти го питам: „Сигурен ли си, че ми прощаваш за това?", отговорът неизменно ще бъде: „Да, не мисли повече за него".

Джеймс Мисля си, че хората понякога си мислят, че този невероятен обрат в събитията бе последван от нещо като небесна романтика, в която е нямало повече спорове, напрежение, наранявания и недоразумения. Прошката бе дадена за миг. Трябваше обаче да обсъдим сложните проблеми, които бяха довели до раздялата ни. Живеенето на дадената прошка е процес, в който и двамата искахме да участваме.

От моя страна гледам на новия ни живот заедно като на безкрайна поредица от решения, при вземането на които живеем възможно най-открито пред Бога и един пред друг. Когато се препънем, много по-бързо тичаме един към друг, за да се извиним и да си простим. Изглежда това е моментът, в който Бог може да започне да работи, а ние съзнаваме, че се нуждаем от всяка възможна помощ, която Той може да ни даде.

Прошката не се заслужава

К. С. Луис пише: „Прошката нахвърля границите на човешката справедливост; тя опрощава онова, което не може да бъде опростено с готовност"[2]. Ето защо прошката винаги е нещо скъпо. Трябва да пожертваме своята гордост, своето самосъжаление и желанието си за справедливост. Нашата култура подчертано изисква да направим всичко по силите си, за да запазим правата си. Когато простим, се отказваме от правото си на справедливост и от желанието си за отмъщение.

Не можем да изискваме нашият партньор да спечели нашата прошка. Също така не можем да бъдем сигурни, че няма отново да ни нарани по същия начин. Понякога подозираме, че ще го направи отново, въпреки най-добрите си намерения. Заповедта на Исус да си прощаваме взаимно, ако е нужно „седем пъти на ден" (Лука 17:4), не е просто преувеличение, за да ни помогне да схванем същността на прошката.

Това не означава, че от нас се изисква да поощряваме поведението на партньора си, ако става въпрос за физическо насилие, словесна жестокост, сексуално малтретиране или изневяра. Такова нарушаване на брачния обет е ужасно предателство спрямо доверието и трябва да бъде конфронтирано. Когато подобно разрушително поведение е станало ежедневно и има страх от провокиране на нови изблици на насилие, най-добре конфронтацията да се направи в присъствието на трети човек. За хората в тази ситуация бихме искали да препоръчаме книгата на Гари Чапмън „Надежда за разделените" и книгата на Джеймс Добсън „Любовта трябва да бъде трудна".

Непрестанна прошка

Християнската вяра гласи, че когато пристъпваме към Бога и искрено изповядваме своя неуспех, Той ни дава прощение като безплатен дар. Исус умря вместо нас, като понесе последствията на всички злини, които сме направили, казали или сме си помислили. Бог безплатно ни прощава дори когато знае, че отново ще сбъркаме. Той е наш пример за простителност. Апостол Павел пише: „... бъдете един към друг благи, милосърдни; прощавайте си един на друг, както и Бог в Христос е простил на вас" (Ефесяни 4:32).

Когато започнем да осъзнаваме невероятната истина, че Бог непрекъснато прощава нашите прегрешения, Той става не само пример, но и ни дава мотивация да прощаваме на другите. Чувстваме се вдъхновени да подражаваме на Неговата щедрост във взаимоотношенията си с хората около нас.

Въпреки че имаме пример, въпреки че имаме вдъхновение, е възможно да ни се струва, че да простим е непостижима цел. Откъде да намерим нужните сили да простим? Възможно е да се чувстваме блокирани. Да не намираме прошка в сърцето си. Там да виждаме единствено желание за въздаване на справедливост. Библията многократно ни насърчава да оставим последствията на Бога. „На Мене принадлежи отмъщението, Аз ще отплатя..." (Римляни 12:19). Можем да оставим справедливостта на нашата кауза в ръцете на Бога.

Казва ни се: „Не връщайте зло за зло или хула за хула, а напротив, благославяйте; понеже към това бяхте призовани, за да наследите благословение” (1 Петър 3:9).

Когато се откажем от желанието да си отмъстим, Бог ни обещава да се погрижи за нас и да излее благословение в живота ни.

Всяко езеро има нужда в него да се влива вода и от него да излиза вода, за да не се превърне в блато. Ние отчаяно се нуждаем от това непрекъснато протичане на прошка във всичките си взаимоотношения и особено в брака. В живота си трябва да приемаме прошка от Бога. Не е добре, ако задържаме тази прошка в себе си. С Божия помощ трябва да ѝ позволим да се излее в живота ни и да достигне всички, особено онези, които са най-близко до нас.

Прошката е избор, не чувство

Да простим означава да изберем да не се обвиняваме с миналото. Въпросът не е: „Чувстваме ли, че искаме да простим?” Често изобщо не усещаме желание да простим. Въпросът по-скоро е: „Ще простим ли? Ще пренебрегнем ли нараняването?” Разбира се, някои неща е много по-трудно да бъдат простени, защото степента на нараняване е много по-висока. Понякога хора ни казват: „Не мога да му простя.” „Не мога да ѝ простя.” „Не мога” е друг начин да кажем: „Няма да го направя” или: „Не зная как”. Много често хората чакат да усетят нещо или да възтържествува справедливостта, преди да простят.

Не искаме да подценяваме трудността на прошката и

както казва Джеймс в началото на главата, често ще трябва да молим Бог да ни помогне. Ако изберем да простим по собствена воля, *чувствата* на простителност ще последват като резултат. При някои това ще стане бързо, а при други ще е нужно повече време.

Прошката ни освобождава

Когато простим, тази прошка може да облагодетелства нашия съпруг или съпруга, но в крайна сметка ние сме най-облагодетелствани, защото тя ни освобождава. Според християнския автор Филип Янси:

> Думата *негодуване* изразява онова, което става, ако никой от двамата не реши да се измъкне от омагьосания кръг. Негодуванието е обърнато към миналото, вкопчило се е в него, изживява го отново и отново, чопли раната и тя никога не заздравява.[3]

Кори Тен Бум е холандка, затворена по време на войната в концентрационния лагер Равенсбрюк. Там тя вижда, как сестра й Бетси умира в ръцете на пазачите. В книгата си „Той освобождава пленниците" тя си спомня един момент след войната, когато се среща отново с една от жените, които са ги охранявали в лагера. Тя междувременно е станала християнка и отишла при нея, за да я помоли за прошка. Единствено чрез мълчалива молитва към Бога за помощ Кори успяла да се съпротиви на всеки човешки инстинкт, водещ към омраза и отмъщение и да направи невъзможното. По-късно тя пише:

> В момента, в който можах да простя, омразата ми изчезна. Какво освобождение! Прошката е ключът, който отключва вратата на обидата и белезниците на омразата. Силата й разчупва оковите на горчивината и веригите на егоизма. Какво освобождение е да можеш да простиш.[4]

Единствено чрез прошка можем да бъдем освободени от болката на минали взаимоотношения. Айрийн бе млада южноафриканка, която току-що бе завършила следването си и се наслаждаваше на живота и работата си в Лондон. Запозна се с Роджър, по-възрастен мъж, в когото се влюби. Той я убеди да напусне работата си и да се премести да живее при него. Тя забременя. Те сключиха брак и се преместиха в малко селце в покрайнините на Лондон. Няколко месеца по-късно се роди синът им Тими.

Изолирана вкъщи, с новородено бебе, отделена от семейство, приятели и работа, Айрийн започва да се измъчва от ужасни мисли. Започва да подозира, че съпругът ѝ изневерява. Роджър обяснява непрекъснатото си отсъствие и честата нужда да звъни от уличен телефон с връзката си със секретна правителствена организация. Думите му звучали невероятно, но той бил много убедителен. Най-големите страхове на Айрийн станали реалност, когато една вечер жена на средна възраст от селото отишла да я посети. В ръцете си държала любовно писмо, което Роджър бил написал на шестнадесетгодишната ѝ дъщеря. Той и момичето били любовници. Майката била особено ядосана, защото тя също имала любовна връзка с Роджър.

Скоро след това станало ясно, че съпругът ѝ не само спи с майката и дъщерята, но че също така си има и любовница в Лондон. По-късно той признал пред Айрийн, че е започнал първата си извънбрачна връзка в деня след сватбата им. Роджър бил сексуален маниак и патологичен лъжец.

Заедно ходили при брачен консултант в продължение на месеци. Постепенно тя започнала да прилага на практика библейски принципи, да му прощава, дори да го обича – самата тя признава, че считала това за немислимо преди. Усещала, че им се предоставя втора възможност да започнат отначало. Година по-късно Роджър изоставил Айрийн и

Тими и заживял със секретарката си, която била бременна от него. Изоставена и сама Айрийн установила, че мислите й често се изпълвали с гняв и горчивина към Роджър. На моменти дори обмисляла самоубийство.

Един ден, докато се молела, осъзнала, че непростителността й е като паразит, който се храни от нея и става все по-силен, тъй като тя му позволявала да се развива. Тя решила да прости с волята си. Всеки път, когато осъзнаела, че си припомня начини, по които той я бил наранил и унижил, тя си припомняла всички неща, за които сама е търсила Божията прошка. След това започвала да се моли за Роджър и за новото му семейство. Първоначално го правела през стиснати зъби, но след известно време започнала искрено да се моли. Постепенно горчивината и непростителността избледнели. Започнала да изпитва чудесна лекота и мир, а накрая и свобода, свободата да започне на чисто.

Изборът да простим ни прави способни да продължим напред, без да носим товара на „белезниците на омразата" и „оковите на горчивината". Възможно е първоначално да изпитваме остра болка, но прошката позволява възстановяването ни да започне. Все едно ни е ужилила пчела. Когато извадим жилото, кожата не се възстановява веднага, но мястото започва да се подобрява. Когато простим, все още е възможно да помним какво ни се е случило, но когато продължаваме да прощаваме, спомените започват да губят силата си над нас.

Непростителността влияе не само върху нашата връзка с човека или хората, които са ни наранили, но и върху всяка друга връзка. Следователно брачната ни връзка може да бъде наранена, ако задържаме гняв към някой друг човек. Имаме една приятелка японка, която е допринесла много за помирението между бивши военнопленници и нейния народ. Когато съпрузите, които страдали ужасно по време на войната, могли да простят на хората, които се държали лошо към тях, съпругите им често коментирали, че впоследствие и в брака им е настъпила промяна. Съпрузите им започнали отново да спят добре, дразнели се по-малко на дребните и ежедневни неща.

Времето само̀ по себе си не изцелява раните. Единствено прошката може да го направи, но тя е част от цял процес. Често привидно прощаваме малко по малко, все едно белим лук. Възможно е да открием, че за пореден път сме изправени пред избора да прощаваме за едно и също нещо всеки ден, за да бъдем свободни. Колкото по-малко прощаваме, толкова по-трудно е да го правим. Ако обаче простим веднъж истински, става по-лесно да прощаваме всеки следващ път. Когато прощаваме, емоционалните рани постепенно зарастват и бракът ни продължава напред.

Пета част – Силата на прошката

Заключение

Ако този процес на разрешаване на проблема с нараняването и гнева от миналото е нов за вас, особено ако сте семейни от известно време, ще трябва да продължите напред внимателно и постепенно. Помолете Бог да ви води, за да следвате Неговото темпо. Правим себе си много уязвими, когато преповтаряме начините, по които сме били наранени. Трябва да бъдем внимателни един към друг, за да може съпругът или съпругата ни да разберат, че разбираме чувствата им. Когато е нарушено доверието, ще бъде нужно време то да се възстанови. Не очаквайте нараненият човек да може да забрави и веднага да се възстанови от стреса.

Като част от описанието си на любовта, апостол Павел пише, че любовта „не държи сметка за зло" (1 Коринтяни 13:5). Представете си за момент, че всеки ден от брачния ви живот е като нова страница от тетрадка със спирала. Всеки ден вършим и казваме неща или пропускаме да извършим или кажем неща, които нараняват нашия брачен партньор, понякога повърхностно, друг път – по-дълбоко.

Някои дни списъкът е по-дълъг от други дни, но всеки ден има по нещо написано на страницата. Ако тези неща не се обсъдят и не бъдат простени, страницата ще бъде обърната и списъкът ще остане непокътнат. Така започваме да си водим дневник на недоволството и горчивината. Дори ако не можем да си спомним подробностите от всеки списък, обидите остават, с времето ще дадат своя отпечатък върху нашата връзка и ще унищожат нашата интимност.

Ако се научим ежедневно да прощаваме, все едно скъсваме всяка страница и я изхвърляме в края на деня. Започваме всеки нов ден от брака си на чиста страница, без да си водим никакъв дневник. И двамата не се защитаваме или нападаме. Действаме, движени от обич, без да помним стореното зло.

Пето златно правило на брака

Упражнявайте се да прощавате.

Шеста част

Родители и сватове

Тринадесета глава

Как да се разбираме добре със своите родители и сватове?

Когато бях момче на четиринадесет, баща ми беше толкова неук, че едва го понасях около себе си. Когато обаче станах на двадесет и една, бях изумен колко много неща беше научил за тези седем години.

Марк Твен

„Родителите са странни," каза Ани, „за възрастта си." [1]

Аманда Вейл

Не трябва да подценяваме силното въздействие на взаимоотношенията в рода върху брака. Семействата са сложни фактори. Някои са причинили неописуеми наранявания и болка, която се е пренесла през годините и дори през поколенията. Други са били огромен източник на радост и щастие, извор на благословение и добрини. Ако взаимоотношенията в рода ни трябва да са добри заради благото на всяко поколение, първо трябва да разберем, как нашата връзка с родителите ни е трябвало да се развие и съзрее.

Развитие от положението на зависимост

Развитието ни от пълна зависимост от родителите към все по-нарастваща независимост е от жизнена важност за нашия брак. Преминаваме през различни етапи, когато израстваме от възрастта на дете, през юноша, пълнолетен и семеен човек. Подготвили сме четири диаграми, които целят да покажат подходящите взаимоотношения родител-дете през тези четири фази. Разбира се, семейният живот не е толкова еднообразен, както е представен на диаграмите. Някои деца са оттледани от самотен родител. Има много любящи и ефективни семейства на самотни родители, които създават здрав и щастлив дом, в който децата израстват. Възможно е в семейството да има развод, смърт, повторен брак, пастроци и мащехи, доведени братя и сестри. Въпреки това общите принципи на развитие от един етап към друг са приложими за всички нас.

Като брачна двойка, разгледайте заедно тези диаграми и си спомнете, че преди време вие сте били детето в уравнението. Докато го правите, си поставете за цел да разберете повече неща за своя произход и за този на вашия партньор. Запитайте се дали връзката ви с родителите се е променяла, както би трябвало, на всеки етап.

Трябва да говорим открито за силните и слаби страни на нашите родители и на техния брак. Една зряла връзка с тях изисква да се сбогуваме с детските си фантазии, в които сме ги идеализирали, както и да отхвърлим честото обезверяване на юношеските години, когато родителите сякаш не са могли нищо да направят правилно и да ги видим такива, каквито са в действителност. Надяваме се, че разглеждането на тези четири етапа ще ви помогне да го направите.

Ранни години

През ранните години родителите са задоволявали физическите ни потребности от храна, вода, сън, чистота, топлина и лекарства. Те също така са били оттоворни за емоционалните ни потребности, които са показани на диаграмата със стрелки, като обич, приемане, сигурност, насърчение, утеха и т.н. Емоционалните ни потребности са били също толкова жизненоважни, макар не и непременно очевидни, като физическите ни потребности. Преживяването на родителска обич изгражда самоувереност у детето, което като качество е от изключителна важност при изграждане на взаимоотношения по-късно в живота. Взаимоотношенията винаги включват поемането на риск и всички ние се нуждаем от увереност в себе си, за да се приготвим да поемем риска, ако любовта ни бъде отхвърлена. Когато преживяваме безусловната обич на родителите си, придобиваме способност да поемем този риск и да откликнем с обич на хората.

Кръгът в диаграмата представя границите, които родителите ни е трябвало да поставят за нашата безопасност. Действията на едно малко дете трябва внимателно да бъдат контролирани. Трябва да се избягват опасностите. Опасните за игра места трябва да бъдат забранени. Като деца не сме били зрели сами да преценяваме подобни неща.

Юношески години

Спомняте ли си юношеството? През тези години родителите ни трябва да увеличават независимостта ни, да ни позволяват да вземаме сами решения във възможно най-много сфери. Възможно е това да са решения, свързани с избора на приятели, как да използваме свободното си време, какви дрехи да носим, прическата (ако посмеят), как да променим интериора на стаята си.

Това постепенно отпускане е изключително важна част на прехода от пълен родителски контрол към предстоящата независимост. В ранната юношеска възраст все още сме се нуждаели от граници за различните дейности. Преминаването от кръг към овал представлява увеличаващата се свобода в рамките на определени граници. Не сме достатъчно зрели, за да вземаме всички решения и обикновено бихме си го признали, ако бъдем притиснати, че ценим сигурността, която носят тези граници. По-късните юношески години са свързани с много съмнения и въпроси, докато откриваме своята идентичност. Отново сме се нуждаели от постоянната емоционална подкрепа на родителите си.

На този етап е възможно да сме започнали да осъзнаваме начините, по които бихме могли да помагаме на родителите си. Това символизира прекъснатата линия на стрелката.

Съзряване / Напускане на дома

Между осемнадесет и двадесет и една годишна възраст някои от нас все още са живели в дома на родителите си. Въпреки това сме се учили да бъдем независими, сами сме вземали решения за по-нататъшното си образование, избор на кариера, други взаимоотношения, използването на парите и др.

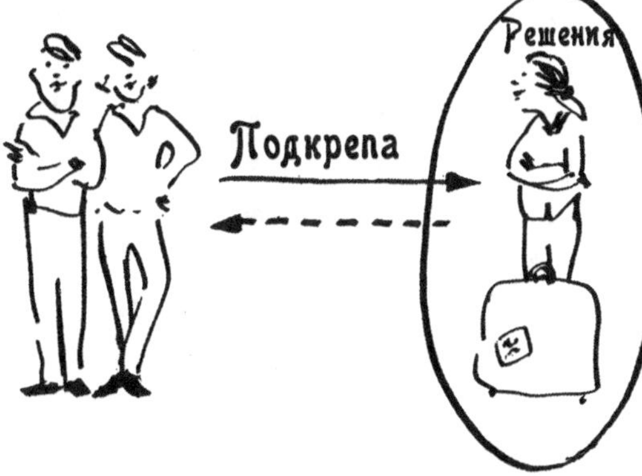

Повечето от нас на този етап са продължили да търсят съвет, финансова подкрепа и утеха от родителите си (ако нещата не се развият добре). Сега обаче връзката ни с тях е между възрастни хора. Надяваме се, че не сме били толкова егоцентрични и сме поемали отговорност за родителите си, като например да поддържаме връзка с тях (ако сме живели далеч от дома) и сме признавали *тяхната* нужда от оценяване, подкрепа, обич или насърчение.

Сключване на брак

Много ситуации изглеждат по-сложни от следващата диаграма, но каквито и да са конкретните обстоятелства, въпросът е един и същ. Кръгът около нас като семейна двойка представлява нуждата да изградим свой дом, да вземаме свои решения и да посрещаме нуждите си един на друг. Верността ни сега трябва да бъде на първо място един към друг. Трябва да изоставим емоционалната зависимост от родителите си.

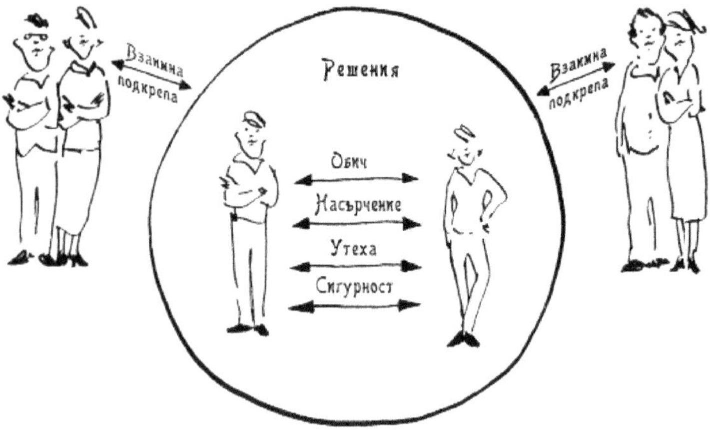

Тази промяна на верността не означава да прекъснем връзката с родителите си. Когато връзката почива върху правилната основа, родителите (и братята и сестрите) ще бъдат огромна подкрепа в брака. Ние преживяваме това – родителите ни са прекрасен източник на обич, подкрепа, забавление и близко приятелство. Също така много ценим близката и специална връзка, която имаме с нашите братя и сестри и техните семейства. Въпреки че живеем на стотици километри едни от други, тези взаимоотношения играят важна роля в нашия живот и този на децата ни. Трябваше да ги изграждаме през годините, защото е нужно усилие и от двете страни да поддържаме връзка и да прекарваме време заедно.

Събирания на целия род по Рождество, Нова година и ваканциите по средата на срока, както и специални рождени дни и годишнини са винаги ценни поводи за срещи на различните поколения. Струва си да извлечем възможно повече полза от подобни възможности, защото изискванията и натискът на всекидневието могат лесно да стеснят тези уникални взаимоотношения.

В следващата глава ще разгледаме как да установим своята независимост като брачна двойка. Тук ще разгледаме възможността как да изградим силна, взаимно подкрепяща и приятна връзка със своите родители, свекър и свекърва, и род.

Да проявяваме благоразумие при планирането на сватбата

Възможността да започнем да градим бъдещето си обикновено започва с плановете за сватбата. Рядко се организира сватба без да се появят силни чувства. Обикновено тогава се проявяват настоятелно изразени мнения. Някои родители очакват и плануват този ден в умовете си от години.

Междувременно булката и младоженецът заявяват, че това е *техният* ден. Така е, денят принадлежи предимно на младоженците, но също така включва и техните родители, отчасти защото вероятно те плащат (и проявяват голяма щедрост) и също така, защото вероятно голяма част от гостите ще бъдат възрастни роднини или дългогодишни семейни приятели, чиито мнения са важни за тях.

Естествено е родителите да се включат в плановете и подготовката. Това е последният им пожертвователен жест към сина или дъщеря им, преди да сключи брак и това означава, че освобождават своето дете. Организирането на една сватба включва усилена работа в продължение на много седмици. Сгодените двойки често научават шокирани колко много решения трябва да вземат. Противоположни мнения, емоционално наситена ситуация и умората са силен коктейл за създаване на напрежение и спорове. Търпеливото изслушване и правенето на компромиси, където това е възможно, често са необходима мярка за поддържане на мира.

Да изразяваме своята благодарност

Всички родители разцъфват, когато децата им са благодарни. Седмиците преди сватбата предоставят прекрасна възможност за това. Дори ако не идваме от щастлив или хармоничен дом и имаме трудна връзка с родителите си, обикновено можем да си припомним начините, по които те са се грижили за нас, когато сме били малки или когато не сме били добре. Много малко са родителите, които не са правили никакви жертви за своите деца. Някои двойки пишат писма до своите родители, за да изразят благодарността си. Това може невероятно много да увеличи радостта и гордостта на родителите, когато те освобождават своя син или дъщеря, както и да постави правилния тон за бъдещата им връзка.

Ако вече сме семейни, можем да се опитаме да намерим възможности да изразим писмено благодарността си, вероятно в картичка за рожден ден или по случай деня на майката и бащата. Една наша приятелка написа дълго писмо на баща си за шестдесеттодишния му рожден ден, в което отбеляза щастливите си спомени, свързани с неговата обич и грижа, когато е била дете. Тя ни позволи да отпечатаме част от това писмо тук:

> Обичах да пътуваме заедно, особено когато ми позволяваше да си взема един от онези карамелени бонбони, които държеше в кръгла метална кутийка. Също така ми харесваше как ми помагаше да погледна в нова светлина училищните драми, като говореше весело или раздразнено за някои от учителите, които се вземаха много на сериозно. Така усещах, че си изцяло на моя страна, не на тяхна. Никога не съм се съмнявала, че ми вярваш много повече, отколкото някога ще повярваш на тях. Сега осъзнавам, че това е необичайно и прекрасно.

> Така се чувствах и по време на родителските срещи, когато се смееше на някои от учителите, които най-много ме ужасяваха. Аз чаках с нетърпение в коридора. Ти винаги ме поздравяваше. Никога обаче не прекаляваше с това. Винаги знаех, че според теб заслужавам повече от шестица. Това не ми оказваше никакъв натиск, просто ми предоставяше достатъчно пространство, за да вземам сама решения.

Баща й не знаеше какво са означавали всички тези неща за нея и нейното писмо помогна да продължат да поддържат близка и специална връзка, което е чудесно не само за нея самата, а също за нейния съпруг и за техните деца.

Да поддържаме връзката си

След като сключим брак, е важно да намерим начин да поддържаме връзката с родителите си. Много ценно е да разговаряме редовно с тях, макар че честите разговори по телефона с родителите всяка сутрин или всяка вечер могат да доведат до негодуване на брачния партньор, особено ако разговорите са дълги и обикновено се провеждат по времето, когато той се прибира у дома. Съзнателно определете *най*-доброто време да говорите с тях. Поддържайте връзка заради родителите си. Бъдете благоразумни заради брака си.

Трябва заедно да решим колко често да виждаме родителите си. Ако единият е склонен да се връща към зависимостта си от тях или не е способен да се противопоставя на нездрав натиск от тяхна страна, може да е по-добре да ги каним в нашия дом. Ако има напрежение, по-кратки и по-чести гостувания могат да изградят връзката по-ефективно. Приятната атмосфера може да бъде поддържана по-лесно за кратко време. Ако сме заедно прекалено дълго и няма какво да правим или какво да си кажем, може да се натрупа напрежение.

Една жена ни каза, че не харесвала своя свекър и че й било трудно да прекарва време с него. Не можем да променим такива чувства за една вечер. Можем обаче да използваме средствата за изграждане на взаимоотношения, които са описани в първите пет части на тази книга, и по-специално да помислим кой от петте израза на любовта е най-важен за тях. После, с течение на времето, ще започнем да виждаме повече от добрите им качества и в резултат от това връзката ще се подобри. Това е решение, което трябва да вземем заради своя съпруг или съпруга.

Една приятелка откри по-скоро случайно, отколкото целенасочено, пътя към сърцето на своя свекър и връзката й с него се подобри значително.

> Свекърът ми вярва в концепции като дълг и положено усилие, особено що се отнася до семейните взаимоотношения. Това винаги ме е дразнило, тъй като съм си мислила, че взаимоотношенията трябва да са лесни, спонтанни, неангажиращи. Връзката ни започна трудно, не катастрофално, но тривиално. На един рожден ден, без да зная защо, реших да му направя плодов кекс. Май причината бе, че не знаехме какво да му купим. Той ни бе казал, че не желае повече абонамент за списанието по градинарство, който му подарявахме през последните три години. Знаех, че обича плодов кекс. Също така знаех, че нямам ни най-малка представа как да го направя. Тогава се сетих, че дори да купя най-хубавия плодов кекс, това няма да изрази така важната за него концепция за положено усилие.

> Аз се помъчих доста и в резултат се получи един много неугледен кекс. Сложих го в метална кутия и с извинение му го поднесох на рождения ден. Той беше много въодушевен: „Сигурно ти е отнело много време, а си толкова заета на работа!” За моя свекър е много любопитно, че аз, една жена, работя в зона, която той определя като „мъжката част” на града. Това пораждаше друг проблем помежду ни: възгледите ни за жените не съвпадаха. Въпреки това, тази странна, съвременна жена му бе изпекла кекс с плодове и бе вложила много усилия и време специално за него.
>
> Когато го опитахме, го принудих да си признае, че не е най-хубавият кекс, който някога е опитвал и след това всички започнахме да се смеем не само за кекса, а за много неща, между които и различните ни възгледи за жените.
>
> Докато участвах в „Курса за брака”, осъзнах, че езикът на любовта на моя свекър са делата. Ако направите нещо специално за него, той се чувства обичан. Изобщо не беше важно дали кексът има хубав вкус или не.
>
> Така научих важността на езиците на любовта (и чувството за хумор) не само в брака, но и в сложната връзка с родителите на съпруга ми.

Също така, трябва да определим заедно степента, до която ще поддържаме връзка с родителите си. Много родители предоставят голяма подкрепа, особено когато в младото семейство има малки деца. Ако обаче искаме от тях да боядисат цялата къща, да ушият и окачат всичките ни пердета или да гледат децата ни два пъти седмично, ги каним да участват повече в ежедневния ни живот. Би било изключително нелюбящо и манипулативно да показваме интерес към тях само когато правят нещо полезно за нас. След като заедно обсъдим този въпрос, можем да достигнем до заключението, че е по-добре те да нямат такава голяма намеса в ежедневния ни живот. Трябва да се държим почтено към родителите си и да не експлоатираме обичта им.

Да се стремим да разрешаваме конфликтите

Дори когато връзката с родителите и сватовете е близка, винаги ще има известно разминаване в мненията. Напрежението и трудните ситуации трябва да се обсъждат, като използваме същите принципи, които разгледахме в дванадесета глава.

Срещнахме една жена, която бе омъжена от седем години. Тя чувстваше, че свекърва й непрекъснато подронва нейния авторитет. Двете нямаха много общи неща и им бе трудно да разговарят. В очите на майка си съпругът й изобщо не беше в състояние да направи нищо лошо. Чувството за нараняване у съпругата се усложняваше и от чести и неблагоприятни сравнения с другите снахи. Определени забележки пораждаха у нея силни емоционални реакции, които не съответстваха на случилото се.

Връзката бе поддържана благодарение на разбирането и насърчението от страна на съпруга й и чрез решимостта на съпругата с Божия помощ да продължава да прощава и да обича. В резултат от това нещата започнаха постепенно да се подобряват. Днес, когато са заедно, свекървата не се проявява толкова критично, а съпругата е придобила по-голяма увереност.

Важно е да премахнем всеки неразрешен конфликт от миналото. В идеалния случай това трябва да стане преди брака. Ако не го направим, впоследствие на повърхността ще изплуват гняв, горчивина, недоволство или вина под една или друга форма. Някои хора сключват брак с решимостта никога да не се държат като родителите си. Възможно е родителите им често да са се карали, да не са били грижовни или внимателни един към друг, да са били емоционално отдалечени или да са имали любимци между децата. Въпреки това, няколко месеца след сватбата младоженците постепенно започват да се държат по същия този начин. Това е така, защото не са преодолели собствените си чувства на гняв и недоволство по отношение поведението на родителите си.

Анализът на един брачен консултант показва, че сме склонни да имитираме онова, върху което се съсредоточаваме в живота. Ако можем да простим на родителите си и да продължим напред, ще престанем да се фокусираме върху техните провали и недостатъци и ще бъдем свободни да се отърсим от всяко несъзнателно подражание на поведението им.

Ако като деца дори частично сме били виновни за раздялата на родителите си, трябва да им се извиним без да ги виним или да се опитваме да рационализираме своето поведение. Въздействието може да е огромно. Ето какво пише Мери Питчис, опитен консултант:

> Спомням си, че някой ми разказа трогателната история на една възрастна жена, която умирала от рак. Синът й я посетил в болницата и след това се върнал у дома си, за да каже на своята съпруга, че майка му умира и че лекарите не могат да направят нищо повече за нея. Когато чула това, съпругата казала, че мъжът й има неразрешени проблеми с майка си, които трябва да оправи преди тя да умре. След това

му припомнила как, когато бил много млад, напуснал своя дом и не поддържал контакт с майка си в продължение на цяла година. „Трябва да оправиш това, преди тя да умре" – му казала тя. Съпругът ѝ се съгласил, върнал се в болницата и помолил майка си да му прости за случилото се преди толкова много години.

Тя била много трогната, с готовност му простила и го помолила и той да ѝ прости, че го е накарала да се чувства толкова нещастен и да избяга от дома. Помирили се и синът се върнал в дома си. На следващата седмица майка му била изписана от болницата съвършено здрава. Още дълги години се радвала на добро здраве и умряла от старост.[2]

Да вземаме под внимание нуждите им

Докато сме били малки, родителите ни (или друг възрастен човек) са поемали инициативата да се грижат за нашите нужди. Сега ние имаме отговорност да отвърнем със същото. Децата преминават от състояние на пълна зависимост от родителите си към зряла връзка с тях, което се характеризира с взаимна подкрепа. Понякога ролите напълно се разменят и родителят става изцяло зависим от детето.

Актрисата Шийла Хенкок, пише с благодарност за грижата, която е получила от дъщеря си, Мелани Тоу, за която пише под псевдонима Ели Джейн:

> Преди няколко години здравето ми се влоши поради рак и оставих Ели Джейн да се грижи за мен. Напълно съм уверена, че се разболях от обсесивен стрес. Непрекъснато тичах с мисълта, че ще успея да спася всички, което

> беше средство да не обръщам внимание на собствения си живот. Отидох в Бристолската клиника след обичайното лечение. С мен дойде и Ели Джейн. Тя беше много стабилна, голяма опора бе за мен. Ролите ни се размениха. Тя показа, че притежава вътрешна сила, която бе изумителна за мен. Ако някой ми беше казал, че ще стане такава, когато порасне, щях да се изсмея... Толкова много я обичам.[3]

Макар че преставаме да бъдем отговорни *пред* родителите си, все пак продължаваме да имаме отговорност *за* тях. Петата заповед: „Почитай баща си и майка си" продължава да се отнася до нас, когато станем пълнолетни или когато сключим брак. Когато родителите остареят, зависимостта им от нас ще се увеличи и ще имаме възможност да върнем част от любовта и жертвите, които те са показали към нас. Това може да включва практическа помощ у дома, финансова помощ или планиране на бъдещето. Виктория Глендининг, автор и говорител, описва колко грижи е получила от порасналия си син Матю и колко много означава той за нея:

> Той винаги слуша внимателно, разбира какво казвам, прави умерени и умни коментари, изцяло се отдава на проблема, не се опитва да отклони разговора към нещо друго.
>
> Веднъж беше станал да си тръгва, когато споменах нещо за неприятности. „Неприятности ли? Какви неприятности?" Той отново седна на кухненската маса, сякаш разполагаше с неограничено време.[4]

Ако родителят живее сам, вероятно най-голямата му нужда би била от разговор и компания. Едни наши приятели с деца в юношеска възраст поканиха своята единствена жива майка да живее с тях в част от къщата им. Това не само даде на семейството и на възрастната жена достатъчна независимост, но също така доведе до зараждането на много специално приятелство между тези три поколения.

Да ценим роднините си

Понякога млади семейни двойки несъзнателно, грубо и дръзко пренебрегват рода, от който са произлезли. Понякога това се налага, тъй като в родовете има големи предразсъдъци към брака им от религиозни, расови или класови съображения. Подозирам, че по-често го правят от чиста недомислица: преместват се далеч, заедно се отправят по широкия свят, започват на чисто.

С появата на децата обаче идва време, когато е здравословно, дори приятно, родът да бъде допуснат отново и да огласи новото семейство

> със стара глъч. С други думи, колкото и странно да изглежда семейното ви дърво, не прибързвайте да отрежете клоните, на които седите. Когато започнете да се оформяте като семейство, старото ви семейство изведнъж придобива различни неочаквани предимства, както и проблеми, за чието съществуване не сте подозирали.[5]

Разбира се, няма съвършени роднини. Наистина няма. При все това, при наличието на различни възрасти, личности и възгледи съществува възможност за разнообразна палитра от цветове. Живеем във век на подредени семейни ядра, които често затварят предната врата пред хората, които носят същото фамилно име и произхождат от същия род. Лесно е да имаме само едно измерение и да изпитваме клаустрофобия. Защо да не се съберем по специални поводи? Либи Първис препоръчва:

> Семейната година се нуждае от важни събития, от неща в календара, които да очакваме. Можете да ги оправдаете, като кажете, че честват културно наследство или религиозна вяра или можете да ги възприемете като забавление, особено в по-скучните части на годината. По наше време празнувахме не само четирите рождени дни и Рождество, но също така и Нова година, Богоявление, Деня на палачинката, Възкресение, Деня на жетвата,... Гай Фокс *(Празникът, свързван с името на Гай Фокс (1570 – 1606), се отбелязва на 5 ноември в Обединеното кралство с фойерверки – бел. ред.)*, първи май, деня на св. Николай, пудинговия четвъртък (последният празник беше малко странен, но на него ядяхме

йоркширски пудинг). Дайте ми малко време и ще намеря начини да отбележим рождения ден на Шекспир, Архангеловден, Еньовден, Деня на св. Андрей, деня на св. Патрик (за шотландските и ирландски роднини) и ако в рода се появи някой американец, бих включила за забавление Деня на благодарността и Деня на мармота *(Съответства на нашия празник Сретение Господне (2 февруари) – бел. ред.)*. Не е нужно празниците да бъдат скъпи: няколко хартиени флагчета, вечеря край масата, може да измислите и някоя игра.[6]

Събирането на родовете има и своите плюсове: ние като възрастни можем да се насладим на родителска грижа от страна на по-възрастните и по-мъдрите и да видим живи примери за това в какво ще се превърнат нашите деца. Децата се радват на братовчедите си, особено на онези, които се държат зле. Всички обичаме причудливи баби и ексцентрични чичовци. Това е част от разнообразието на истинския живот. То ни формира. Ако нямаме роднински кръг, има други начини, по които можем да създадем подобна атмосфера. Една наша приятелка (самотна майка) направи парти с палачинки в деня преди великите пости тази година, на което покани двадесет колоритни представители на всички поколения.

Големите семейни събития имат своето място. Така е и с изграждането на специални взаимоотношения между поколенията. Не само ние ще се облагодетелстваме от една близка връзка с нашите родители. Дядото и бабата могат да играят много специална роля в живота на едно дете.

Ники Когато бях малко дете, често ходех с майка на гости на моята баба в дома ѝ в неделя сутрин.

> Това време се превърна в специална част от моите спомени. То сигурно задоволяваше и нуждите на баба ми, макар тогава да не мислех така.

Когато поддържаме връзка с родителите си, предоставяме възможност на децата си да ги опознаят и също така самите ние можем да ги видим в нова светлина.

Ники Започнах да ценя повече прекрасните качества на кротост и чувство за хумор у баща си, когато го видях да си играе с нашите деца. Мисля, че бях забравил тези дарове от детството ми или пък съм ги вземал за даденост. Като пенсионер, той имаше повече свободно време и най-вече внуците се облагодетелстваха от това.

Възможно е някои баба и дядо да изиграят много важна роля в живота на своите внуци. Едно новородено бебе в семейството може да поправи и заздрави връзките в роднинския кръг. Джастин, дъщеря на основателката на веригата The Body Shop Анита Родик, пише:

> Мама истински ме изненада, защото показа, че обожава бебето ми от момента, в който Мая се роди. Преоткрих я по един съвсем нов майчински начин. Имах най-ужасната депресия след раждането. Отидох при майка си: тя остана будна цяла нощ, грижеше се за бебето... Сега, след като заедно със Сами (сестрата на Джастин) не живеем повече в дома й, си мисля, че Мая укрепи семейните ни връзки. Тя предостави на мама и татко нова връзка, помогна на връзката помежду им.[7]

Много баби и дядовци споделят, колко се радват, когато са заобиколени от деца, за които не носят пълна отговорност и които могат да върнат обратно на родителите им в края на деня. Има различни баби и дядовци. Някои са готови да се откажат от всичко, за да прекарат време със своите внуци. В този случай е възможно те често да се грижат за децата и неизбежно ще окажат по-голямо влияние върху отглеждането им. Други са по-малко ентусиазирани по отношение на по-продължително гледане и се включват по-активно, когато децата поотраснат. Не трябва да очакваме твърде много от родителите си. В крайна сметка, те не са избрали да имат внуци и не носят същата отговорност като тази на родителите.

Ако родителите ни са починали или живеят далеч, си струва да помогнем на децата си да се сприятелят с хора от по-възрастното поколение. Това е нещо прекрасно – наблюдавали сме го в нашата църква. Носи много радост и на двете възрастови групи.

Да се разбираме взаимно

Дори когато взаимоотношенията между нас и нашите родители и сватове са здрави и приятни, съществува възможност за появата на конфликти. Нас ни дели цяло едно поколение, а между тях и децата ни има цели две поколения. Когато животът ни навлезе в най-интензивната си фаза, животът на родителите ни започва да се забавя. Може да се наложи да положим по-големи усилия, за да се разбираме взаимно. Ще трябва да понесем не само болката на влошаващо се здраве, но и сложната логистика, която е нужна, за да степенуваме отговорностите към нашите деца и родители.

Ако понякога не можем да разберем отношението и мнението на нашите родители и сватове, просто трябва да спрем да се опитваме и вместо това да се отпуснем и да им се радваме – такива, каквито са, вместо да ги съдим за личностите, които не са. Няма винаги да са до нас.

Размислите на Шийла Хенкок, как е започнала да опознава майка си, отразяват калейдоскопа чувства, които изпитват много хора:

> След смъртта на баща ми доведох майка си в Лондон. Тя заживя в малък апартамент до нас. Тогава се бе родила Ели Джейн и имаше недоволство от намесата ѝ в нашите взаимоотношения. Тя си стоеше в малкия апартамент съвсем сама, когато не беше с нас. Не исках непрекъснато да е с мен, защото исках да имам и личен живот. Сигурно е била много нещастна. Аз бих се държала много по-мило към нея, ако само ми бе показала колко много я боли.
>
> Сега разбирам какво е, когато децата ти пораснат и се чувстваш извън техния свят. Наистина съжалявам, че не ѝ протегнах ръка. Горчиво съжалявам, че не опознах майка си като жена. В края на живота ѝ, когато се грижех за нея, си спомням, как веднъж я къпах и казах: „Имаш красив нос". Тя отвърна: „Цял живот съм мразила носа си. Мислех, че е много грозен." Бях изумена, че майка ми се е тревожила за начина, по който изглежда. Казах ѝ: „Не мога да повярвам. Имаш прекрасен нос. Моят не е хубав. А ти си толкова красива." Тя не знаеше, че е красива. Вероятно никога не ѝ го бях казвала. Все ѝ повтарях: „Няма да излизаш облечена *така*".

Мисля си, че зад начина, по който се справяше с живота си, се криеше една несигурна жена, особено когато надменната й дъщеря постъпи в гимназия и получи по-добро образование от нея. Тя едновременно се гордееше и се страхуваше от мен. Мисля си, че понякога се държах много лошо към нея и се хвалех с току-що придобитото си познание не точно унизяващо, но по много неприятен начин. Интелектуално започнах да превъзхождам родителите си и по онова време не ценях мъдростта, която те имаха. Днес обаче определено я ценя.

В архива РАДА има писмо до директора от моя баща, в което пише: „Сигурен ли сте, че нашата дъщеря има талант?" Родителите ми бяха много изплашени за мен и имаха големи амбиции за мен. Бях много доволна, че те започнаха да виждат моя успех, но този свят бе прекомерно тежко време за тях, както и за мен. Когато бях в театъра, майка ми писа: „Грижи се за съпруга си" и други неща, които не бихте казали на момичетата днес. Моите момичета се срамуват и се чувстват неловко от мен по различен начин. Аз съм малко претенциозна, изразявам мнението си много твърдо. Викам, когато шофирам и говоря отблъскващо. Докато ходеха на училище, отивах да ги взема с неподходящо облекло, също като майка си! Сега ми се иска да бях ценила повече изключителността на родителите си. По подобен начин днес гледам с голямо възхищение на произхода на родителите ми и на всичко, което те са постигнали.[8]

Било то, че имаме радостни или тъжни спомени от детството, било то, че взаимоотношенията с родителите ни са мирни или напрегнати, с тях имаме общо минало; принадлежим към едно и също семейно дърво, във вените ни тече една кръв, имаме общи спомени. Естествено е да желаем да бъдем част от настоящето си един на друг: взаимно да се грижим един за друг, да споделяме провалите и успехите си, да се подкрепяме в слабост и да ценим силните си страни.

Четиринадесета глава

Как да се освободим от родителския контрол?

Трябва да напуснем родителите си в смисъл да не стоим и да очакваме да ни дадат нещо повече.[1]

Робин Скинър и Джон Клийз

Смехът, сълзите, буците в гърлото, очакването, нервността и вълнението са част от сватбения ден. Това е вярно за младоженката и младоженеца и съвсем нормално и за техните родители. В книгата Битие значимостта на сватбения ден е изразена много просто: „Затова ще остави човек баща си и майка си..." (Битие 2:24).

Неотдавна говорихме с един баща ден след сватбата на сина му. Знаехме, че са много близки и че той харесва своята снаха. Попитахме го дали му е харесала сватбата. Той се поколеба преди да отговори. „Трудно е да облека в думи това, което почувствах. По-сложно бе, отколкото очаквах."

Въпреки че синът му се бе изнесъл от семейния дом преди няколко години, баща му бе разбрал, че *напускането* на родителите е жизненоважна част от брака. В резултат от това сватбата бе породила в него смесица от радост и усещане за загуба, бе му предоставила горд поглед към бъдещето и носталгичен поглед към миналото.

Ники Когато водя венчална служба, има един много трогателен момент за мен: когато бащата на булката ми подава ръката на дъщеря си, за

> да я предам на младоженеца. Това действие символизира, че родителите и на двете страни пускат своя син и дъщеря и ги предават от своята родителска ръка в ръката и грижата на брачния партньор. Това е кулминацията на годините, белязани с отговорност от зачеването на детето им до неговия или нейния брак, когато се сформира ново семейство. Родителите на младоженците, които до този момент са били най-важните хора в живота на своето дете, трябва заради новото семейство да отстъпят крачка назад, да го заобичат и насърчават по нов начин.

За някои хора това освобождаване на детето е най-трудната задача за тях като родители. Ето какво си спомня Виктория Глендининг:

> За мен този процес бе толкова болезнен, че когато Саймън, най-малкият ми син, напусна дома и за първи път останахме без „дете" в къщата, трябваше да си напиша строга бележка – спомням си, че пътувах с влака и я написах с насълзени очи – в която си напомних, че нямам право над тях, те са ми били предоставени временно и че ако очаквам да ми звънят всеки ден, съм чудовище и глупачка... Някои искат повече контакт, отколкото други. Някои по природа обичат да общуват повече от други. Това изобщо не показва кой кого обича повече.[2]

Необходимостта да напуснем родителите си, която е основен аспект на брака, е възможно да се пропусне лесно днес, тъй като поне на Запад повечето хора, които сключват брак, са се изнесли от дома на родителите си няколко години преди това. При все това значимостта на напускането не е толкова *физическа*, колкото *психологическа* и *духовна*. В продължение на много години домът, в който сме се родили, е бил притегателен център, от който сме се отдалечавали на все по-големи разстояния, за да проучим нови възможности и да придобием независимост.

Центърът обаче си остава – това е домът, в който първоначално е трябвало да се връщаме, и в който по-късно избираме да се върнем, когато е нужна утеха и съвет, когато парите не достигат или прането се е натрупало. Семейният дом е бил място на авторитет, обезпечаване и сигурност. След брака има вече нов център, нова структура за вземане на решенията, нов дом. Най-голямата ни обвързаност и вярност сега трябва да бъде един към друг, старите връзки трябва да бъдат отрязани.

Дори ако сме семейни от много години, трябва да си зададем въпроса, дали напълно сме оставили родителите си. Заедно помислете над следните въпроси: За нас по-важен ли е някой от родителите ни от брачния ни партньор? Продължаваме ли да бъдем емоционално зависими от своите родители? Опитват ли се те да контролират нашия живот? Очакваме ли нашият брак да бъде като техния брак?

В тази глава ще разгледаме стратегии, които ще ни помогнат да се освободим от нездравия родителски контрол, за да защитим и изградим брака си.

Да разпознаем на кого дължим вярност най-напред

Една жена, на която предстоеше да сключи брак, описа майка си като „най-добрата ми приятелка". Тя с право бе благодарна за прекрасния начин, по който е била отгледана, но трябваше да започне да възприема бъдещия си съпруг като своя най-добър приятел, на когото може да се довери и от когото да получава емоционална подкрепа.

Новият ни дом и връзка трябва да станат нов притегателен център за нас. Дори ако родителите ни преминават през трудности, верността ни не трябва да се променя. Джули Майърсън, автор и журналист, пише за своите преживявания:

> Майка ми бе изоставена от мъжа, когото обичаше. Тогава срещнах любовта на живота си. Джонатан замени ли майка ми като най-важен човек в живота ми? Вероятно. Той ми показа, че не съм се отделила емоционално от нея. Като четиринадесетгодишно момиче казвах всичко на майка си и вече като двадесет и една годишна жена продължавам да й казвам всичко. След време обаче човек трябва да престане да го прави.[3]

В много бракове тази промяна на обекта на верността никога не се обсъжда. В някои случаи продължава да съществува нездраво и неблаготворно влияние между родител и дете, което поражда недоволство у брачния партньор и създава напрежение в брака. При други семейства това се получава, защото родителите не са признали нуждата на децата сами да вземат решения. Несигурност и страх у родителите са довели до прекомерен контрол над децата. Трети родители не позволяват на децата си да посрещнат собствената си потребност от обич и подкрепа.

Не е рядкост родители да се опитат дори да развалят брака на своето дете. Най-често се месят неподходящо, дават съвети и критикуват, без да са помолени за това, защото често си мислят, че така помагат. Общата ни отговорност е любезно, но твърдо да се съпротивим на такова вмешателство.

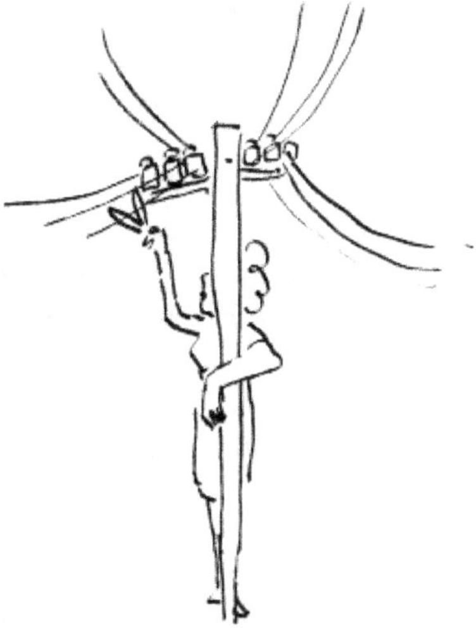

Това ще бъде трудно, ако цял живот сме отстъпвали или ако родителите са контролиращи и манипулативни. Емоционалният натиск може да стане непоносим, ако бъдем обвинени в липса на загриженост и в неблагодарност. Може да ни се стори, че не сме им верни, ако не се поддадем на желанията им. Тогава трябва да си напомним на кого първо дължим вярност.

Сами да вземаме решения

От изключителна важност е в брака въпросите и решенията да се обсъждат и вземат от нас заедно, като двойка. Сами трябва да вземем решения за отпуските, харченето на парите, украсата и мебелировката на дома, избора на работа, отглеждането на децата, честотата на посещенията и др.

Когато Том и Кристин сключиха брак преди година, се преместиха да живеят в нейния дом. Поради заболяване Том можеше да работи само четири дена седмично. Родителите му живееха наблизо. Попитахме Кристин какво мисли за семейния живот и тя ни разказа определен случай, който довел до напрежение помежду им. Тя се върнала у дома в един от дните, в които съпругът ѝ не работел и открила, че той заедно с майка си променил местата на някои от мебелите в техния дом. Всичко лесно можело да се върне на старото си място и затова случилото се не било толкова важно. Въпреки това, тя много се обидила, повече отколкото заслужавало станалото. На Том му било нужно известно време, за да разбере причината.

Попитахме я дали реакцията ѝ не е била твърде силна, защото преди брака къщата била нейна. Тя каза, че това определено е оказало влияние. Основната причина обаче бил фактът, че решението за мебелите не било взето от Том и нея, а от Том и неговата майка. Малък инцидент, който обаче породил силни чувства. Ако се позволи на подобни ситуации да продължат и в бъдеще, това може да доведе до сериозни проблеми в брака.

Често родителите могат да предложат ценен съвет от личния си опит и е разумно младото семейство да вземе съвета под внимание. Най-важно обаче е младата двойка да има свободата да приеме или да отхвърли дадения съвет. Никога не трябва да вземаме важно решение с един от родителите, без преди това да сме го обсъдили помежду си. Също така не трябва да създаваме впечатление у брачния си партньор, че ценим мнението на своите родители повече от тяхното. Това ще подрони увереността на нашия брачен партньор и ще доведе до напрежение и конфликт.

Дори когато едно семейство е подкрепяно финансово от родителите си, то трябва да бъде свободно да избира как да използва получените средства. Познаваме една брачна двойка, в която мъжът е американец, а жената е англичанка. Сега живеят в Америка в къща, която неговите родители, които живеят наблизо, са построили за тях. Съпругата се чувства ограничена в идеите си за декориране на собствения си дом, защото знае, че свекърва ѝ не винаги одобрява нейния вкус. В резултат от това новото семейство не може да превърне къщата в свой истински дом, тъй като винаги има усещането за външен контрол.

Това вмешателство във вземането на решения често може да влоши положението след раждането на децата. Повечето двойки имат малък или изобщо нямат опит в грижата за деца, преди да са родили свои деца. Съветите от родителите лесно могат да бъдат възприети като критика и вмешателство, особено ако семейството се чувства несигурно в новата си роля. В допълнение към това може да има области, в които да решим да отгледаме децата си по различен начин от този, по който самите ние сме били отгледани.

Ники Нашите родители ни насърчаваха и ни предоставиха нужната свобода, за да устроим семейния си живот по свой собствен начин. Въпреки това обаче, мненията ни се разминаваха и това би могло да доведе до трудности. Следният сравнително тривиален пример илюстрира това.

Още като юноша косата ми винаги бе сресана от ляво на дясно с прав път от едната страна (въпреки че през последните двадесет години пътят ми е станал толкова широк, че вече е трудно да се отгатне от коя страна е).

Заедно със Сила възприехме по-либерална позиция по отношение прическите на нашите деца. Първо си решеха косите напред. После си ги решеха назад. След това нагоре. Понякога косата им беше дълга. Друг път бе на милиметри от черепа им.

За нас това бе начин да им позволим сами да вземат решение и да изразят своята личност. Родителите ни, които имаха по-традиционен подход, не винаги одобряваха прическите им и обикновено изразяваха становището си на глас.

В зависимост от това, кой родител е изразил становището си, един от нас бе изкушаван да се съгласи, тъй като верността към родителите е дълбоко вкоренена в нас. В такива моменти е трябвало да вземем съзнателно решение да се поддържаме взаимно и да отстояваме това, което сме решили заедно за семейния си живот.

Неотдавна чухме за един тридесетгодишен брак, който се бе разрушил. Посочената причина е, че съпругата никога не се бе освободила от своята доминираща майка. През всички тези години влиянието на родителите може да продължи да създава проблеми. Не може да го пренебрегваме с надеждата, че ще се ограничи от само себе си.

Да се подкрепяме взаимно

След като им се роди първото дете, наши приятели имаха разногласия с родителите на мъжа, които предизвикаха силни чувства. Младото семейство бе решило да използва биберон, когато бебето плаче. Съпругата се опасяваше, че свекърва й няма да одобри и започна да се безпокои, особено за дните, когато щеше да отседне сама при родителите на съпруга си, докато той е в командировка. Знаеше, че няма как биберонът да остане скрит цяла седмица. Самата тя казва: „Бях ужасена от мисълта за срещата с нея".

Когато казала на съпруга си за своите чувства, той отвърнал: „Няма проблем, аз ще й подаря пръстен и всичко ще се оправи". Майка му избухнала на телефона: „Нито едно от децата ми не е използвало биберон и нито едно от моите внучета няма да използва биберон." След разгорещен разговор съпругът казал на майка си: „Точка. Казах, каквото имах да кажа и повече не желая да говорим за това."

Още преди да отиде за цяла седмица при свекъра и свекървата си, намесата на съпруга оказала силно въздействие върху жена му. „Усетих, че заедно взехме това решение и че той ме защити. Това бе всичко, от което се нуждаех. След това не се притеснявах изобщо какво ще каже майка му." Свекървата не казала нито дума за биберона и изобщо не повдигнала отново тази тема.

Дейвид Мейс, бивш директор на американската асоциация на брачните и семейни консултанти, дава следния съвет:

> Когато съпругът и съпругата имат уточнена политика и когато непоклатимо и заедно я следват, всеки опит за промяна и манипулация ще се провали. Всяка слабост, всяка пукнатина

> в единството между съпруга и съпругата обаче ще позволи на родителите да забият клин помежду им.[4]

Трябва да бъдем единни. Това означава да откажем да заемаме страната на родителите си и да устояваме заедно със своя брачен партньор на всяка критика. Когато се подкрепяме взаимно, това не само ще ни сближи като двойка, но ще изпрати ясно и учтиво послание на родителите ни.

При нужда да поставяме граници

Една двойка ни разказа по време на „Курса за брака", че бащата на съпруга живял сам дълги години. Бащата звънял на сина си веднъж или два пъти дневно, често тъкмо преди вечеря или точно преди да си легнат. Майката на съпруга била починала, когато той бил на петнадесет и като най-голям син, той имал много специална и близка връзка с баща си. Това не създавало никакви проблеми преди да се ожени.

След като сключил брак обаче, това се превърнало в голям проблем за съпругата му и тя много се ядосвала. Тъй като свекърът бил сам и връзката със сина му била толкова важна за него, тя изпитвала вина при мисълта да укори съпруга си.

Впоследствие разбрала, че трябва да повдигне въпроса и казала: „Все по-трудно ми става да издържам телефонните разговори с баща ти. Времето, по което се обажда, не е подходящо за нас. Чувствам се пренебрегната, когато баща ти пръв чуе всички новости около теб. Когато дойде моят ред да разговаряме, ти не желаеш отново да повтаряш всичко." Те обсъдили заедно ситуацията и намерили разрешение: съпругът ще разговаря с баща си веднъж дневно от офиса.

Първоначално нещата не потръгнали, тъй като бащата продължавал да звъни всяка вечер в тях. Съпругът казал на баща си: „Когато станеш сутрин, ми се обади в офиса и ще поговорим тогава. В противен случай нещата няма да потръгнат."

Бащата поставил на изпитание решимостта на сина си през следващите няколко дена. Всеки път, когато звъннел вечер, синът му казвал: „Съжалявам, татко, сега не мога да разговарям с теб. Какво ще кажеш да ми звъннеш утре сутрин в офиса и ще си поговорим на воля?" Съпругът споделя развръзката: „След около две седмици той схвана идеята". Съпругата каза, че в резултат от това в брака им се променили много неща. „Съпругът ми започна да поставя по-голям акцент върху брака ни, превърна го в приоритет, а това ме накара да се чувствам страхотно." Тя също така добави, че връзката им с бащата станала по-близка, отколкото била преди.

В подобни ситуации първата стъпка трябва да бъде заедно да обсъдим затруднението и всеки да се опита да разбере чувствата на другия. Това няма да е лесно. Инстинктивно искаме да извиним своите родители и да задоволим желанията им, особено ако сме ги идеализирали, ако са болни или сами. Това може да ни накара да заемем защитна позиция или да отхвърлим перспективата на брачния си партньор. Възможно е дори да не забележим проблема. Трябва внимателно да изслушаме своя съпруг или съпруга (както е описано в четвърта глава) и да признаем, че за тях това е проблем. Изслушването с разбиране е половината от разрешаването на проблема. Също така трябва да осъзнаем, че партньорът ни не напада нашите родители или семейство, а иска с право да защити брачната ни връзка. Тогава заемаме добра изходна позиция заедно да предприемем правилни действия и при нужда да получим съвет и помощ отвън.

Двама младоженци в рамките на един час ни описваха проблемите, с които се сблъскват във взаимоотношенията си с нейните родители. Родителите определено искали да продължат да контролират живота на дъщеря си и не се постарали изобщо да се сприятелят със своя зет. След като се изслушаха един друг и разбраха как се чувстват, двамата решиха, че е най-добре да си уговорят среща с нейните родители. Не знаем точно какво са си казали, но ги посъветвахме да включат следните неща:

- Да изразят благодарност за начините, по които родителите ѝ са се стремели да им помагат и да ги подкрепят.
- Да покажат желанието си да продължат да имат близка връзка с нейните родители.
- Да обяснят (с някои конкретни реални примери) защо съпругът се чувства изключен и защо това създава напрежение в техния брак.
- Да дадат няколко практически предложения, как могат да работят заедно, за да подобрят ситуацията.

Двамата отишли да видят родителите й една събота и смело повдигнали неудобната тема един час преди да си тръгнат. Атмосферата била напрегната. Родителите не искали да ги изслушат. През следващите седмици младото семейство положило допълнителни усилия да поддържа връзка с тях и ситуацията постепенно започнала да се подобрява. Конфронтацията била болезнена, но си струвала усилията в дългосрочен план.

Да се поставяме един друг на първо място

> Ерик, който сега е разведен, признава, че докато младата му съпруга се мъчила да се справи с четиригодишното им дете, с бебето, с почасовата си работа и с голямата и студена къща в непознат за нея квартал, той често се отбивал във вилата на родителите си, която била близо до работата му, за да пийне нещо и да си поговори с тях, преди да се прибере вкъщи.
>
> Там, стъпил на мекия килим, с купичка домашно приготвени соленки пред себе си, разказвал победите и изпитанията, с които се е сблъскал през деня на майка си. Тя била заинтересован, интелигентен и стимулиращ слушател. Такива ще станем и ние един ден, когато ще можем да се наспим и няма да носим отговорност за други хора, освен за себе си. Когато се прибирал вкъщи при физически изтощената си съпруга от къпането на две невръстни деца, тя отново

> гледала обезнадеждено към съдържанието на хладилника, а той не можел да се възпре да не сравни двата дома и двете жени. На глас. Един ден баща му развалил тази прекрасна идилия, когато една вечер се прибрал по-рано и го заварил да разговаря с майка си. Казал му нещо с голямо прозрение за човек от неговото поколение, че вероятно съпругата му също се нуждае от помощ, за да приспи двете деца. Уви, вече било прекалено късно. Ейлийн и децата били заминали у дома, но при нейната майка.[5]

Не трябва да става така, ако подредим правилно приоритетите си. Мелани Тоу, обяснява как връзката с нейната майка Шейла Хенкок сега е още по-силна, макар да изглежда различно:

> Майчинството определено ни сближава повече, но също така то промени нашата връзка, защото отговорностите ми се промениха. Сега моята отговорност са съпругът и детето. Не искам да изглежда така, сякаш отблъсквам майка си, но вероятно тя се чувства именно така. Тя вече не е единственият важен човек в моя живот. Ролята й се промени... Сега е майка и чудесна баба…[6]

Петнадесета глава

Как да се справим с последствията от наранявания в детството?

Любовта... има силата да пресъздава ситуациите.[1]

Алън Сторки

Нашето минало влияе върху настоящето ни, което от своя страна пък влияе върху бъдещето ни. Това за добро или за зло важи с особена сила за човешките взаимоотношения. Тази глава е написана за онези, чието детство и по-ранни години хвърлят сянка върху техния брак. Възможно е да им е трудно да приемат травмиращото си минало или да не съзнават връзката между преживяванията им тогава и поведението им днес.

Майката на Тед била динамична и силна жена. Имала несекваща енергия, която оказвала постоянен натиск върху трите ѝ деца да бъдат успешни във всичко. Била движена от маниакална амбиция, която самата тя не успяла да реализира в собствения си живот. По-големият брат на Тед бил отличен спортист, а сестра му свирела професионално на два музикални инструмента.

Винаги се очаквало от Тед да следва техния пример. „Ще влезеш в А отбора, Тед, също като Робърт" – казвала майка му. „Организирала

> към ти двуседмични тренировки по време на ваканцията." „Не, не можеш да преноцуваш у Фил, защото съм те записала на едноседмично обучение по гребане, за да можеш следващото лято да се състезаваш с Джейн." Животът на Тед бил организиран и планиран от момента на раждането му. Било недопустимо да откаже или да сподели как се чувства.
>
> Когато Джулия, неговата съпруга, предложила да отидат на уикенд с велосипеди в езерната област в Северозападна Англия, той й отговорил ядосано и язвително: „Защо винаги се опитваш да контролираш моя живот?" Това довело до разгорещен спор. Разменили си обвинения, при които уикендът с велосипеди съвсем бил забравен. Тед вече се бил усъвършенствал да завършва караниците със сарказъм, който обикновено разплаквал Джулия.

Недоволството на Тед от опитите на майка му да контролира неговия живот и натрупания гняв се запазили през годините. Излели се обаче не върху майка му, а върху съпругата му, Джулия. Смесването на източника на всички тези конфликти в брака им впоследствие ги принудило да потърсят помощ.

Няма съвършени родители и никой от нас не е отгледан съвършено. Понякога вината не е в нашите родители. Друг път вината е тяхна. Възможно е неразрешените болка или гняв да са резултат от смърт или от дълго отсъствие в чужбина. Може да са се породили при развода на родителите ни, поради малтретиране (било то физическо или емоционално), от прекомерен контрол или от потискане на чувства.

Някои хора са израснали в дом, в който любовта, която са получили, е зависела от техния интелект, от външния им вид, от способностите им, от оценките в училище или от това, колко добре се държат у дома. Неуспехът на родителите да покажат безусловна любов най-вероятно е оставил дълбоки рани. Ключът е дали спомените ни от детството са щастливи или болезнени. За някои хора тези спомени са толкова болезнени, че започват да страдат от амнезия и не могат с лекота да си припомнят нищо от това, което са изпитвали в детството и юношеството си.

В резултат от преживявания в детството може да открием, че в определени моменти реагираме нерационално по отношение на брачния си партньор или към друг човек. Тези реакции могат силно да разтревожат съпруга или съпругата.

Скоро след като Миранда се омъжи, започна да се сблъсква с голям проблем във взаимоотношенията си със своя свекър. Тъй като имал само синове, той не знаел как да се държи към жените от поколението на неговите деца. Колкото по-уязвима се чувствала тя, толкова по-догматичен ставал той. Няколко пъти, докато гостували на родителите на Патрик, Миранда се разплаквала. Това озадачило Патрик. Положението се влошило и тя се почувствала физически зле преди гостуването им там за Рождество. Патрик осъзнал, че има проблем и заедно потърсили помощ.

Станало ясно, че детството на Миранда било травмиращо. Сестра й винаги била любимото дете. Когато навършила осемнадесет, баща й я набил и й казал да се изнася от неговия дом и никога повече да не се връща. След това родителите й се развели. Когато Патрик и Миранда заговорили за това, тя осъзнала, че затрудненото й общуване с нейния свекър е напрегната реакция в резултат от личната й дълбока рана от миналото.

Подобни наранявания могат да бъдат изцелени с Божията помощ в един брак, изграден с любов. Безполезно е да търсим магически лек, но с течение на времето чувствата могат да се променят и способността ни да общуваме интимно може да бъде възстановена.

Трябва да осъзнаем наличието на две опасности по отношение на наранявания, придобити в детството. Едната е чувството на безнадеждност у наранения човек. Той може да си мисли: „Не мога да спра да се държа и да реагирам по този начин. Жертва съм. Такъв съм си и вината е на моите родители." Не трябва така да абдикираме от отговорността си. Във всеки един момент, дори докато носим нараняване от миналото, можем да изберем да погледнем извън себе си – към нуждите на околните, включително и нуждите на своя съпруг или съпруга.

Втората опасност е липсата на разбиране от страна на брачния партньор, който може да обвинява, вместо да им помогне. Брачният партньор трябва да разбере, че макар изцелението да е възможно, често е нужно време. Възможно е хората, които са били дълбоко наранени, да се нуждаят от помощта на опитен съветник. По време на процеса на изцеление от голяма помощ ще бъде нараненият да усеща любовта, насърчението и молитвите на своя партньор.

Ако имате изключително болезнени спомени от детството си, които е възможно да окажат влияние върху вашия брак, ви насърчаваме заедно да обсъдите следните неща. Ако попаднете в капан или се сблъскате с чувства, които изглеждат неконтролируеми и опасно силни, е разумно да потърсите помощта на християнски свещенослужител или съветник.

Определете източника на болката

В началото на последната глава разгледахме ролята на родителите в грижата за физическите и емоционални нужди на техните деца. Отново прегледайте двете диаграми за „ранните години" и „юношеските години" и си задайте въпроса дали вашите родители или някой друг, който се е грижил за вас, не е задоволявал тези нужди в детството ви.

Може да ви е трудно честно да прецените ситуацията. Повечето хора имат чувства на дълбока вярност към родителите си и не желаят да бъдат неблагодарни към тях. Лесно е за хората, чиито нужди от детството не са били задоволявани, да си мислят, че вината да не получат обич, е била тяхна. Приемат, че не е било лесно да бъдат обичани и че не си е струвало някой да се занимава с тях, като заради това родителите им са ги пренебрегвали. Важно е честно да осъзнаем какво ни е липсвало и влиянието, което това оказва на взаимоотношенията ни днес.

Не трябва да се изненадваме, ако проверявайки се, установим, че таим в себе си силно чувство на гняв или проява на други чувства, като тъга, отхвърляне, страх и срам. Тези чувства са били потискани в продължение на много време. Една млада жена, която се включи в „Курса за брака" и бе имала трудна връзка с майка си, ни разказа как цяла вечер хвърляла обувки в спалнята си. До този момент не подозирала съществуването на този скрит гняв.

Ако усетим такива чувства, винаги можем да кажем на Бога какво изпитваме и да потърсим Неговата утеха. Колкото сме по-честни в молитва, толкова по-добре. Библията използва образи, които описват Бога като баща *и* майка. Той е изпълнен със състрадание към нас и ни насърчава да представяме пред Него всяка своя нужда. Авторите на Псалмите са могли да изразят пред Бога всички човешки чувства – гняв, объркване, болка, съжаление, благодарност и радост. Ние също можем да ги изразим. Апостол Петър казва: „всяка ваша грижа възложете на Него, защото Той се грижи за вас" (1 Петър 5:7).

Скърбете един с друг

Незадоволените нужди в детството представляват вид тежка загуба. Ако един съпруг или съпруга може да говори за това, което му / й е липсвало в миналото, брачният партньор може да се стреми да предостави емоционална подкрепа чрез готовността си да изслушва, без да се опитва да обяснява разумността на чувствата или да омаловажава въздействието им. Библията ни казва: „... плачете с онези, които плачат" (Римляни 12:15). Този процес на открито говорене за чувството на загуба пред човек, който проявява загриженост, носи изцеление и подпомага процеса на скърбене.

Ако съпругът или съпругата си спомнят липсата на привързаност, нежност или подкрепа от детството си, трябва да проявим особена бдителност, за да не усложняваме болката им, като пренебрегваме тези съществуващи емоционални потребности в брака ни. Хората, които излагат на показ нараняванията от детството си, трябва да получат утеха от своя брачен партньор, без да я изискват.

Простете на хората причинили нараняването

В дванадесета глава писахме за процеса на прошката. Ето отново основните точки. Първо, прошката е действие на волята. Трябва да простим на хората, които са ни наранили, дори ако не усещаме, че искаме да им простим. При някои преживяванията от детството са се превърнали в забранена територия. Получихме писмо от една жена на име Дженифър, която бе участвала в „Курса за брака" и бе осъзнала, че трябва да прости на своя втори баща. Ето какво ни писа тя:

> Вторият ми баща се казваше Джон. Майка ми се омъжи за него, когато бях на седем години и се разведе с него, когато бях на петнадесет. Молбата за развод бе на основание на „ментална жестокост". Детството ми бе кошмарно. Най-голямото ми желание бе да порасна възможно най-бързо, за да избягам от ситуацията.
>
> Сега съм на тридесет и три. Носила съм цели осемнадесет години бремето на тези

> спомени и омразата, въпреки че станах посветена християнка преди две години. Тази част от живота ми беше забранена територия. Бях съсипана. Как бе възможно да „простя" на Джон това, което беше направил? Къде ще остане справедливостта, ако простя? Аз бях дете. Аз бях жертвата. Не го бях виждала от петнадесетгодишна. Той дори не ме бе помолил (аз бих предпочела да ме умолява) да му простя.
>
> Съчетанието между „Курса за брака", книгата на Филип Янси „Изумителна благодат" и Божията намеса в живота ми ми помогнаха да видя ясно, че трябва да се справя с това веднъж завинаги, освен ако не искам осемнадесетте години да се превърнат в двадесет и осем, в тридесет и осем... и така до безкрайност.
>
> Молих се, не можах да спя няколко нощи, плаках и отново се молих. После написах писмо на Джон, в което му простих нараняванията и голямото страдание, които бях преживяла под неговата грижа в детството си. Докато пишех, нямах никаква представа, дали той изобщо съзнава въздействието, което бе оказала върху мен онази част от живота ми, но реших да оставя това в Божиите ръце. Когато пуснах писмото, осъзнах, че вече съм свободна.

Впоследствие разбрахме, че вторият баща на Дженифър се свързал с нея. Той не можел да разбере вредата, която й бил нанесъл и защо изобщо се нуждае от прошка. Въпреки неговия оттовор, Дженифър продължила да се радва на пълно освобождение от болката, която той й причинил.

Прошката, на първо място, е действие на волята ни. Второ, тя е непрестанно вземано решение. Ако сме били дълбоко наранени, ще се наложи непрекъснато да продължаваме да прощаваме, понякога дори ежедневно, за едно и също нараняване. Когато простим съзнателно, също като Дженифър, чувствата ще последват волята ни.

Трето, както видяхме в разказа на Дженифър, прошката ни не трябва да зависи от обстоятелството, дали родителите или вторите ни родители са разбрали какво са ни причинили, или от промяна в тяхното отношение към нас. Прошката означава да се откажем от желанието да си отмъстим и от очакването родителите ни да започнат да задоволяват нуждите ни. Това е част от отхвърлянето на зависимостта ни от тях.

Не винаги е добре и дори възможно да кажем, че прощаваме пряко на човека, който ни е наранил. Ако и двамата родители са починали или връзката с тях е била изгубена, отново трябва да се освободим от всеки гняв към тях. На следващата страница предлагаме примерна молитва, която може да ви помогне да предадете тези чувства на Бога.

Търсете Божията любов

Можем да помолим Бог да изцели чувството ни за загуба, да Го поканим като съвършен родител да ни даде сигурността, която не сме получили от родителите си. Ето какво ни обещава Той: „Наистина те възлюбих с вечна любов; затова продължих да показвам милост към тебе” (Йеремия 31:3). Следователно Неговата любов може да задоволи най-дълбоките ни потребности от приемане, сигурност, внимание, насърчение и др. Родителската обич, дори в най-добрата си форма, може да бъде само бледо отражение на силната, непоклатима и безусловна любов, с която ни обича Бог.

Бог ни кани да станем част от Неговото семейство и да Го възприемем като Баща: „А на онези, които Го (Исус) приеха, даде право да станат Божии чада..." (Йоан 1:12). Когато предадем живота си в Божиите ръце, Той ни дава Своя Дух, Който ни изпълва с увереност за Неговата любов. „Божията любов е изляна в сърцата ни чрез дадения ни Свят Дух" (Римляни 5:5).

Следва примерна молитва, която можете да използвате, ако носите наранявания от детството си:

> Господи, благодаря за Твоята безусловна любов към мен и за готовността Ти безусловно да ми прощаваш. Благодаря Ти за добрите неща, които са ми дали моите родители. (Тук облечете в думи няколко хубави спомена.) Сега представям пред Теб начините, по които се чувствам предаден от тях и Те моля да ми помогнеш да им простя.
>
> (После кажете:) Баща ми / майка ми (или както се обръщате към тях), ме накараха да се чувствам така, като не .... (назовете неудовлетворените нужди от детството си)..., но аз избирам да им простя.
>
> Господи, благодаря, че Ти си съвършен Баща. Моля Те, изпълни ме със Святия Си Дух, за да мога да усещам любовта Ти към мен. Благодаря за Твоето обещание да дадеш Духа Си на любов на всеки, който Те помоли. Амин.

В края на главата сме изброили някои от Божиите обещания. Помислете върху тези думи. Опитайте се да повярвате в Божията безусловна любов към вас. Когато го направите, Бог постепенно ще замени болката от неудовлетворените нужди в детството ви с усещане за сигурност и утеха.

Продължете напред

След като простим на родителите си, можем да разберем, че поради неосъзнатия си мотив на незадоволени потребности от детството си сме се държали неразумно и сме наранили други хора, особено онези, които най-много обичаме. Възможно е да сме избликвали гневно спрямо своя съпруг или съпруга без очевидна причина, да сме ги отхвърляли или в омразата си да сме отблъсквали онези, които са се опитвали да ни обичат и да се приближат до нас. Възможно е прекалено често да сме се обаждали или да сме посещавали родителите си, за да им разкажем за успехите си с надеждата да чуем думите: „Добре си се справил!”, които не сме чували през детството си. Макар понякога да ни се струва невъзможно трудно, с Божията помощ, с насърчението на нашия брачен партньор и на други хора, при нужда можем да оставим подобно поведение назад в миналото.

Промяната обаче ни кара да се чувстваме несигурни. Виктор Франкел описва освобождаването на оцелелите евреи от концентрационния лагер в Дахау в края на войната. Затворниците излезли на светлина, но били така заслепени от нея, че се върнали в своите килии.[2] Понякога по-скоро бихме се върнали към познатите и безопасни, но очевидно несъвършени взаимоотношения и стария си начин на поведение. Когато продължим напред, е възможно да се почувстваме незащитени и да се нуждаем от увереност. Не трябва да се изненадваме или да се отказваме поради подобни чувства.

Ако партньорът ни е трябвало да понася тежките удари на неразумното ни поведение, не трябва да очаква мигновена промяна. Нужно е време, за да заменим старите начини на реакция с нови. Проявявайте нежност, търпение и насърчение.

Изпълвайте се с надежда

Написахме тази глава не за всички брачни двойки, а за онези, чиито непреодолени болка и гняв от детството са оказали силен натиск върху взаимоотношенията им. Ако тази глава е била полезна за живота ви, бихме ви насърчили заради брака си и въпреки нужната емоционална сила да обсъдите заедно тези болезнени наранявания и при нужда да потърсите допълнителна помощ. Възможно е опитите ви да възстановите взаимоотношенията си с роднините да получат положителен или отрицателен отклик. Въпреки това си струва да опитате заради собствения си брак.

В Бога имаме съвършен Баща, Който е: „... дълготърпелив и многомилостив" (Йоан 4:2), винаги готов да ни изслуша, да ни утеши и ни помогне. Ако родителите ни не са ни обичали, може първоначално да ни е трудно да приемем Божията любов. Добре познатите думи от 1 Коринтяни 13 за любовта, която „... всичко премълчава, на всичко хваща вяра, на всичко се надява, всичко търпи", могат да ни послужат за вдъхновение и насърчение, докато преминаваме през този процес.

Следват избрани Божии обещания, свързани с любовта, в които много хора са намерили утеха.

> „Намери го в пуста земя. Да! В пустинна, дива и изпълнена с вой страна; огради го и бдеше над него, опази го като зеницата на окото Си. Както орлица избутва полека орлетата от гнездото си, кръжи над пилетата си, разпростира крилата си и ги вдига, за да ги подеме на крилата си..." (Второзаконие 32:10, 11)
>
> „А когато беше още далеч, баща му го видя, смили се и като се завтече, хвърли се на врата му и го целуваше" (Лука 15:20)

„Както баща жали децата си, така Господ жали онези, които се боят от Него" (Псалм 103:13)

„... не бой се, защото Аз съм с тебе; не се ужасявай, защото Аз съм твой Бог; ще те укрепя, да! Ще ти помогна. Да! Ще те подкрепя с праведната Си десница." (Исайя 41:10)

„И понеже сте синове, Бог изпрати в сърцата ни Духа на Сина Си, Който вика: *Авва*, Отче!" (Галатяни 4:6)

„И ние сме познали и сме повярвали в любовта, която Бог има към нас" (1 Йоан 4:16).

Шеста част – Родители и сватове

Заключение

Ето какви са взаимоотношенията на една омъжена жена с нейните роднини по сватовска линия:

> Докато слушах разказите на приятели за борбата им с манипулативни майки и студени, дистанцирани бащи, намесващи се баби и дядовци с фикс идеи, започнах да се чудя дали моето детство е било скучно и просто. Сега обаче виждам, че понякога е било предизвикателно сложно.
>
> Мама и татко се погрижиха с брат ми да имаме много реален и нормален семеен живот. От време на време всички се карахме, разбира се, а заедно с брат ми се карахме непрекъснато, откакто започнахме да се учим да ходим, чак докато не се научихме да шофираме (по думите на майка ми).
>
> Въпреки върховете и низините в семейния ни живот обаче, през всички по-напрегнати моменти не сме преставали да разговаряме. Правим го и до днес. Буквално всяка вечер сядахме преди вечеря и обсъждахме как е минал денят за всеки от нас, търсихме съвет от останалите и си помагахме взаимно в трудностите.
>
> Една вечер първото ми гадже пристигна на мотора си, облечен целия в кожени дрехи.

Веднага бе поканен да дойде у нас на вечеря, без никакво мърморене, шепот или повдигнати в удивление вежди. Всичко премина както обикновено, с изключение на репликата на баща ми: „Защо не си свалиш якето, приятелю?" Най-трудното бе да се справим с крем супата от праз.

Такъв беше животът ми.

След това се омъжих и се породиха взаимоотношения между Тим, моя съпруг, брат ми и разбира се, родителите ми. Моите връзки с тях се разшириха, като включиха и Тим. Сигурно и техните взаимоотношения по някакъв начин са се променили, но нямам представа как точно.

Предполагам, че без да се замисляме, доброволно се прегрупирахме и влязохме в новите си роли. След това се родиха децата и вероятно отново е имало прегрупиране в новата ситуация.

Говорим си по телефона; звъним си, за да проверим колко пъти можем да притоплим сготвена кайма, питаме татко как се правят рафтове и се надяваме да ни предложи своята помощ. Срещаме се за обед и за вечеря. Понякога им оставяме децата и правим нещо само двамата. Те са изключително заети. Ние също. Наложи се да живеем при тях, докато се нанесем в новата си къща с осемнадесетмесечния ни син, който имаше склонността да изпразва всички шкафове и да се буди в ранни зори. Това обаче е друга история. Да, всичко това е отрезвяващо нормално. Обичам ги всички до един.

Въпреки че членовете на това семейство далеч не са съвършени и самите те подчертават най-големите си несъвършенства, те са намерили здрава основа, върху която да градят своя брак.

Когато миналото ни е било болезнено, не трябва да застрашаваме брака си. Самият той може да представлява връзка, която да носи изцеление. Една наша приятелка ни разказа онзи ден колко болезнено е било за нея да разбере като малка, че е била осиновена. Трудно й било да приеме, че не познава кръвните си роднини. Когато забременяла и си имала вече свое семейство, установила, че болката й изчезнала. Изцелението дошло чрез нейния брак и семейния й живот.

Друг мъж, който имал трудна връзка със своя баща, ни разказа с голямо вълнение как успял да изгради здраво и сигурно приятелство с бащата на своята съпруга. Така успял най-накрая да се увери, че проблемът не е у него. Новите му роднини го приели като свой.

Хората с груби и небрежни към тях родители понякога се безпокоят за собствената си способност да бъдат добри родители. Когато обаче открият радостта да имат и да се грижат за свои деца, ще бъдат изцелени от лошото наследство в миналото си. Виктория Глендининг пише:

> Самата аз имах трудно детство. Пренаписах го, прибавяйки му щастие чрез детството на своите деца.[3]

Бракът може да бъде изцелителна връзка за всички нас. Това е мястото, в което несигурността и личните съмнения, които носим в себе си от миналото, могат да бъдат разкрити и променени. Празнотите могат да бъдат запълнени, нараняващите думи анулирани и увереността ни възстановена чрез Божията любов и чрез любовта на съпруга или съпругата.

Шесто златно правило на брака

Почитайте родителите си, но не позволявайте да бъдете контролирани от тях.

Седма част

Добър секс

Шестнадесета глава

Секс – какво е това?

Сексът има за цел... да премахне изолацията. Някои хора избират изолацията. Правят го не защото истински предпочитат изолацията, а защото се страхуват от отхвърляне и отчуждение. Да, но ако не се разкрия, как ще мога да открия колко е прекрасно да бъда обгърнат и изгубен в някой друг?[1]

Джон Уайт

Сексът е най-силното естествено средство за създаване на близост. Оставихме този въпрос за сега не защото е маловажна част от брака, но защото всяка друга част от брака ни влияе върху секса и сексът влияе върху всяка друга част от нашия брак. Когато сексуалната ни връзка е жизнен израз на любовта ни един към друг, преживяваме единение, което обхваща цялото ни същество.

Бог одобрява секса. Той го изобрети. Създадени сме, за да се наслаждаваме на привличането, което изпитваме към своя съпруг или съпруга. Способността да изразяваме любовта си чрез съединяването на телата ни е дар от Този, Който сам е Любов. Той е планувал да му се наслаждаваме в пълнота в рамките на любящото отдаване в брака, в което няма какво да крием и нищо не ни задържа да бъдем един с друг. Ето как Майк Мейсън описва този акт на „пълна голота":

Да бъдете гол с друг човек е вид преобраз или символична демонстрация на съвършена

> честност, на съвършено доверие, на съвършено отдаване и посвещение и ако сърцето също не е разголено заедно с тялото, цялото това действие се превръща в лъжа и подигравка. Ставате участник в абсурдно и трагично противоречие: отдаване на тялото, но прикриване на личността. Показването на тялото при личен контакт е като разкриването на най-съкровената тайна: след това няма връщане назад, не можем да се преструваме, че тайната продължава да си е само наша или че другият не я знае. Това е на практика последната стъпка в човешките взаимоотношения и следователно никога не трябва да се предприема необмислено. Това не е стъпка, която установява дълбока интимност, а стъпка, която предполага наличието на такава интимност.[2]

Възможно е личните ни разбирания и опит в секса да се различават. През двадесет и първи век със секса се прекалява; твърде много се изобразява на публични места; прекалено се акцентува върху него. Виждаме го навсякъде – понякога обезценен, друг път сантиментален, а понякога изолиран, но почти винаги извън контекста на брака. Някои са се пристрастили към него. На други им е омръзнал до такава степен, че едно неотдавнашно заглавие питаше: „Защо сексът повече не е секси?"

Много хора (между които и ние) са научили за секса от своите връстници, които привидно още на много крехка възраст се бяха превърнали в „голям авторитет" по въпроса. Впоследствие разбрахме, че те са също толкова невежи и дезинформирани като нас.

Нашето образование би оказало сериозно влияние върху начина, по който възприемаме секса. Либи Първис пише за различното отношение, което наблюдава в училище:
„... имаше един или двама изключително срамежливи (учители) като отговорничката по дисциплината, която бе забранила

слушането на радио в тоалетните сутрин, защото било неприлично дълбоки мъжки гласове да се чуват в помещение, където млади момичета са съблечени".[3] Колко различно от отношенията в много училища днес, в които не се очертават ясни граници, освен че сексът трябва да бъде безопасен, ако това изобщо е възможно.

Исторически Църквата трябва да понесе част от вината за едно погрешно разбиране на секса. Библията е категорична, че сексът в рамките на брака е добър, но Църквата не винаги е отразявала това учение правилно. През четвърти век блажени Августин говори за „срама, който съпътства всяко полово сношение". Други богослови отиват още по-далеч. Някои предупреждавали, че Святият Дух излиза от стаята, когато съпрузите имат сексуално сношение. Следователно колкото по-малко секс, толкова по-добре.

Вероятно най-голямото влияние за формиране на нашето отношение е възгледът на родителите ни за секса. В някои семейства темата никога не се обсъжда открито или за нея се говори с евтини шеги и лоши думи. При други страхът и прекалената предпазливост са породили лъжливото чувство за вина и мисълта, че сексът е нещо мръсно. Трагично е, че някои хора се борят с изопачени възгледи за секса, след като са изживели ужаса на сексуално насилие, докато други внасят болезнените последствия от свои минали сексуални взаимоотношения в брака си.

Днес има привидно голяма свобода по отношение на представата за секса и сексуалността, но въпреки това много хора продължават да се срамуват да говорят честно един с друг за секса в брака си. Това е странен парадокс: за секса се тръби навсякъде в обществото, но когато сме сами, не го споменаваме, особено ако имаме проблеми.

Преди да говорим за секса на определено ниво, ще споделим четири библейски принципа, които са нужни, за да се постигне удовлетворяваща сексуална връзка в рамките на един изпълнен с любов брак, който ще продължи цял живот.

Сексът – един мощен двигател

> А човекът каза: Тази вече е кост от костите ми и плът от плътта ми; тя ще се нарече Жена, защото беше взета от Мъжа. Затова ще остави човек баща си и майка си и ще се привърже към жена си, и те ще бъдат една плът. (Битие 2:23–24)

Съвременният еквивалент на думите на Адам, когато за първи път видя Ева, може да започне с провлачено „Охо-о-о!" Божият велик план за брака е копнежът, който изпитват съпругът и съпругата да бъдат заедно, да кулминира в сексуално единство. Когато се практикува с любов, сексът изразява и създава единство.

Ето защо сексът извън брака е разрушителен. Свързването на един мъж с една жена сексуално винаги ще бъде нещо повече от временна физическа връзка. Дали го желаем, или не, това ни въздейства на дълбоко емоционално, психологично и духовно ниво. Двата листа хартия – за тях говорихме в първа глава, които са залепени заедно, за да бъдат и останат един лист – не могат да бъдат разделени, без да бъдат повредени.

Сексът е предназначен от Бога да бъде израз на едно специално и обвързващо отношение между мъж и жена. Всеки път, когато изразяваме любовта си един към друг чрез физическото съединяване на телата си, връзката помежду ни става все по-дълбока и по-силна.

Сексът – един живот на открития

Вторият стих идва от Песен на песните. По средата на Библията има красива еротична, любовна поема, която описва страстната връзка между един младоженец и неговата невяста. Авторът не се срамува да отбележи тайнствената сила на Божия дар на сексуална любов. Поетичните образи, макар и неясни при първия прочит, не оставят никакво съмнение, че Бог иска да се наслаждаваме на телата си и да се радваме на взаимното си привличане, възбуда и върховно сливане. Няма и следа от срам, вина или свян:

> Яжте, приятели; пийте, да! Изобилно пийте, възлюбени. (Песен на песните 5:1)

Ухажването в Песен на песните постепенно набира сила в поемата заедно с развитието на връзката на любовната двойка. Вероятно това ни дава допълнителна представа, защо Божията цел за секса е поставена в рамките на брака.

За разлика от впечатленията, които оставят много филми днес, че сексът е най-вълнуващ, когато връзката е нова или извънбрачна. Този мит кара много хора да смятат, че когато съпругът и съпругата се опознаят, вълнението несъмнено ще изчезне. Единствено приключението и тайнствеността на една любовна афера могат да породят отново у нас сексуална еуфория.

Бог обаче не е предназначил телата ни за това. Когато се научим как да се възбуждаме и да си доставяме взаимно удоволствие и когато изразяваме и получаваме любов, сексуалната ни връзка ще се развива и насладата от нея ще се увеличава през годините, като подхранва целия брак. Това убеждение подбужда автора на Притчи да напише толкова убедително: „... И се весели с жената на младостта си... нейните гърди да те задоволяват по всяко време; и се възхищавай винаги на нейната любов” (Притчи 5:18, 19).

Една брачна двойка, преминаваща 60-те, пише за собствения си сексуален опит след тридесет и шест години брак:

> Сексуалната връзка на първо място задълбочава любовта ни един към друг. Ако не беше така, Бог нямаше да допусне тази част от личността ни да продължи да съществува със сила и плам след годините, когато бихме могли да имаме деца, когато станем на петдесет, на шестдесет и на седемдесет. (Толкова се радваме, че това е така!)[4]

Когато съпругът и съпругата възприемат този възглед, ще бъдат щедро възнаградени. Християнският автор и психиатър Джон Уайт коментира:

> Сексът е предназначен да сложи край на самотата... Общуването (близостта, интимността, познаването на другия и нашето опознаване,

> обичта и да бъдем обичани) съставлява сложна и жива структура, за чието развитие са нужни години. Тя започва като деликатно и красиво растение, пълно с живот. Става силно дърво с дълбоки корени, които го поддържат живо през суша и буря.[5]

Поради способността на секса да създава удоволствие и близост, ярките сексуални образи в Песен на песните са също така използвани като метафора на близката лична връзка, която Бог копнее да има с нас.

Сексът – много важна съставка

Третият пасаж се появява в първото послание на апостол Павел до църквата в Коринт – град, който бил известен със своята сексуална разпуснатост и проституция.

> Мъжът нека има с жената дължимото към нея сношение; подобно и жената с мъжа. Жената не владее своето тяло, а мъжът; така и мъжът не владее своето тяло, а жената. Не се лишавайте един друг от съпружеско сношение, освен ако бъде по съгласие за малко време, за да се предавате на молитва, и пак бъдете заедно, да не би Сатана да ви изкушава чрез вашата невъзможност да се въздържате. (1 Коринтяни 7:3-5)

Тези стихове понякога са били използвани неправилно, особено от съпрузи, които изискват съпругите им да задоволят всяко тяхно сексуално хрумване и желание. Това противоречи на основната мисъл в този пасаж, която е да напомни на съпруга и на съпругата техните *задължения* един към друг, не техните права. Нито съпругът, нито съпругата трябва да се лишават от физическа близост, освен по взаимно съгласие, за ограничен период от време. И двамата трябва да признаят, че сексуалната им връзка не е глазурата върху тортата на техния брак, а съществена съставка на самата торта.

Както видяхме по-рано, римският закон е давал на съпруга пълни права над неговата съпруга. Следователно поучението на апостол Павел за това взаимно отдаване на тялото на съпруга и на съпругата един на друг е било революционно през първи век. Днес то също е актуално.

Една статия в „Санди таймс" за Британското национално проучване на сексуалните отношения и начин на живот показва, че докато извънбрачният секс е считан от много хора за нормална част от връзките им, в брака хиляди двойки са „отхвърлили секса и са прегърнали въздържанието... Проучването показва, че една на тридесет брачни двойки избира въздържанието във връзката си, защото няма време и желание за секс".[6]

Много хора смятат, че сексуалните взаимоотношения имат определена продължителност живот. Лиз Хочкинсън, авторка на „Сексът не е задължителен", пише: „За някои това може да е седмица, за други – двадесет години. Ако обаче се опитате да удължите сексуалната си връзка извън нейната естествена продължителност, тогава ви очакват неприятности, защото връзката престава да бъде спонтанна и приятна".[7]

Това е погрешно схващане за секса. Бог го е предназначил като част от брачна връзка, която да продължи цял един живот и го е планувал да носи удовлетворение (макар и да се променя) през целия ни живот. Когато се опознаем по-добре през годините, потенциалът за интимност и радост чрез сексуалната връзка се увеличава – не намалява. Ако сексуалното желание спадне за известно време, вместо да се отказва, двойката трябва да открие нови начини, по които всеки да се възбужда и да се чувства удовлетворен.

Ако пренебрегваме библейската заповед и се въздържаме от редовно полово общуване (освен когато сме болни или жената се възстановява от раждане), се раздалечаваме на всяко едно ниво. На липсата на полов контакт в брака трябва да се гледа сериозно. Тя може да доведе до чувство на изолация и самота. Когато се чувстваме самотни, ставаме уязвими на изкушения, които ни дебнат отвсякъде.

Сексът – едно действие на даване

Четвъртата препратка идва от цялостното поучение на Новия Завет за брака. Не се отнася специално за сексуалната връзка, но определено я включва:

> ... като се подчинявате един на друг в страх от Христос. Жени, подчинявайте се на своите мъже като длъжност към Господа... Мъже, обичайте жените си, както и Христос възлюби църквата и предаде Себе Си за нея... Така са длъжни и мъжете да обичат жените си, както своите тела. Който обича жена си, себе си обича. Защото никой никога не е намразил своето тяло, а го храни и се грижи за него, както и Христос за църквата; понеже сме части на Неговото тяло - от Неговата плът и от Неговите кости. „Затова ще остави човек баща си и майка си и ще се привърже към жена си, и двамата ще станат една плът." Тази тайна е голяма; но аз говоря това за Христос и за църквата. Но и всеки един от вас да обича

своята жена, както себе си; а жената да се бои
от мъжа си. (Ефесяни 5:21-22, 25, 28-33)

Добрият секс изисква съпругът и съпругата да мислят за това, как по най-добрия начин да си доставят един на друг удоволствие чрез физическата си близост. Голяма част от стимулирането и от удовлетворяването на сексуалното желание днес е станало себецентрично. Акцентът е върху *моето* право да удовлетворя *моето* желание по начини, които аз избера. Сексът обаче не ни е даден за лично удовлетворение. Той е начин да се отдадем на партньора си и да се покорим всеки на потребностите и желанията на другия.

Сексуалната връзка е най-интимният начин, по който можем да покажем своята обич към съпруга или съпругата си. Изисква се да правим жертви един за друг. Двамата трябва да се научат как всеки да се отдава на другия. В определени моменти и по различни причини сексуалното желание на всеки от нас ще бъде различно, особено по време на стрес или с появата на дете. За някои пожертвувателната любов може да означава да се въздържат. За други може да означава да се любят, въпреки умората си.

Идеята за даване чрез секса може да е трудна за възприемане. Толкова лесно се увличаме от мисълта за това, което получаваме, а не за това, което даваме. Много хора израстват, мислейки, че сексът е нещо, което трябва да вземем, да заслужим или да манипулираме. Изкуството да се отдаваме на друг човек първоначално може да ни се струва чуждо, но трябва да го култивираме във всяка една област от живота си, особено в областта на секса.

> Не се женим, за да правим секс... Женим се, за да създадем съюз на взаимопомощ и служба като израз на любов. (Сексуалната) близост в подобен контекст е печатът на отдаването. Тя също така е деликатен израз на любов и доверие, чрез който един мъж и една жена се опознават все по-добре.[8]

Седемнадесета глава

Шест качества на добрите любовници

(Сексът) празнува онова, което става в останалата част от живота на двойката.[1]

Алън Сторки

Най-основният и същевременно най-важният факт, който трябва да осъзнаем за своята сексуалност, е, че мъжете и жените са създадени различни. Ето как някой описва разликите:

> Мъжете обикновено се съсредоточават върху секса; жените обикновено се концентрират върху романтиката. Мъжете мислят за крайната точка; жените мислят за пътя. Мъжете са като газови котлони: те моментално загряват и бързо се охлаждат. Жените са като електрически печки: нужно им е време да загреят, но остават горещи за много по-дълго време.

Бог е създал мъжете и жените да се възбуждат по различни начини и именно комбинацията им може да доведе до продължително и взаимно удовлетворяваща сексуална връзка. Ако жените бяха създадени като мъжете, всичко щеше да приключва за тридесет секунди и сексът нямаше да изгражда тази дълбока интимност, която Бог е определил.

Съпругът и съпругата трябва да разбират и да се наслаждават на тези различия. В противен случай те могат да се превърнат в непреодолими проблеми. Съпругът трябва да се научи да бъде нежен и търпелив и да дава време на съпругата си да се възбуди. Същевременно съпругата трябва да разбира своята и сексуалността на съпруга си. При нея процесът на възбуждане е по-сложен, отколкото при съпруга й и не е толкова лесно сексът да бъде отделен от останалата част от живота. Тези различия в начина, по който откликваме сексуално, често водят до недоразумения и до конфликт, които като цяло оказват негативно влияние върху целия брак. Ще изброим първите шест важни качества, които ще помогнат на сексуалния ни контакт да се развие в правилната посока.

Комуникиране

Цялата тема за сексуалната близост е твърде лична за много хора. Ако обаче сме открити и честни един с друг, това ще укрепи взаимното ни доверие и нашата близост.

Една двойка, която участва в „Курса за брака", описа положителното въздействие от откровения разговор:

Керъл Преди да преминем „Курса за брака", според мен сексуалният ни живот бе добър. Считах, че всички проблеми се дължат на съпруга ми и че аз нямам никаква вина. Бях доволна от начина, по който стояха нещата.

Ричард Ако бяхте попитали: „Имате ли някакви проблеми със сексуалния си живот?" – вероятно бих отговорил: „Не". Но за мен имаше проблем. Сякаш винаги трябваше да питам: „Прави ли ти се?" Чувствах се безпомощен. Привидно нямаше начин, по който да повлияя на отговора на Керъл.

Керъл По време на курса трябваше да оценим приятелството, духовната и физическата близост в брака ни. Бях много шокирана, когато моят съпруг ми показа своите резултати: от двадесет възможни точки приятелството ни имаше осемнадесет, духовната ни връзка – деветнадесет и физическата ни връзка само две! Наистина беше така! После, когато говорихме за това, за първи път истински изслушах Ричард и положих усилия да разбера какъв проблем е това за него. Приех го сериозно. До този момент считах, че той е много взискателен, че не ме разбира, но тогава започнах да осъзнавам колко важна е тази част от брака ни за него.

Преди „Курса за брака" нямах истински християнски възглед за секса. Не разбирах колко важен е той. Мислех си, че сме страхотни приятели, че духовно сме на една вълна и че ако сексът ни не е много добър, това не е от значение. По време на курса осъзнах, че страдам от някои задръжки, които ни пречеха да бъдем свободни един с друг в сексуално отношение.

Когато бях на дванадесет години, влязох в спалнята, докато родителите ми се любиха. Никой, включително и родителите ми, не бяха разговаряли с мен за секса. Нямах никаква представа какво правеха, но не ми изглеждаше като нещо свързано с любов. Бях толкова притеснена от случилото се, че на следващия ден отидох на училище преди родителите ми да станат от сън. Същата вечер седнахме заедно, родителите ми изглеждаха много притеснени, опитаха се да ми обяснят. От този ден сексът се превърна за мен в тема, която буди срам. Няколко години по-късно открих, че баща ми е изневерявал на майка ми и дълбоко в мен се породи убеждението, че е невъзможно човек да се доверява сексуално на мъжете.

Не бях казвала на Ричард нищо за това преди „Курса за брака", но той живееше в сянката на въздействието, което тези преживявания имаха върху мен. Когато му разказах една вечер, в мрака, изпълнена със смесица от свян и срам, той беше много мил и нежен. После разговаряхме и се молихме с един от ръководителите на курса. С любовта и подкрепата на Ричард нещата се оправиха.

Ричард Почувствах се толкова добре, че можах да бъда честен и да оценя тази част със слаба оценка. Най-хубавото бе, че бях изслушан и че думите ми бяха възприети сериозно, вместо да се чувствам като хленчещо животно, тъй като преди се чувствах именно така. На второ място, реших да се успокоя малко и започнахме да експериментираме със споразумения. Съгласихме се да се любим веднъж седмично и аз да се постарая да бъда по-романтичен.

Чудесно е да имаме християнска перспектива по този въпрос, защото според нея сексът е повече от инстинктивен физически процес. Той се превърна в част от интимната ни връзка. Също така осъзнах, че досега съм се държал като жертва и не съм бил откровен по отношение на желанията си.

Керъл Откакто завършихме „Курса за брака", открих колко прекрасен може да бъде сексът. Сега, когато физическата ни връзка не е нещо отделно от живота ни, сближаването ни изведнъж започна да се превръща в реалност. Преди си мислех, че ако говорим за всичко друго, бракът ни ще бъде наред.
Сега осъзнах, че сексуалната ни връзка е начин на комуникиране в брака, че тя е важна, както са важни и думите, които изговаряме.

Много съпрузи имат по-силно сексуално желание от това на съпругите си, което при липса на добро комуникиране кара жената да се чувства сексуално неадекватна и раздразнителна. Трябва да се научим да бъдем откровени един с друг, да изразяваме желанието си за физическа близост, да казваме на партньора си какво ни харесва и какво не. Тук не помагат предварителни заключения или сексуални стереотипи. Някои съпруги имат по-силно сексуално желание от съпрузите си и тогава съпрузите се чувстват неадекватни, защото не могат да живеят според очакванията, които обществото отправя към тях. Нито една двойка не е стереотипна. Всички се различаваме в приливите и отливите на сексуалното си желание. Взаимното изслушване и изразяването на чувствата по отношение на секса са също толкова важни, както в която и да е от останалите области на комуникиране в брака ни.

По време на половия акт съпругите трябва да кажат на съпрузите си какво ги възбужда и кога са готови за половия акт. Съпрузите трябва да кажат на съпругите си какво да *не* правят, ако те се опитват да забавят оргазма. Колкото повече неща откриваме един за друг, толкова по-приятно ще ни е, когато сме във физическа близост. След като този начин на комуникиране започне, всяко притеснение бързо изчезва.

Възможно е предишният сексуален опит да ни оказва силно влияние. Възможно е да не желаем да се отдадем поради страх да не бъдем наранени отново или защото лоши спомени потискат свободата ни. Важно е да разкрием най-съкровените си страхове един пред друг в тази сложна област на човешката личност. Когато комуникираме словесно (често с болезнени чувства на уязвимост), съпругът или съпругата могат да утешат и насърчат другия, и чувствата ни на отхвърленост и отчуждение да бъдат заменени от топлота и приемане. После това приемане може да бъде изразено чрез сексуална връзка с любов. Така това се превръща в добродетелен кръг: когато се любим, старите спомени се изцеляват, което от своя страна води до по-малко страх и поражда по-голямо желание.

Нежност

Сексуалната близост се проявява при нежност: те са двете страни на една и съща монета. Нежността е жизненоважен аспект от нашата връзка и сексуалната близост ще носи усещането за празнота и неудовлетвореност без нея. Нежността изисква да отделим време преди да се любим. Време, когато ще се отпуснем от натрупаното през деня напрежение. Време да създадем романтика и да събудим желание. Време да се насладим на физическата близост. Време да се любим с мили, нежни и насърчителни думи. Без значение е дали използваме едни и същи думи всеки път, стига наистина да ги изричаме от сърце.

Както оркестърът започва с обой и останалите инструменти от оркестъра се настройват по него, така нежността ни приканва да се настроим към емоционалните нужди на своя партньор. Ако не отделим време и искаме само да достигнем до оргазъм, сексът ще бъде механичен.

Някои съпрузи докосват съпругите си само когато искат секс. Това им изпраща ужасни послания. Може да доведе до брак без никакъв физически контакт, тъй като съпругата ще се отдръпне, обидена от отношението и намерението на своя съпруг. Ако по някакъв начин се почувства *използвана*, тялото й ще се затвори. За да се отдаде на съпруга си, тя трябва да се почувства в безопасност. Трябва да се почувства обичана. Трябва да се почувства специална за него. Не искаме да кажем, че нежността и страстта са взаимно изключващи се аспекти, но особено за жените емоционалното задоволство може да бъде също толкова удовлетворяващо като оргазма.

Предаването „Новините в 6 часа́" на БиБиСи неотдавна съобщи, че в някакъв етап от живота си една на всеки три съпруги страда от домашно насилие. Това е ужасно незачитане на заповедта, записана в Ефесяни, която цитирахме в последната глава: „Мъже, обичайте жените си, както и Христос възлюби църквата..." (Ефесяни 5:25). В традиционната еврейска сватба вместо да слага пръстен на ръката на съпругата, мъжът сваля сакото си и я загъва с него като потвърждение на обещанието си да я пази.

Жени били попитани какво прави един мъж, който е добър любовник. Отговорите им разкриват, че това не е физическата му сила, нито размерът на мускулите му, нито размерът на каквото и да било, а *нежността* му. Тя била поставена на много по-високо място от физическата техника. Сексуалната любов не може да функционира на фона на егоизъм, експлоатация, критика и грубост.

Когато една жена се чувства в безопасност, специална и красива, умът и тялото й ще откликнат сексуално на стремежите на нейния съпруг и това ще увеличи взаимното им удовлетворение. Спалнята трябва да бъде място, в което съпругата да осъзнава: „За мен се грижат. Аз съм обичана и ценена. В свят, в който може да ме подценяват, да ми се карат

и да ми се присмиват, тук има мъж, който ме познава като никой друг и е нежен към мен."

Отзивчивост

Много съпрузи са като Ричард. Ако ги попитате за сексуалния им живот, ще ви кажат, че съпругите им не откликват често на желанията им. Библията оприличава жената на тайна градина: „Градина затворена..., извор затворен, източник запечатан" (Песен на песните 4:12).

Сила Познавам и обичам една стара английска градина. Пред къщата има цветни лехи. Когато завиете, по продължението на ливада се простира жив плет от тис, по средата на който има арка. Когато минете през арката, слизате надолу по едни стълби и достигате до скрита градина. В най-отдалечената й част има отвор в една стара стена, който води към малка и уютна розова градина, по средата на която има кръгло езерце. Отвъд пълзящите глицинии, рози и клематиси достигате до зеленчукова градина с високи стени. През лятото има лехи с розови,

> оранжеви и червени макове, смесени заедно. Градината продължава с овощни дървета – ябълки, сини сливи и червени джанки. Една порта в края води към полето.
>
> Каквото и да е времето, който и сезон да е, тази градина събужда у мен любопитство и ме кани да я проуча. Винаги ми предлага нови открития в някое непосетено до този момент кътче. В такъв смисъл Песен на песните използва образа на градина по отношение на сексуалността на съпругата. В нея има достатъчно неща, които да бъдат открити, и наслада за повече от един живот.

Метафорите в Песен на песните говорят за удоволствие и наслада и за двамата влюбени. Жената познава своята сексуалност и се отърсва по един прекрасен начин от всяка стеснителност или задръжки. Тя поема инициатива да покани съпруга си в градината: „Събуди се, северни ветре, и ела, южни, повей в градината ми, за да потекат ароматите ѝ. Нека дойде възлюбеният ми в градината си и да вкуси изрядните ѝ плодове" (Песен на песните 4:16).

Отзивчивостта на съпругата е тайната за емоционалното здраве на нейния съпруг. Съпругата твърде лесно може да разтълкува желанието на съпруга си за секс като чисто физическо желание или като заповедническо настояване. Съпругът трябва да знае, че съпругата му го намира за привлекателен. Трябва да знае колко много съпругата му желае неговата любов. Нуждае се да чуе от нея колко е специален (във физическо и в други отношения) за нея. Съпругът се нуждае да усети вълнението и очакването на желанието на съпругата му и всички наслади, които тя иска да сподели с него.

Ето какво каза един съпруг: „Когато тя ми откаже, се чувствам отхвърлен. Такъв отказ не е отказ за секс, както е възможно да го възприема тя. Това е отказ от мен, какъвто съм. Когато я моля и ставам инициатор, се чувствам уязвим."[2]

При повечето жени, както и при значителен брой мъже, сексът започва като решение и след това следва възбудата. Да откликнем на поканата означава понякога съзнателно да поемем инициативата за физически контакт. Дали съзнава това, или не, съпругата държи ключа за градината. Тя трябва да избере да я проучи заедно със съпруга си.

Някои жени обаче не знаят, че ключът или дори градината изобщо съществуват. Други се страхуват от това, което се крие отвъд портата. Трети са имали отрицателни и травмиращи преживявания в градината си в миналото. Тези проблеми могат да бъдат преодолени в безопасността на брачната връзка. Съпругата трябва да вярва, че удоволствието и удовлетворението са възможни посредством половия контакт. В някои ситуации за това се изисква голяма смелост. Тя ще се нуждае от помощ и подкрепа от страна на търпелив, грижовен и чувствителен съпруг, за да му се отдаде свободно. Нужна е атмосфера на доверие. В идеалния случай съпругът и съпругата ще влязат заедно в градината, ръка за ръка, ще започнат заедно да я разглеждат и да ѝ се наслаждават.

По-късно в поемата невястата казва: „да осъмнем в лозята... там ще ти дам любовта си... Върху вратата ни има всякакви изрядни плодове, нови и стари, които съм запазила за тебе, възлюбени мой" (Песен на песните 7:12-13). Повечето съпрузи биха очаквали с нетърпение да се приберат в дома си, ако чуваха подобни предложения от съпругите си.

Романтика

Романтиката има потенциал да привлича в света, който принадлежи само на двама ни, свят, в който въображението ни се пробужда и сетивата ни са стимулирани. Тя пречи сексът да стане механичен и рутинен. Романтиката създава атмосферата, включва всяка част от нашето същество, привлича ни заедно и обикновено играе важна роля за сексуалното възбуждане повече на жените, отколкото на мъжете.

Ники Веднъж за Празника на жената реших да приготвя специална вечеря за Сила. След това я попитах какво би искала да прави през останалата част от вечерта. По-рано бе гледала първата част от филма „Джейн Еър" по телевизията с децата и бе записала на видео втората част. Тя предложи да я гледаме заедно. През целия филм не показаха нито сантиметър разголено тяло от врата надолу. Затова не можех да повярвам колко възбуждащо подейства тази романтична любовна история на Сила!

Ако романтиката изчезне и бракът ни започне да се върти около редовното изпълняване на задълженията си и плащане на сметките, от любовници ще се превърнем в съотборници. Възможно е дори да започнем да се чувстваме неудобно по отношение на секса, колкото и невъзможно да ни се струва това в началото.

Съпругът и съпругата могат да си създават романтика

един за друг. За това не са нужни много пари. Просто трябва да направим нещо различно от обичайното: да се разходим покрай реката, да си направим пикник в парка или да отидем на кино. Ако можете да отидете заедно някъде през уикенда, промяната в средата често поражда романтични чувства.

Ники През годините съм правил различни романтични неща, но не всички от тях са били успешни. Един особено неудобен спомен бе посещение на театър, за да гледаме мюзикъла „Клетниците" на десетата годишнина от сватбата ни.

Надявах се, донякъде наивно, да комбинирам театъра с пикник в парка по време на антракта. Не само че наблизо никъде не се виждаше парк, но и антрактът се оказа невъзможно кратък. Поради плана ми за голям пикник, трябваше да прекарам цялата вечер с огромна кошница, която подпираше коляното ми.

Сила Ники бе решен да осъществи плана си и да не позволи романтичната вечеря – пикник да се провали. В крайна сметка постлахме одеалото на стълбите между горните два етажа. Аз седнах от едната страна на тесните стълби от епохата на крал Едуард, а Ники от другата. Подаде ми червена роза към чаша шампанско и чиния с вкусно предястие, а хората ни гледаха любопитно, докато се качваха и слизаха по стълбите.

Беше паметна вечер (никога няма да я забравя!), макар че бях много щастлива, че не видях познати сред публиката и по-конкретно по стълбите. Намеренията на Ники означаваха много за мен, въпреки че вечерта не протече точно така, както той я бе планувал.

Очакване

Една от тайните за добрия секс е осъзнаването, че умът ни е нашият най-важен сексуален ресурс. В една здрава връзка очакването поражда желание, което води до удовлетворяващ полов контакт. Един съпруг споделя: „Най-добрият секс започва на закуска".

Някои двойки си измислят таен код, за да създадат очакване. Една съпруга ни разказа за вечерта, която заедно със съпруга й определили да прекарат заедно. Тъкмо се качвали нагоре по стълбите към спалнята, когато една тяхна приятелка се обадила и им казала, че идва, за да донесе храна за партито на другия ден. Съпругата помислила бързо и помолила приятелката си да остави спагетите на стълбите до вратата. От онази вечер фразата „спагети на стълбите" придобила съвсем ново значение за двамата.

Ники Заради ролята на ума при секса съпругът трябва да запази сексуалните мисли за съпругата си и обратно. Много мъже в някой момент от живота си, често докато още учат, са гледали порнография. Днес, когато порнографията е в интернет, изкушението е още по-силно. Опасността при порнографските материали е, че възбуждат сексуалните ни желания по начин, който води до пожелаване, не до връзка с любов. Гледането на такива материали лесно може да се превърне в пристрастяване.

Порнографията убива човешкото у нас и ограбва истинското ни сексуално удовлетворение. Жените се превръщат в обекти, които възбуждат и после задоволяват сексуалните желания на мъжа. В днешната култура е трудно мъжът да не се възбуди от това, което вижда на рекламните билбордове, на кориците на списанията или във филмите. Заради сигурността на брака е изключително важно мъжът да насочва всичките си еротични мисли към своята съпруга.

В допълнение към това трябва да намерим начини, по които да се защитим. За онези мъже, които пътуват често и се налага да остават сами в хотели, телевизорът може да се превърне в голям капан, особено ако има достъпни порнографски канали. Това ще бъде особено силно изкушение за мъж, който скучае и усеща липсата на своята съпруга. Един наш приятел моли управата на хотела да вземе телевизора от стаята му, а когато той е прикрепен към стената, не взема дистанционното от рецепцията.

Един друг приятел има компютърна програма, която блокира достъпа на порнография от интернет в браузъра му. Подобни самоналожени ограничения не са белег на слабост, а на мъдрост. Те също така укрепяват брачната връзка.

Ако съпругът (или съпругата) има проблем с порнографията, съветът ни е да намери друг човек от същия пол, с когото да го обсъди и после да се помоли за Божията прошка и помощ, за да се освободи от това пристрастяване. Важно е да се почувства отговорен пред човека, на когото се е доверил за в бъдеще, като му даде правото да го пита редовно дали има проблеми.

Сила Макар че много мъже изпитват измамно удоволствие чрез гледане на порнография, при много жени съществува опасността да си фантазират. Една известна актриса, на която взели интервю за неделен вестник, говорила открито за сексуалните си фантазии и казала на журналиста, че редовно си мисли за други мъже, докато спи с мъжа си. Възможно е, това да е увеличило сексуалното й желание, но не е съхранило нейния брак.

Жената може да се пристрасти към фантазиране чрез това, което чете или гледа. Така истинският живот ще започне да й се струва скучен, рутинен и лишен от любовта и близостта, за които тя копнее. Много известни романи насърчават подобни фантазии. Стремежът обаче за редовно бягство от реалността чрез занимания, които често се считат за безобидни забавления, може да бъде нещо опасно за нашия брак.

Новият Завет подчертава необходимостта от дисциплиниране на ума: „Най-накрая, братя, всичко, което е истинно, което е честно, което е праведно, което е чисто, което е любезно, което е благодатно, ако има нещо добродетелно и ако има нещо похвално - това зачитайте” (Филипяни 4:8).

Разнообразие

Шестото и последно качество, което е нужно за добра физическа близост, е да създаваме разнообразие. Всеки от нас е склонен да се грижи повече за нови неща. Веднъж си купихме чисто нова кола и я пазихме като очите си. Първоначално не позволявахме на децата да ядат в нея, но след няколко години можехме да изядем по едно цяло меню от Макдоналдс, заедно с кетчуп, напитки и топящ се сладолед в нея. Отношението ни се бе променило напълно. Полагаме по-малки грижи за нещо, което вече не е ново. Познатото поражда самодоволство.

На фона на познатото в сексуалните ни взаимоотношения идеята за извънбрачна афера може да ни се стори изкусителна. Добрият сексуален живот се нуждае от творчески подход, от обмисляне и разнообразие. Някои от следните предложения могат да ви се сторят непрактични, но е удивително колко много усилия влагат хората, когато имат извънбрачна връзка. Трябва да използваме подобно въображение, и дори още повече, в своя брак.

- *Да правим любов на различни места.* Не е нужно винаги да сме в спалнята. Можем да опитаме на дивана, под душа или пред камината. Ако в къщата живеят и други възрастни, си струва да уточним една вечер седмично, когато да оставаме сами вечер. Трябва ясно да определим времето, когато искаме да бъдем сами.
- Когато имаме деца, вариантите са много по-ограничени. Нужно е вратата на спалнята да може добре, но дискретно да се заключва. Това е особено важно, когато децата пораснат достатъчно, за да обикалят от стая в стая. Това също така ще ни помогне да се отпуснем напълно. Отпускането е от изключителна важност за добрия секс.
- Планирането на вечер-две в различна обстановка може да бъде чудесно противодействие срещу скуката и фамилиарността. Не е нужно да харчим много пари. Веднъж-два пъти годишно можете да помолите приятели да се погрижат за децата ви или дори да си размените домовете, както предложихме в първа глава.
- *Правете любов по различно време,* не винаги като последно занимание късно вечер, когато се чувствате изтощени. Определено това ще става по-трудно, когато имате деца. Една възможност е да се любим веднага, след като се уверим, че са заспали или ако са по-големи, ги попитайте дали не искат да пренощуват при свои приятели от време на време.
- Опитайте се да се любите преди да ядете. Нито мъжът, нито жената имат голямо сексуално желание след обилна

вечеря, особено ако сте се хранили късно. Алкохолът също може да окаже неблагоприятно влияние. Две или три чаши вино могат да попречат на жената да има оргазъм и на мъжа да получи ерекция. Някои промени в навиците на хранене и пиене могат да подобрят качеството на сексуалния ни живот. Отделянето на време за физически контакт е също толкова важно, както и времето, което прекарваме заедно.

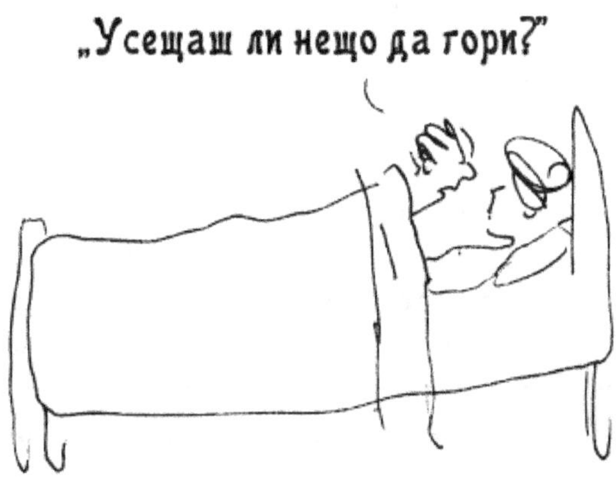

- *Съзоавайте различна атмосфера.* Например, пуснете музика, опитайте на различно осветление. Физическата близост при 100-ватово осветление не е особено романтична. Експериментирайте със свещи, тъмнина, лунна светлина, светлина от огън.

  В Песен на песните физическият контакт включва пробуждането и насладата и на петте сетива. Както каза една жена: „любенето е поне седемдесет и пет процента чувственост и най-много двадесет и пет процента сексуалност".[3] Чувствителността стимулира въображението и увеличава удоволствието.
- *Разнообразявайте рутината.* Толкова лесно можем да възприемем само един определен начин за правене

> на секс, просто защото винаги действа. Чувстваме се удобно с това, което познаваме и към което сме привикнали. Трябва да бъдем изобретателни и да запазим чувствителността си към онова, което доставя удоволствие на партньора ни. Редувайте се кой да инициира нови неща. Разнообразието и романтиката ни помагат да си внушаваме правилни еротични мисли един на друг и да увеличаваме копнежа си един към друг. Понякога обаче твърде много експериментиране е неподходящо, особено ако жената се възстановява след раждане и е малко чувствителна на тема секс.

Понякога хората ни питат какво *позволява* Библията по отношение на сексуалната практика в брака. Тя не дава подробности и детайли, но съдържа определени принципи, които функционират като безопасни граници, най-важният от които е, че това което правим, трябва да е приемливо и за двамата партньори и да изразява уважение към достойнството и на двамата. Дали дадената практика носи наслада и удовлетворение и на двамата? Или кара единият партньор да се чувства неудобно, засрамва го или го кара да се чувства използван? Може ли да доведе до общ оргазъм? Помага ли ни да съсредоточим мислите си върху нашия съпруг или съпруга?

Бог е планувал да се обичаме един друг чрез полов контакт в брака. Той не се изненадва или шокира, че това ни харесва. Идеята е Негова. Той ни е създал духовни, емоционални и сексуални същества. Той ни е направил с тела, които пораждат желание и носят удоволствие един на друг. Също така съзнателно е вложил в сексуалното единство стремеж към изучаване на безброй възможности, които са достатъчни за цял живот.

Осемнадесета глава

Да защитаваме брака си

Глупаво бе от моя страна, но веднъж се опитах да класифицирам хората, които имат извънбрачни връзки, както орнитолозите класифицират птиците. Отказах се от този опит. Прелюбодейците не подлежат на класифициране. Може да са стари, млади, образовани, необразовани, сластолюбиви, изтънчени, егоистични, щедри, любезни, жестоки и дори, ако използваме термина в малко по-широк смисъл, духовни или плътски... Всеки семеен човек може да извърши прелюбодейство. Евреин, католик, квакер и петдесятен – всички те мога да извършат прелюбодейство. Бизнес среща или религиозно събитие могат да дадат повод за това, а коли, лекарски кабинети, домове и църковни офиси са все възможни места, където то може да се практикува.[1]

Джон Уайт

Нито един от нас не е застрахован срещу опасността от извънбрачна връзка. Всички ние сме способни да бъдем привлечени към друг човек, понякога и когато най-малко го очакваме. Цар Давид, един от най-известните старозаветни царе, се поддаде на изкушението една вечер, докато се разхождаше на покрива на двореца си: „Надвечер Давид стана от леглото си и се разхождаше по покрива на царската къща. И от покрива видя една жена, която се къпеше. А жената беше много красива. И Давид прати да разпитат коя е жената" (2 Царе 11:2-3). Жената се казваше Витсавее и бе съпруга на верен войник от армията на Давид. Вече беше твърде късно. Дори преди да я извика в леглото си, Давид бе стигнал прекалено далече. Още преди да си позволи да помисли за изневяра, той бе определил посока за действията си, която щеше да има ужасяващи последствия за неговото семейство в идните години.

Големият брой извънбрачни връзки и широкото приемане, което получават в обществото днес, не намаляват болката, която те причиняват на всеки замесен в случая. Историята, която следва, за едно момиче в юношеска възраст на име Джуди, се появи в един национален вестник:

> Джуди си мислеше, че двадесет и тригодишният брак на родителите й е непоклатим, докато един скучен следобед преди осемнадесет месеца, баща й не каза, че има връзка с една семейна приятелка от две години. Тя описва чувствата след установеното предателство, нараняването и гнева, породени от изневярата на баща си. „Не зная дали ще мога да му простя... Приятели ми казват: 'Той ти е баща. Виж всичко, което е направил за теб', а аз си мисля: 'Да, чел ми е приказки за лека нощ, но това не извинява постъпката му. Това е едно от най-егоистичните неща, които можеше да направи. Ние бяхме типичното щастливо семейство, три деца, две котки и куче.' Изпитвам мъка, истинска мъка, че баща ми постъпи така. Мислех си, че всичко ще се оправи. Единствената ми връзка с него днес са парите, които той внася в банковата ми сметка всеки месец.[2]

Човек лесно може да започне извънбрачна връзка, но нараняването и вредите за другите, до които това води, трудно могат да бъдат поправени. Бракът се гради върху доверие и след като веднъж то е нарушено, възвръщането на доверието е бавен и болезнен процес. В краткосрочен план извънбрачната връзка изглежда примамлива, обещава емоционална близост, интимни разговори и вълнуващ секс, но в дългосрочен план води до много скръб, когато бракът бъде унищожен и семейният живот се разруши.

Когато изричаме християнския брачен обет, ние следваме повелята на Писанията, като в присъствието на семейство, приятели и пред Бога се заклеваме да бъдем верни... да оставим всички други. Когато съпруг или съпруга наруши тази клетва, партньорът (и децата, ако имат такива) се чувстват предадени по много оскърбителен начин:

> Нарушаването на клетвата е предаване на човека. Сексуалната измяна не е „най-греховната проява" в предателството. Сексът може да изглежда добър (както ябълките са наглед хубави). Кражбата и лъжата – ето какво прави изневярата лоша, не сексуалният акт. Открадната ябълка може да се услади, а изяждането й да бъде наглед здравословно преживяване. Никога в живота си не съм опитвал нещо *по-вкусно* от пъстърва, която веднъж бяхме уловили незаконно на остров Скай. Приготвихме пъстървите на огън на брега, докато слънцето залязваше, а синьо-зелените води на езерото се разбиваха о каменистия бряг. Сърцето ми беше леко и изпълнено с радост. Не изпитвах терзания заради бракониерството. Насладата, която откраднатата пъстърва ми достави обаче, не оправда самото бракониерство.[3]

Днес хората предпочитат да живеят според чувствата си, не според правилата, но чувствата ни са променливи и както е известно, измамливи. Бог ни дава закон, който забранява прелюбодейството, не за да ни развали удоволствието, а за да защити семейния живот и да ни попречи да нараняваме себе си и околните. В Новия Завет ни се казва: „Женитбата нека бъде на почит у всички и леглото – неосквернено...” (Евреи 13:4).

Може би някои от читателите ни в този момент поддържат тайна връзка от своя съпруг или съпруга. Има и такива, които знаят, че брачният им партньор им изневерява. Възможно е да има и такива, които се чувстват привлечени от някой друг и се разкъсват между желанието си да останат верни на брака си и силата на извънбрачното привличане.

Бъдете мъдри

Обикновено извънбрачните връзки не са планувани предварително. Катрин, омъжена жена, която допусна да бъде въвлечена във връзка с друг мъж, ни разказа своята история. Била изненадана от внезапността и силата на чувствата си. Тъй като привличането не било сексуално, й се сторило „чисто и добро”, поне първоначално. Била омъжена от седем години, когато осъзнала, че силно е привлечена от Роб, неин колега във фирмата. Борила се сама с чувствата си в продължение на шест месеца.

Една вечер излязла с група колеги, между които бил и Роб. След няколко чашки осъзнала, че му разкрива чувствата си. Той откликнал и започнали любовна връзка. За Катрин примамката била чувството на близост с мъж, който я изслушвал и сякаш я разбирал. Неговото желание било да има сексуална връзка с жена, която го привлича.

Катрин ни каза, че е разбрала две неща, които я възпрели да задълбочи тази извънбрачна връзка. Първото нещо дошло като прозрение от една християнска книга за брака. То й помогнало да направи разлика между състоянието на първоначалното привличане, за което не носи отговорност, и избора да реши да осъществи тези чувства, което тя била вече направила.

Второто нещо било, че не е достатъчно силна, за да се справи сама с изкушението. Тя извикала към Бога с молба за прошка и помощ. В резултат на това споделила с една по-възрастна жена, на която имала доверие, потърсила нейната подкрепа, съвет и помощ. Когато споделила вътрешните си терзания, престанала да се чувства сама в борбата и успяла да види всичко много по-ясно. След това Катрин решила да постави граници, които да й попречат да изневери. Тъй като на работа била принудена да общува с Роб, била готова да си смени работата, при нужда. Впоследствие той бил преместен в друг офис.

Междувременно, тъй като не споделила за случващото се със своя съпруг Саймън, между тях се появила пропаст. Той усещал как тя престава да общува на по-дълбоко ниво с него, но не разбирал причината. След като предприела действия, за да му остане вярна, Катрин усетила, че може да му каже причината за промяната в нея. След това го помолила за прошка.

След като разкрила всичко, тя решила да съсредоточи всичките си мисли върху своя съпруг и върху всичко прекрасно в брака им. Саймън започнал да полага повече усилия да я изслушва, да я насърчава и утвърждава. Техният брак не само бил спасен, но и станал по-силен в резултат от тази нова близост. Приятели, които не знаели нищо за случващото се, започнали да коментират спонтанно, че двамата са като току-що влюбена двойка.

Инвестирайте време и сили в брачните си взаимоотношения

Почти винаги основната причина за една извънбрачна връзка е липсата на интимност в брака. За известно време извънбрачната връзка посреща незадоволения копнеж на съпруга или на съпругата за внимание, уважение, нежност или вълнение. Следователно най-добрата защита от изневяра е да се грижим за своя брак, за да може връзката ни да се укрепява, задълбочава и расте. Шарлот, майка на две деца и банкер в Лондонското Сити, описва какво може да се случи:

> Въпреки че тогава не осъзнавах това, когато се омъжих за Джон, отношението ми към него се промени и започнах да го възприемам като даденост. Той очакваше с нетърпение единението, което предоставя брака, но аз исках да си поживея още малко. Затова непрекъснато бях навън; чувствах се в безопасност, защото знаех, че имам подкрепата на съпруга си у дома. Продължихме да живеем поотделно, но бяхме съвършено щастливи, докато не се роди първото ни дете. Много ми харесваше да съм майка, но продължавах да излизам при всяка възможност. Тогава нещата между мен и Джон се влошиха много, защото просто повече не ни оставаше време един за друг. Не престанах да го обичам, но ставах все по-раздразнителна и избухлива към него. Нямах представа, че той е започнал малко по малко да се отчуждава от *мен* и в него се трупа недоволство. Когато се роди второто ни дете, той вече имаше извънбрачна връзка.[4]

Тъй като не работили за подобряване на връзката си, Шарлот и Джон се отчуждили. Те не успели да изградят брака си с общи корени.

Ако не прекарваме нужното време заедно, ако не общуваме задълбочено, ако нямаме физическа близост, ако не говорим за нараняванията си, връзката ни ще има слаба основа. Ако любовта ни е само повърхностна, ще бъдем по-податливи на изкушения, ще критикуваме повече, по-малко ще разбираме другия и няма да сме толкова склонни да прощаваме. Възможно е да ни бъде трудно да приемем промените, които идват с възрастта или с появата на децата. Възможно е да идеализираме взаимоотношенията на други двойки и да фантазираме за други мъже или жени. Подобно на дърво без корени обаче, няма да устоим на бурите.

Също така ще пропуснем своята възможност. Няма да открием радост в някаква нова и повърхностна връзка, нито в хотелска стая, регистрирани с фалшиви имена, нито по време на почивка, която сме планували със семейството от чувство на вина. Истинската радост се крие в „красотата на тези ръце, в разпознаване стъпките по пътеката или когато се взреш в лицето, чието изражение можеш да разчетеш при движението на всеки мускул, до последния милиметър".[5]

Поставете граници

Изневярата започва или спира в ума. Това бе вярно по отношение на цар Давид. Беше вярно по отношение на Катрин. Вярно е било за всеки човек през вековете, без значение от възраст, култура или род. Не винаги можем да се застраховаме срещу привличането от някой друг, но можем да решим дали да контролираме или не подобни мисли. Заради брака трябва да изхвърлим от ума си подобни мисли, преди да се превърнат в навик. Поучението на Исус поставя граници, които да защитават сърцето и ума ни:

> Чули сте, че е било казано: „Не прелюбодействай." Но Аз ви казвам, че всеки, който гледа жена, за да я пожелае, вече е прелюбодействал с нея в сърцето си. (Матей 5:27-28)

Думите на Исус се отнасят със същата сила и за жена, която пожелава в мислите си мъж. Когато осъзнаем, че сме привлечени от някого, трябва да решим да не прекарваме време насаме с този човек и понякога дори да не го виждаме. Трябва да откажем, ако получим покана да обядваме само двамата. Ако откажем рано, ще избегнем много проблеми в бъдеще.

Много изневери започват не с непосредствено сексуално привличане, а чрез интимни разговори. Когато човек от противоположния пол ни покани в личния си свят на мисли и чувства, се създава опасна (и съблазнителна) близост. Ако продължим да се срещаме, може да започнем да се чувстваме по-добре разбрани или по-нужни на този нов човек, отколкото на брачния си партньор. Ако усетим, че може да сме прекрачили (макар и с малко) тази граница, най-добрият план на действие е да кажем на своя съпруг или съпруга възможно най-бързо за съдържанието на разговора.

Говорете с някого за чувствата си

Ако позволим да се развият силни чувства или ако са ни изненадали, те често губят силата си над нас, когато ги разкрием пред някой друг. Една двойка ни каза, че през първата година от своя брак и двамата, макар и по различно време, са били силно привлечени към други хора. Колкото по-дълго пазели тези свои мисли в тайна, толкова по-силно ставало привличането. Едва когато признали тези свои чувства един пред друг, балонът се пукнал и увлечението се изпарило. Ако подобен разговор с нашия брачен партньор ни се струва невъзможен, трябва да намерим човек, на когото имаме доверие и да споделим с него / нея.

Колкото по-дълго продължава изневярата, толкова по-трудно става да се върнем назад. Хора, които са поели по пътя й, често говорят за силата на това, което изпитват. Казват, че никога преди не са имали толкова силни чувства към друг човек и че тези чувства им се струват истински и добри. Понякога добавят, че се чувстват живи за първи път и че това може да е единствената възможност, която им се отдава в живота да преживеят такава „любов". Мислят си, че без да искат са били отведени далеч към бъдеще на свобода и щастие.

Не можем да вярваме на подобни чувства. Нужна е дългосрочна перспектива: след време това увлечение (подобно на всички увлечения) ще се изпари и брачният партньор няма повече да им се струва толкова неадекватен. Тогава такъв човек гледа назад с дълбоко разкаяние за брака и семейния живот, които е унищожил. Макар приключването на извънбрачната връзка да им се струва най-трудното решение, което им се е налагало да вземат, след години ще осъзнаят, че това е било най-доброто решение.

Заемете твърда позиция

Какво трябва да направим, ако разберем, че брачният ни партньор има извънбрачна връзка? Изисква ли се от нас да простим и да продължим да обичаме с надеждата да го спечелим обратно? Определено и двете неща – прошката и любовта – са от изключителна важност. Това обаче не означава да извиним поведението му, ако то е разрушително за брака. Понякога има случаи, в които да действаме с осезаема любов означава да бъдем твърди и да заемем ясна позиция. Гари Чапмън дава следния съвет:

> Някои неща не са позволени в брака. Когато в брака има физическо насилие, сексуална изневяра, сексуален тормоз на деца, алкохолизъм или пристрастяване към наркотици, е време за действия с любов.[6]

Подобно отношение и действия, ако бъдат оставени необсъдени, ще унищожат както самите нас, така и брака ни. Любовта изисква от нас да простим, но и понякога да се конфронтираме.

Лиза никога не се бе съпротивлявала на сплашващите тактики на съпруга си Мартин. Винаги ставало както той иска и така тя изгубила своята увереност. След осем години брак разбрала, че той й изневерява с една съседка. Той обещал да прекъсне връзката заради брака и трите им деца. При три други случая обаче тя разбрала, че връзката му продължавала. Всеки път той отново я уверявал, че ще сложи край. Най-накрая по съвета на една приятелка тя предприела по-категорични действия.

Казала му, че е разрушил доверието в тяхната брачна връзка и той трябва да се изнесе. Ако продължава с изневярата си, бракът им щял да приключи окончателно. Ако обаче докаже с действията и думите си, че иска да се върне, имало възможност бракът им да бъде спасен. За първи път в брака си Лиза му се опълчила за нещо, в чиято правота била убедена.

Срещнахме се с тях, когато бяха вече разделени от няколко месеца. Мартин искаше да се прибере в дома си. Уважението му към Лиза се бе повишило, откакто тя бе поставила ясна граница за поведението му. Той бе осъзнал, че не може винаги да става, както той иска. Трябваше да избере между връзката и семейството си. Твърдата позиция на Лиза бе по-голяма проява на любов от предишното й мълчаливо примирение, защото предлагаше сигурна надежда да се съберат отново и бракът им да се възстанови.

Не се отказвайте прекалено бързо

Шарлот, банкерката от Лондонското Сити, не изгуби надежда, че съпругът й ще се върне при нея. По-късно той й казал, че връзката е приключила и пожелал да се върне у дома. Ето какво разказа Шарлот:

> Той се реши да остане, но му бе нужна още една година преди да се почувства напълно щастлив вкъщи. През тази година той не ме докосваше в леглото, едва говореше с мен, изглеждаше раздразнен, че се е върнал и непрекъснато ми повтаряше, че продължава да е влюбен в другата жена.
>
> През лятото, след като той се върна, отидох на почивка с един от синовете ни, а другия оставих при Джон. Почивката беше чудесна. Не се обадих на Джон нито веднъж. На петия ден той ми се обади и ми каза колко много му липсваме. Това беше повратната точка. Точно две години след като се бе изнесъл, се върна обратно при мен.
>
> Бавно започнахме отново да съграждаме брака си.[7]

Ако вие или вашият партньор сте имали извънбрачна връзка и се борите да съградите отново брака си, ви предлагаме да прочетете една от книгите, които препоръчваме в библиографията под темата „Да съградим отново брака си”. Познаваме брачни двойки (за някои от тях прочетохте в тази книга), които отново са заедно след извънбрачна връзка, решени да изграждат и да пазят своя брак. Важно е да осъзнаете, че е нужно време, за да възстановите доверието помежду си. Един неверен съпруг или съпруга не могат да очакват от брачния си партньор да се държи така, все едно нищо не е станало. Ще трябва да проявят чувствителност и търпение, да разберат разнообразните чувства, които варират от гняв до страх, които вероятно изпитва техният партньор.

Някои ще трябва ежедневно да решават да простят. Един мъж, чиято съпруга неотдавна имаше извънбрачна връзка, ни каза, че всеки път, когато се скарат, си мисли: „Какво право има тя да спори след всичко, което направи?" Той съзнава, че да прости означава да не я обвинява за миналите действия. Трябва да позволи на нея и на брака им да започнат едно ново начало. Междувременно съпругата му трябваше да се научи как може да се освободи от непрекъснатото чувство на вина чрез вяра, че Бог и съпругът ѝ са простили миналото ѝ поведение.

Деветнадесета глава

Да поддържаме секса жив

Сексуалното единство казва наистина: „Обичам те". Това послание може да се повтаря многократно.[1]

Алън Сторки

Неуспехът да се справим с някоя от областите, които изброихме в тази книга, може да изложи брака ни на риска от изневяра, но неуспехът при съхраняване на сексуалната ни връзка ни прави особено уязвими. Сексуалните ни желания и съпричастност са нещо сложно. Дори най-силните бракове преминават през сезони, в които сексуалното желание намалява и се появяват трудности. Те трябва да бъдат обсъдени и разрешени без забава. Ако позволим на сексуалната близост да напусне тихо брака ни, връзката ни ще изгуби неповторимия си аспект.

За някои двойки половата връзка е трудна поради някакво заболяване, което причинява немощ. Въпреки това сексуалното измерение на брачната им връзка продължава да има жизнена важност. Има и други средства, освен половата връзка, по които можем да задоволим потребността на брачния си партньор да бъде обичан и оценен по сексуално удовлетворяващ начин.

Тази част не представлява задълбочен наръчник за справяне с всяка трудност в сексуалната сфера. Няма да разгледаме болезнената сфера на сексуален тормоз, насилие или осъзнаването, че брачният партньор има хомосексуални наклонности. Също така няма да разгледаме сложните последствия на бездетието, спонтанния аборт и аборта. Те могат да оставят емоционални белези, потисната скръб, гризящо чувство на вина и отчаяние по отношение на секса.

Бихме ви посъветвали да се доверите на човек или семейство, които са добре квалифицирани и могат да предложат съвет по тези болезнени въпроси. Лекар или църковен ръководител може да ви насочи към специален съветник. Ако имате един от изброените по-горе проблеми, не се отчайвайте. Познаваме много хора, които откривайки отново Божията любов и сила, са намерили изцеление на миналото си и надежда за бъдещето.

Повечето бракове се поддават на известни проблеми в определен момент. Някои двойки тъпчат на едно място и се примиряват да живеят без плам, защото не знаят как да разрешат проблема или защото са позволили той да продължи толкова дълго, че повече не се чувстват достатъчно близки, за да се справят заедно с него. Виждали сме как двойки успяват да превъзмогнат такива моменти просто като обсъдят ситуацията, като говорят заедно и са готови да се променят.

Следват пет често срещани причини, поради които сексуалната връзка в брака може да изпадне в криза, да отслабне или да не се развие изобщо. Всяка една от тези причини може да бъде обсъдена и коригирана.

Ниско самочувствие

Самочувствието и отношението, което имаме към нашето тяло, имат голямо въздействие върху сексуалните ни желания. Песен на песните говори ясно за физическите качества на мъжа и на жената, които ги привличат и запленяват (Песен на песните 1:15-16; 4:1-7). Библейската перспектива е да приемаме открито собственото си тяло и това на брачния си партньор. Бог не ни е създал всички с тела на супер модели или на спортисти. Той е направил всеки от нас уникален. Има безкрайно разнообразие. Направил ни е високи, ниски, големи, малки, тъмни, кафяви или бели, с различни форми и оттенъци.

Днес медиите ни диктуват модела на красотата. Конкретни детайли се променят с появата и изчезването на различни модели, но посланието остава ясно: трябва да сте много фина жена или много атлетичен мъж с добре оформени коремни мускули. Принудата да изглеждат съобразно определена форма се усеща по-силно при жените. Според някои проучвания повече от осемдесет процента от жените във Великобритания са недоволни от телата си и тридесет процента имат проблеми с храненето. Все по-голям брой жени не са наясно с естественото си и най-здравословно тегло и живеят на диета, която ги държи полугладни. Всяко отклонение от диетата води до натрупване на килограми, което от своя страна може да доведе до чувство на вина и отвращение. Важно е да потърсите помощ, ако считате, че имате склонност към анорексия или булимия или ако сте вманиачени в спорта, за да поддържате телесното си тегло. (Вижте някои от книгите, които сме препоръчали в края.)

Можем да се опитаме да помогнем на себе си и да си помогнем взаимно. Не трябва да сравняваме тялото на партньора си или собственото си тяло с настоящата мода. Специално при жената сексуалната наслада е тясно свързана с начина, по който се възприема. Ако има лоша представа за себе си и е стеснителна, това ще намали способността ѝ да се възбуди и да стигне до оргазъм.

Всеки от нас може да изгражда самочувствието на своя съпруг или съпруга, като редовно им казва колко привлекателни и красиви са те. (Ако не го правим, най-вероятно ще послушат някой друг и ще изложим брака си на опасност от изневяра.) Нужно е и двамата да спазваме едно неписано правило: никога да не критикуваме и да нямаме неразумни очаквания към телата си.

Същевременно е важно да осъзнаем, че *в брака* е нужно да продължим да полагаме усилия за външния си вид така, както преди първата си среща. В противен случай можем да попаднем в затворен кръг. Мислим си: „Партньорът ми повече не се интересува от начина, по който изглеждам" или: „Той никога не ми казва, че съм привлекателна", или „Напоследък не ми е казвала, че я възбуждам". Така изгубваме увереността и мотивацията да се стремим да бъдем привлекателни един за друг. Прекалено странно е и ни се струва ненужно. Партньорът ни почти със сигурност е бил физически привлечен от нас, преди брака и можем да направим много неща, за да съхраним това привличане.

Когато се обичаме с думи и с тела, нежно и пламенно, ще изкараме на повърхността вродената красота, която всеки един от нас притежава. Често сме забелязвали, че когато някой *знае*, че е обичан, става по-красив. От него сияе вътрешна красота и незабележимо това може да доведе до промяна и на външността му. Красотата процъфтява в атмосфера на любов.

Неразрешени чувства

Сексът никога не трябва да се използва като средство за разрешаване на проблеми или конфликти. Неизразени чувства като безпокойство, недоверие или недоволство влияят върху физическата ни близост. Мъжът често може да използва секса като временно бягство от болка или гняв, докато негативните чувства често могат да накарат жената да се отдръпне и затвори в себе си.

Липсата на желание за секс или неспособността да се отдадем сто процента един на друг, може да бъде резултат от нараняване в брака, от предишни сексуални връзки или дори от възпитанието ни. При нужда прегледайте отново дванадесета глава и си припомнете процеса, който използваме, за да обсъдим начини, по които сме се наранили взаимно, и петнадесета глава за начините, по които можем да преодолеем нараняванията от миналото. Много двойки са разговаряли с нас за благотворното влияние върху физическата близост, когато заедно обсъдят и разрешат тези проблеми. Тогава се освобождава нова енергия и преживяваме ново ниво на близост.

Физически проблеми

Има три физически проблема, които влияят на много брачни двойки. Първо, неспособността на жената да стигне до оргазъм. Второ, неспособността на съпруга да контролира еякулацията си достатъчно дълго, за да може съпругата му да се възбуди и да стигне до оргазъм. Затруднения при съпруга да има ерекция, т.е. импотентност. Тези проблеми могат да бъдат преодолени с помощ и информация от лекар, от специалист съветник или дори от добра книга. Много рядко някой от тези проблеми е причинен от физически дефект. Почти всички жени са физически способни да получат оргазъм и повечето мъже могат да се научат да контролират еякулацията. Импотентността не е безнадеждно състояние, много от нещата, които я причиняват могат да бъдат излекувани с лекарства или с добър съвет.

Полезна книга за преодоляване на подобни физически проблеми, написана от медицинска гледна точка и християнска перспектива, е „Прослава на секса" от д-р Дъглас И. Розенау. Освен общи съвети за това, как да изградим сексуалната си връзка, книгата съдържа подробни описания на начини, по които можем да си помогнем взаимно в тези три области.

Умора

Умората вероятно е най-често срещаният фактор, който пречи на сексуалния живот на брачната двойка. Може да се появи във всеки брак, било в ранните месеци, няколко години по-късно, когато се появят децата или когато изискванията на работното място се повишат. От каквото и естество да е напрежението, физическата и умствена умора обикновено превръщат сексуалния ни живот в своя първа жертва. Първоначално това може да остане незабелязано, но ако позволим да се превърне в навик, сексът може напълно да изчезне от живота ни. Бил Хайбълс пише:

> Бог иска да бъдем сексуални същества в един несъвършен свят. Когато първоначалните хормони и романтика се изпарят от брака ни, навлиза ежедневната реалност, която изисква

> нашето време, усилия и взаимна обвързаност. Повече не сме само „аз и ти”, а „аз, ти плюс бебетата, работата, кучето, църквата, сметките и счупената перална машина”.[2]

Умората често означава, че най-лесното нещо вечер е да се отпуснем пред телевизора и да не общуваме словесно или физически.

Няма лесно лекарство за това. Половината битка е спечелена, когато осъзнаем каква опасност крие това за сексуалната ни връзка. Някои промени в начина ни на живот също могат да помогнат. Може да прозвучи странно, но повече физически упражнения ще ни накарат да се чувстваме по-малко изморени. Много от нас правят малко или изобщо не правят упражнения. По цял ден седим в колата, на бюрото и вкъщи. Физическите упражнения допринасят за здравето ни във всяко едно отношение (освен ако не се превърнат в мания) и особено подсилват сексуалната ни наслада. Чувстваме се по-енергични. Струва си да намерите форма на физически упражнения, която ви допада – например петнадесет минути бързо ходене на ден или да се придвижвате с велосипед до работа.

Други трябва да поставят по-ясни граници между работата и семейния живот. Когато създаваме възможности да си почиваме заедно, когато планувяме романтични моменти, както и ежеседмично семейно време, ще се предпазим от изтощение.

В дългосрочен план, въпреки чувството на умора, въпреки по-краткия сън от този, който ни се иска да имаме, или от този, от който си мислим, че се нуждаем, жертвата си заслужава, особено ако това ще поддържа тази изключително важна част от нашия брак активна и жизнена.

Приспособяване и промени след раждането

По време на бременност и около раждането жената е най-уязвима. Неизбежно в сексуалния живот на семейството настават драматични промени. Нужно е съпругът да бъде съчувствителен, грижовен и покровителствен. След раждането *има* живот (в сексуално отношение), но и от двамата съпрузи се изисква неегоистична любов и разбиране.

Съпругът трябва да вземе под внимание физическите промени, които преживява съпругата му преди, по време на и след раждането. Едва тогава ще може да покаже нужната нежност и тя да му каже кога могат да възстановят интимното си общуване. Трябва да се вземе под внимание промяната във формата на вагината, склонността й да се овлажнява по-малко и наличието на рани от разкъсвания.

Съпругът трябва да намери най-добрия баланс между двете крайности: да бъде много внимателен да не докосва съпругата си, за да не я нарани и да не бъде твърде напорист в стремежа си да възстановят сексуалната си връзка преди съпругата да се е възстановила физически.

Всяка брачна двойка трябва сама да реши какво е най-добро за двамата. Това изисква откритост и честност, особено от страна на съпругата, когато обяснява как се чувства физически и емоционално. Кърменето и придружаващата го умора влияят върху либидото на жената. Не се отчайвайте! Времето изцелява, както и упражненията за таза. Те са предназначени не само за възвръщане на фигурата във формата й преди раждането, но и да помогнат на жената да продължи да се наслаждава на удовлетворителен оргазъм. (Вижте книгата „Предназначено за удоволствие" за повече подробности относно musculus pubococcygeus.)

За кратко време майката ще *преустанови секса*, докато е ангажирана с детето си и го кърми. Това е естествено. Не е естествено, ако това се използва като извинение за нежеланието за секс в продължение на много месеци, дори година. Съпругата трябва да разбере трудностите, през които преминава нейният съпруг, докато наблюдава как тя сменя ролята си от съпруга и любима на съпруга и майка. Гърдите й, които до този момент са носили наслада само на него, сега очевидно са под монопола на някой друг. Съпругата трябва да помогне на съпруга си да се пригоди към новата ситуация и да си възвърне образа на сексуален обект.

Колкото повече двамата са заети със своето бебе, което са създали, като поемат съвместно отговорност и се учат в крачка, толкова по-близки и привлечени един от друг ще се чувстват. Ако съпругът продължи да се държи все едно нищо не се е променило, лесно може да се почувства изолиран и двойката ще се раздели. За съпругата най-желаният съпруг е този, който преживява всичко заедно с нея. Тя го вижда в нова светлина, а това създава по-голяма близост и сексуално привличане. Повече от всеки друг момент, брачната двойка трябва да осъзнае какво означава всеки да се отдаде на другия с грижа и желание. Не е необичайно да измине една година преди жената отново да започне да възприема секса нормално.

На последно място, трябва да внимаваме, когато вземаме бебето в леглото си. Очевидно това е нещо нормално, когато бебето е малко, защото улеснява нощното хранене, макар че много майки дори и тогава предпочитат да станат и да седнат на стол. Когато детето поотрасне, не е хубаво да продължи да спи във вашето легло. Малките деца трудно променят навиците си, а ако опитаме да променим навика на дете на осемнадесет месеца, може да травмираме не само него, а и всички в дома. Ако детето спи във вашето легло (или спалня), това сериозно ще попречи на сексуалния ви живот! Една възможност е изобщо да не допускате този навик да се изгражда.

Раждането на дете не трябва да води до спад на сексуалната наслада, а точно обратното, като брачна двойка трябва да пренесете чудото на новия живот, който сте създали, в начина, по който общувате интимно.

Дори ако правите всичко по силите си, за да спрете появата на още едно чудо на този етап, това чувство остава: чудото на живота, което се опитва да се случи. Невероятно, но сексът наистина става по-добър, ако не по-различен, когато детето се появи. Мъжете и жените, които разбират това, остават заедно. Онези, които не го разбират – жените, които напълно охладняват или се отдават недоволно като някаква услуга, мъжете, които се държат както преди и се оплакват от закръглеността и умората на родилата жена – най-вероятно ще се отдадат на ужасния хаос на извънбрачни връзки и отчуждение. Рискувайте. Бъдете готови да приемете промяната така, както пролетта преминава в лято, а то – в есен. Както в много други области от семейния живот, не можете да имате всичко, но можете – с търпение и хумор – да получите голяма част от него.[3]

Седма част – Добър секс

Заключение

Съвременната култура ни залива с много погрешни представи за секса. „Правете го с много и различни партньори; ще станете по-зряла личност и по-добър в това." „Сексът е поредният начин да се наслаждавате на живота. Ако ви кара да се чувствате добре, го правете!" „Ако се обичате един друг, правете секс. Не е нужно да чакате, докато сключите брак."

Има също така и лъжи за секса вътре в брака. „Сключете брак за човек, към когото сте физически привлечен и сексът автоматично ще стане прекрасен." „Не очаквайте да се чувствате сексуално удовлетворен с един мъж или с една жена през целия си живот. Експериментирайте! Фантазирайте! Флиртувайте с други хора! Бъдете реалист. Сексът винаги се изчерпва."

Лесно е да се заблудим и да се объркаме. Истината е, че Бог ни е дал секса като дар на любов. Хиляди брачни двойки са открили, че най-добрият секс е в рамките на един брак с любов, защото далеч надхвърля физическото удовлетворение. Той създава дълбоко емоционално, психологично и дори духовно единство, което има силата да комуникира любов, по много по-силен начин от думите. Сексуалната ни връзка може да изразява нашата любов един към друг нежно, редовно и страстно през годините на брачния живот.

Когато се използва по грешен начин, сексът има силата да ни захвърли в дълбините на болка и изолация. Когато се използва правилно, може да ни извиси до върховете на единението и до възторжена радост.

Седмо златно правило на брака

Не пренебрегвайте сексуалната близост.

Осма част

Епилог

Двадесета глава

Възможността на живота

... тройното въже не се къса бързо.[1]

Еклисиаст 4:12

Една възрастна двойка празнувала платинената си сватба. Бил изпратен един радиожурналист, който да отрази повода. Той положил цялото си старание да накара възрастния мъж (който бил много глух) да разбере въпросите му. „Седемдесет години е много време" – извикал той в ухото на стария мъж. „Някога мислили ли сте за развод?" Старият човек се замислил. След малко отговорил: „Развод? Никога. Не, не мисля. Но на няколко пъти съм обмислял убийство!"

Тайната на дългия и щастлив брак се крие в думите на псалмопевеца, който казва: „Милост и вярност се срещнаха..." (Псалм 85:10). Надяваме се, че познавате брачни двойки, които живеят заедно от двадесет и пет или повече години, чиито живот е бил вплетен в сложна взаимозависимост.

През годините те са развили у себе си дълбоко разбиране към нуждите и желанията на другия; любовта им е съзряла и е станала по-силна с течение на времето; заедно са устоявали на житейските бури от разочарования и трагедии; всеки цени силните страни у партньора си и приема неговите слабости; научили са се да се извиняват за своите егоистични действия и да си прощават; подкрепяли са се един друг през физически изтощителния период на отглеждане на малки деца и през емоционално изтощителния период на напътствия към порасналите юноши; сега се наслаждават на новите възможности да бъдат заедно, които им предоставя „празното гнездо”.

В един такъв брак любовта и верността са се срещнали и именно заради това Бог подари на човечеството брака като едно голямо благословение. Действително това е потенциалът за вашия и за нашия брак. Създадени сме да обичаме от Бога, Който е любов. Способни сме да бъдем приятели, спътници, да обичаме романтично и сексуално. Създадени сме да усещаме обич и да даваме обич. Освен това сме били създадени за вярност от Бога, Който спазва Своите обещания. Способни сме да се отдадем един на друг и да избираме честно и лоялно как да постъпваме.

Любов с вярност – това е най-великата сила за добро в този свят и Бог е планувал тя да бъде в основата на брачната връзка. Въпреки своя неуспех в тази област, Мартин Лутър Кинг признава, че този вид любов „е най-трайната сила на света. Тя е ключът, който отключва вратата на най-прекрасната реалност”.

Много хора задават въпроса, защо бракът е толкова принизен днес? Основната причина е, че любовта и верността са били разделени. Себеотдаването е излязло от мода. Любовта *без* вярност е непостоянна, вредна и болезнена. В най-добрия случай не е повече от физическо привличане, което изчезва толкова бързо, колкото се е появило и се изпарява като росата.

Въпреки хумора (и различните сватби), кулминацията във филма „Четири сватби и едно погребение” е точно отражение на страха на нашето Западно общество от себеотдаване. В началото на филма главният герой Чарлс започва речта си по време на сватбата на своя най-добър приятел: „Аз, разбира се, едновременно се смущавам и възхищавам от всеки, който може да се отдаде по такъв начин”. Филмът завършва със сцена, в която той прави неубедително антипредложение на главната героиня Кари. Последните кадри създават впечатление, че след това те заживяват щастливо.

Проблемът е, че в реалния живот близките взаимоотношения се градят на отдаденост. Том Маршал в книгата си „Правилните взаимоотношения" казва: „... тъй като близостта води до уязвимост, е нужно себеотдаване, което да я предпази... Трагедията днес е, че хората толкова гладуват за близост и така се боят от обвързване, че я търсят в свободни връзки и непрекъснато жънат опустошаващи ги наранявания."[2]

Според Библията бракът е завет, в който мъжът и жената си дават взаимно обвързващи обещания един на друг. Някои двойки, които просто живеят заедно, вероятно с право заключават, че са по-отдадени един на друг от семейните двойки, които познават. Разбира се, една обвързаност от осемдесет процента е по-добра от една шестдесетпроцентна връзка. Въпросът обаче не е в това. Бракът изисква стопроцентова отдаденост един на друг, което дава увереност, че съпругът или съпругата няма да се изнесат при първото по-сериозно разногласие или когато сексът не е бил толкова добър. Това е единственият начин за изграждане на истинско доверие.

В рамките на такъв завет има безопасен терен, върху който може да се изгради един здрав и силен брак. Без такава пълна отдаденост всеки партньор неизбежно задържа нещо у себе си поради страх от разочарование. Себеотдаването предоставя сигурност и доверие: няма проблем, който не може да бъде разпознат и разрешен.

Вярната любов изисква да се противопоставим на съвременната култура. Дългосрочното изграждане на взаимоотношения изисква по-висока цена от краткосрочното удовлетворение на желанията ни. За някои брачни двойки първата година, дори меденият месец, е агония. Всеки ден болезненото нагаждане ги изкушава да погледнат назад и да поставят под въпрос решението си. Майк Мейсън обрисува една реалистична картина на това, което е нужно да се постигне:

> Бракът... може да бъде сравнен с голямо дърво, което расте точно в центъра на нечия всекидневна. То е нещо, което просто си е там, огромно, около което всичко трябва да бъде поставено и където и да отиде човек – до хладилника, до леглото, до банята или към входната врата – трябва да вземе под внимание дървото. Не може да мине през него. Трябва с уважение да го заобиколи. Бракът е нещо по-голямо и по-силно от отделната личност. Вярно, дървото може да бъде насечено, но не без да бъде съборена къщата преди това. То определено е красиво, уникално и екзотично, но също така, нека признаем, понякога ни причинява голямо неудобство.[3]

Вярната любов означава, че трябва да бъдем готови да се променяме и адаптираме един към друг. Един баща, чиято дъщеря свирела на цигулка, видял един отличен инструмент във вехтошарски магазин на много ниска цена. Зарадвал се, но установил, че ключовете не се въртят. Някой ги бил залепил. Разбира се, цигулката била разстроена. Настройването е рутинно действие за всеки музикант. Така е и в брака. Нужни са чести нагласи.

За много хора най-значимото постижение на живота им ще бъде изграждането на един любящ брак. Децата им ще се наслаждават на сигурността на изпълнен с любов и стабилен дом. Приятелите им ще се наслаждават на изобилието и топлотата на тяхната любов. Обществото, в което живеят, ще бъде по-силно и по-здраво заради техния принос. Барбара Буш, бивша първа дама на САЩ, казва следното в обръщение към студентите от колежа „Уелсли":

> Колкото и важни да са задълженията ви като лекар, адвокат или бизнесмен, преди всичко сте хора и човешките отношения с вашия съпруг или съпруга, деца и приятели са най-важната инвестиция, която някога ще направите. В края на живота си никога няма да съжалявате, че не сте взели още един изпит, че не сте спечелили още едно дело или че не сте сключили някоя сделка. Ще съжалявате обаче за това, че не сте прекарали достатъчно време със съпруга или съпругата си, с детето, с приятелите или с родителите си... Успехът ни като общество зависи не от това, което става в Белия Дом, а от онова, което става във вашия дом.[4]

Изграждането на здрав брак не само ни възнаграждава най-богато, но също така заема благородно и свято място в Божиите цели. Дитрих Бонхьофер – немски пастор, екзекутиран по време на Втората световна война заради това, че се противопоставя на Втория райх – пише писмо от затвора до своята племенница в навечерието на нейната сватба:

> Бракът е повече от любовта ви един към друг. Той има по-високо достойнство и власт, защото е Божие свято средство, чрез което Той желае да продължи човешката раса до края на времето. Във вашата любов виждате само вас двамата на света, но във вашия брак вие сте

> брънка във веригата на поколенията, които Бог прави да идват и да си отиват в славата Му и призовава в царството Си. Във вашата любов виждате само небето на вашето щастие, но в брака сте поставени на отговорен пост към света и човечеството. Любовта си е ваше частно притежание, но бракът е нещо повече от лично притежание, той е статут, институция.[5]

Библията възприема брака като готовност да отдадем живота си от любов към друг човек. „... Христос възлюби църквата и предаде Себе Си за нея" (Ефесяни 5:25). Неговата любов към нас е пример, който ние трябва да следваме в любовта си към своя брачен партньор.

> Когато сключим брак, се отдаваме напълно един на друг. Сексуалната връзка, която е централна дейност в брака, е още един начин, по който отдаваме себе си. Пълното предаване на другия е най-близката проява до духовен екстаз и близост от тази страна на небето, които един ден ще имаме с Бога. Ето как Христос ни възлюби. Той ни се отдаде пълно и окончателно. Не задържа нищо за Себе Си.[6]

В деня на нашата сватба двете нишки на отделния ни живот бяха завързани заедно и по време на бракосъчетанието се вплетоха взаимно и станаха едно. Как обаче могат да останат заедно, в хармония, без да се разплетат, без да се протрият или скъсат? Какво трябва да правим в суровата действителност на ежедневието, когато любовта сякаш свършва или пресъхва? Какво ще стане, ако не успеем да намерим ресурсите или волята да продължим да обичаме своя съпруг или съпруга? Има ли някакви отговори?

Вярваме, че единственият сигурен отговор се намира извън нас: „... тройното въже не се къса бързо" – казва авторът на Еклисиаст в Стария Завет (Еклисиаст 4:12). В брачната връзка има трета част, трета личност. Това е Исус Христос, Който подхранва брака в основата му, за да не се налага да разчитаме изцяло на човешката воля. Той е невидимата трета нишка, която превръща двойното вплитане на човешката връзка в силно тройно въже, което е изплетено от Божиите ръце.

О, Господи, направи ме инструмент на Твоя мир;
където има омраза, да сея любов;
където има нараняване – прошка;
където има разногласие – единство;
където има съмнение – вяра;
където има отчаяние – надежда;
където има мрак – светлина;
където има скръб – радост.
Помогни ми да не искам толкова силно
да бъда утешаван, колкото да утешавам;
да бъда разбиран, колкото да разбирам;
да бъда обичан, колкото да обичам.
Защото когато давам, получавам.
Когато прощавам, намирам опрощение.
Когато умирам, се раждам за вечен живот.

Молитва на Свети Франциск от Асизи
(1182-1226)

Първо приложение

Готови ли сме за брак?

Как да разберем дали сме подходящи един за друг? Какво ще стане, ако не сме съвместими? Нормално ли е да изпитваме съмнения? Имаме ли реалистична представа за семейния живот? Когато обмисляме възможността за брак, е възможно да си зададем именно тези въпроси. Трябва честно да им отговорим.

В това приложение сме включили седем проверки на любовта, които са предназначени да покажат дали имаме основата, върху която да градим силен брак.[1] Те ще покажат не само дали сме готови един за друг, но и дали сме готови за брак. Бракът трябва да се основава върху нещо повече от увлечение. Чувството на „влюбеност" няма да поддържа брака цял живот. Увлечението изчезва, но следните седем аспекта на любовта могат да укрепват с всяка изминала година.

Първа проверка: Искам ли да споделя остатъка от живота си с този човек?

В сърцевината на брака стоят двама души, които преди са водили отделно своя живот, но се събират и започват да споделят всичко. С какво ме изпълва тази мисъл, с вълнение или несигурност?

Бракът не ни позволява да останем двама независими индивида, които живеят в една и съща къща, спят на едно легло и прекарват много време заедно. Бракът означава да бъдем готови да споделяме целия си живот един с друг.

Готов ли съм да споделям времето си? Свикнал съм да организирам сам плана за деня си по собствен начин. Сега ще трябва заедно да изработим общ план. Бракът не означава да прекарваме всяка минута заедно, но включва винаги задължението да имаме другия предвид, когато планувАме всяко нещо.

Готов ли съм да споделям парите си? Мога ли честно да кажа: „Всичко мое ще стане наше?" В брака нищо не остава само мое, защото си обещаваме: „... ще споделям с теб всичките си земни блага". Всяко мое притежание, голямо или малко, ценно в материален смисъл или сантиментално, трябва да бъде споделено с другия човек. Готов ли съм за това?

Втора проверка: Дава ли ми нашата любов енергия и сила или ме изтощава?

Ако връзката ни е здравословна, ще се чувстваме по-живи, когато сме заедно, по-мотивирани да живеем според целия си потенциал. Любовта на другия ще ни освобождава, за да бъдем личността, която сме създадени да бъдем. За разлика от представата на много хора, бракът може да освобождава. В здравия брак животът ни се обновява от любовта на нашия партньор.

Най-близките ни приятели или семейството често са хората, които най-точно разпознават въздействието на връзката върху нас. Ако насочваме вниманието си към доброто в другия, хората ще искат да бъдат около нас. Времето прекарано заедно действа ли ни обогатяващо?

Тази втора проверка разкрива дали нашата любов ни мотивира и вдъхновява. При някои двойки самото усилие, което е нужно за поддържане на връзката, ги изцежда и ги кара да се чувстват като хванати в капан. Това не е здрава основа за брак. Възможно е от известно време единият да излиза с партньора и да се страхува да не го нарани, ако скъса с него. По-добре е човек да скъса по-рано, отколкото по-късно, ако връзката няма дългосрочно бъдеще.

Трета проверка: Уважавам ли този човек?

Има различни неща, които са ни привлекли един към друг. Уважението обаче е нещо по-дълбоко от обикновеното привличане.

Уважавам ли характера на този човек? Откриваме какъв е характерът на някого като наблюдаваме начина, по който той или тя се отнася към другите хора: как се държи към по-възрастните, към по-младите, към семейството си, към връстниците си, към хората с различно потекло, култура или раса. Проявява ли състрадание, смелост, постоянство, търпение, принципност и други качества, които ценим? Възможно е той да изглежда изключително добре, да има чудесна работа, да готви невероятно или да е много атлетичен, но дали е любезен? (Ако не сте сигурни, вижте как се държи към майка си.)

Уважавам ли преценката му? Уважавам ли решенията, които взема (големи или малки) за кариера, пари или семейство? Съвместими ли сме в основните си разбирания и ценности? Би било глупаво да сключим брак с човек, който има противоположно становище по най-важните за нас въпроси. Например: съгласни ли сме по въпросите за вярата, етиката, образованието и децата? Ако установим, че партньорът ни не иска деца, това може много да ни нарани и ще промени изцяло живота ни.

Ако сте християнин, наставлението на Библията: „Не се впрягайте заедно с невярващите" (2 Коринтяни 6:14) е важен съвет, който да вземете предвид, ако обмисляте брак. Иска ли този човек да следва Бога и да Му служи с цялото си сърце във всеки аспект от живота си? Гледа ли на Бога като към Някой, Който има план и цел за неговия / нейния живот (и съответно за бъдещия ви живот заедно)?

Мога ли да си кажа: „Ще бъда горд/а да се свържа с този човек"? Добър въпрос, който можем да си зададем е: „Бих ли искал този човек да бъде майката или бащата на моето дете?"

Четвърта проверка: Приемам ли този човек такъв, какъвто е?

Никой не е съвършен. Всички имаме своите слабости, странности и лоши навици. Какво ни дразни у този човек? Трябва да бъдем сигурни, че можем да живеем заедно и да се обичаме, дори ако нито едно от тези неща не се промени.

Не трябва да сключваме брак с мисълта, че постепенно с течение на времето ще успеем да променим това или онова в партньора си. Обикновено такова очакване води до разочарование.

Поведение като пристрастяване към алкохол, наркотици, хазарт или порнография често изисква професионална помощ и трябва да бъде преодоляно преди брака, защото самият брак няма да премахне пристрастяването.

Пета проверка: Можем ли да признаваме грешките си, да се извиняваме и да си прощаваме един на друг?

Противоположните идеи и отрицателните чувства са неизбежна част от всяка брачна връзка. Джон Грей в „Мъжете са от Марс, жените са от Венера" казва: „Някои двойки се карат през цялото време и постепенно любовта им умира. Другата крайност е, когато те потискат искрените си чувства, за да избегнат конфликтите и да не спорят. Потискането на истинските чувства също води до загубване на връзката с любовта. Едните двойки водят истинска война, а другите – студена война".[2]

Нито един от тези подходи не работи. Ако се нараним взаимно, трябва да покажем способност да говорим за това открито, да преглътнем гордостта си, да кажем, че съжаляваме и да си простим. Това изисква добро комуникиране. Като двойка разрешавали ли сме несъгласията помежду си по конструктивен начин? Целта на тази проверка не е да определи съществуването или отсъствието на конфликти, а способността ни да ги преодоляваме.

Шеста проверка: Имаме ли общи интереси в основата на нашето приятелство?

Забавляваме ли се заедно? Приятелствата се градят на споделени преживявания. Споделените дейности водят до споделена увереност и общи спомени. Намерили ли сме общи интереси, които доставят удоволствие и на двамата? Приятно ли ни е, когато правим заедно нещо? Бракът не означава да споделяме всеки личен интерес, но е важно да продължим с тези общи интереси и да открием други, за да може приятелството ни да расте.

Седма проверка: Преживели ли сме заедно всички сезони и различни ситуации?

Виждали ли сме се през лятото и през зимата по шорти и с палто? Или сме се виждали само с измита коса, нагласени за среща? Познаваме ли цялата личност? Познаваме ли се не само когато нещата вървят добре, но също и когато имаме трудности? Как откликва всеки от нас по време на стрес или криза?

Някои хора прибързват с брака, защото са били наранени в предишна връзка или от някаква трагедия в живота им. Ако бракът се използва като средство за избягване от болка, то това е много несигурна основа за всяка една връзка. Единствено достатъчното време, прекарано заедно, ще разкрие истинската личност на другия. Както е казал някой: „Любовта е нещо, което си преживял с някого".

Някои хора могат да откликнат положително и на седемте проверки, но въпреки това да им е трудно да се ангажират с брак, защото в миналото някой, на когото са имали доверие, ги е разочаровал. Възможно е в брака на родителите им да е имало насилие; възможно е бащата или майката да са напуснали семейния дом, когато те са били още малки; възможно е да са преживели болезнено края на предишна връзка, за която са се надявали, че ще продължи за цял живот.

Първата стъпка за преодоляване на страха от ангажиране с брак е да разпознаем източника му. Ще бъде полезно, ако разговаряме за това с доверен приятел, църковен водач или съветник. (В повечето случаи е добре да обсъдим съмненията си по отношение на връзката си с друг човек, не със своя приятел или приятелка.)

Втората стъпка е да простим на хората, които са ни наранили. (Ако това е родител, използвайте като основа молитвата, посочена като пример на стр. 257). Ако простителността е непрекъснат процес, всеки път, когато болката, гневът или разочарованието излязат на повърхността, те ще ни оказват все по-слабо въздействие. За много хора страхът от обвързване бива преодолян единствено чрез верността на евентуалния партньор, чрез нарастващото взаимно доверие и личния опит в един брак, основан на любов.

Женили сме щастливо приятели, които са отговаряли с „да" на всичките седем въпроса, но на сватбата си са се борили с колебание и съмнения. Нужна е смелост, за да завържем възела и да изречем думите, които ще повлияят на останалата част от живота ни.

Познаваме други приятели, които са били достатъчно смели да развалят годежа си няколко седмици или броени дни преди сватбата. Някои от тях след време са сключили брак с някой друг, други са останали несемейни. Те не съжаляват за решението си. Много по-добре е човек да остане несемеен и независим, отколкото да изгуби свободата си да служи на Бога и да реализира пълния си потенциал в Него, като междувременно изгради много приятелства, вместо да търпи последствията от лошо избран съпруг или съпруга.

.

Второ приложение

Годеж, секс и меден месец

Годеж

Годежът е период на подготовка не само на сватбата, а и за брака. Това е време, през което ще изградим приятелството си, ще научим повече неща един за друг и най-вече ще уточним очакванията, които всеки от нас има за брачния живот. Надяваме се, че обсъждането на съдържанието на тази книга ще бъде от помощ. Често се появява известно напрежение и недоразумения, относно които подготовката за сватбата често действа като катализатор. Ценна част от подготовката е възможността да се научим да преодоляваме несъгласията си.

Сексуални ограничения по време на годежа

Годежът също така е време, когато трябва да се научим да контролираме физическите си желания. Божият план е моментът, когато ще се отдадем един на друг сексуално, да бъде резултат от готовността за себеотдаване, която декларираме чрез брачните си обети. Майк Мейсън пише следното за сексуалното общуване:

> Като дейност, която символизира съвършено доверие и предаване, сексуалното общуване изисква съответна среда или структура на съвършено отдаване, в която да се реализира. То изисква сигурността на най-съвършеното

> уверение и готовност, които двама души могат да си дадат взаимно, а именно – договор на брака, сключен с любов.[1]

Някои хора считат, че трябва да установим дали сме сексуално съвместими преди брака. Пробният съвместен живот не е справедлива проверка.

През юли 1998 Групата за защита на семействата и на децата, назначена от двете камари на Парламента във Великобритания, изпрати доклад до вътрешния министър, озаглавен „Семейни въпроси". Групата открива, че съвместното съжителство не изгражда сигурна връзка според опита на много съжителстващи двойки... Броят на разводите сред двойките, които преди брака са съжителствали заедно, е двойно по-висок от този при онези двойки, които не са живели заедно преди брака.

Причината за това е, че сексуалната връзка ни прави уязвими. Подобна уязвимост изисква доверие, което може да съществува единствено в рамките на брачния обет. В рамките на една напълно ангажираща брачна връзка сме истински свободни да се отдаваме безрезервно един на друг. Не е важен сексуалният опит, физическите качества или правилната химия. Най-добрият секс е резултат от себеотдаваща се и саможертвена любов.

Темата в Песен на песните, която е повторена в поемата три пъти, посочва потребността от контрол на физическите желания, докато не настъпи правилният момент, в който да се отдадем един на друг: „... йерусалимски дъщери... да не възбудите и да не събудите любовта ми, преди да пожелае" (Песен на песните 2:7; 3:5; 8:4). Поради силата на сексуалното желание имаме отговорност един към друг да не „се възбуждаме" и „събуждаме" извън границите на нашия себеконтрол. Научихме много за ценността на сексуалните ограничения през четирите години, през които ходихме заедно преди да сключим брак.

Ники Познавахме се от шестнадесет месеца и вече бяхме силно влюбени един в друг, бяхме дълбоко отдадени един на друг и ни се струваше естествено да започнем да спим заедно.

Сила Аз бях на осемнадесет, бях независима и обичах Ники толкова силно, колкото си представях, че мога да обичам някого. Връщайки се назад във времето, осъзнавам, че връзката ни стана много интензивна, когато започнахме да спим заедно и същевременно, макар и дълбоко скрито в мен, започнах да изпитвам чувство на вина. Познавах възгледите на родителите си за секса извън брака, но винаги съм ги отхвърляла като традиционнохристиянски принципи, които не се отнасят до мен.

Любовта ми към Ники бе различна. Бях дълбоко отдадена на тази връзка. Не скачах в леглата на различни мъже и това бе най-естественият начин, по който исках да изразя силната любов, която изпитвах към него. Убедих се, че тези доводи са достатъчни, защото исках те да са достатъчни.

Когато за първи път започнахме с Ники да говорим за християнството през 1974, нямах истинско разбиране за начина, по който то ще се отрази на взаимоотношенията ни.

Ники Постепенно, когато започнах да изследвам и мисля за християнската вяра, съвестта ми ми подсказа, че ако предам живота си на Исус Христос, това ще означава да престанем да спим заедно преди брака. Това пробуди у мен страх, че можем да започнем да се отдалечаваме един от друг. Затова не споделих мислите си по този въпрос със Сила до последния възможен момент.

Когато осъзнах, че трябва да взема решение, си спомням, че написах някаква молитва от типа: „Боже, мисля, че Те има. Мисля, че вярвам, че Исус Христос е Божият Син и Той възкръсна от смъртта, следователно трябва да Ти посветя живота си. Нямам силата да го направя, освен ако Ти не убедиш и Сила."

Сила Когато чух Дейвид Макинис да говори за Исус Христос, той говореше така, сякаш Го познаваше лично, както аз познавах Ники. Това за мен бе като откровение. Постепенно започнах да осъзнавам, че ако приема християнската вяра, това ще промени много области от живота ми, включително и нашата сексуална връзка. Никой не ни каза нищо. Това бе постепенно осъзнаване, което като кулминация достигна до ясното убеждение, кой е най-добрият път пред нас. Вечерта, когато предадохме живота си на Божия път, разбрахме, че трябва да чакаме до брака преди отново да заживеем физически заедно.

Ники През следващите седмици разбрахме, че близостта ни, докато спим на едно и също легло, без да се любим, бе твърде предизвикателна за нас и затова започнах да спя на пода. Няколко месеца по-късно осъзнахме, че ще ни бъде по-лесно, ако не спим в една и съща стая. Разбрахме, че тази степен на близост е предназначена за брака.

> Промяната стана под формата на дълъг процес при нас и сме благодарни за начина, по който Бог ни превеждаше нежно от един етап към друг. Вместо да ни отдалечи, Той внесе нова свобода във връзката ни, а тя породи близост, която не ни бе позната преди. Доверието ни един към друг нарасна.

Научихме много неща през тези две години и половина, когато престанахме да спим заедно, преди сключването на брак. Физическата страна на нашата връзка не винаги бе лесна, но по-късно осъзнахме защо Бог е създал секса за двама души, които се намират в брачна връзка, продължаваща цял живот. Научихме се да разграничаваме страстта от други начини, по които изразяваме любовта си, като постоянна грижа един към друг и подходяща физическа близост.

Сега осъзнаваме, че това е било важен урок за нас, защото дори в брака сме способни да се нараняваме един друг чрез сексуалната си връзка. Възможно е да се стремим да задоволим единствено личните си желания, вместо да се обичаме и отдаваме един на друг.

Също така осъзнахме нуждата да си помагаме взаимно. Лесно е да започнем игра, в която единият от нас възбужда другия, за да го предизвика да направи нещо, което действа възбуждащо, за да можем от своя страна да направим нещо, с което да го/я възбудим... и т.н. И така, ако продължим повече, отколкото сме възнамерявали, ще можем да се оправдаем: „Вината не е *моя. Ти* започна!" И двамата осъзнахме, че трябва да поемем отговорност, като си помагаме един на друг.

Следват няколко практически съвета, които ние и други двойки, които са се стремили да запазят секса за брака, са счели за доста полезни.

- Определете какво точно възбужда другия, било то виждане, думи или докосване. Като цяло мъжете бързо се възбуждат чрез това, което виждат, докато жените биват стимулирани чрез емоционална близост. (Важно е да имаме предвид тези разлики също *в* брака, когато съзнателно се стремим да се възбудим един друг.)

- Постарайте се да не създавате ситуации, в които ще си легнете заедно, когато не се притеснявате някой да не ви обезпокои или види. Например, пренощуването сами в къща или отиването заедно на почивка може да предостави за много двойки по-голямо изкушение, отколкото те могат да понесат. Излизайте и с други приятели. Идеята за по-възрастен придружител може да ви се стори старомодна, но е особено ефективна!

- Силно ви препоръчваме да не спите в едно и също легло, дори и да сте решили да не се любите. Такава степен на близост обикновено води до сексуално общуване. Двойки, които са се поставяли в ситуации, които изискват огромно самовъздържание, откриват, че то лесно може да доведе до чувство на вина по-късно при секс *в* рамките на брака.

Една двойка, която редовно спяла на едно легло, полагала толкова големи усилия да се въздържа преди брака, че след това било трудно и за двамата да се отпуснат.

- По отношение на това, докъде да стигнем физически преди брака, всяка двойка трябва сама да определи своите граници. Нашите собствени ограничения включваха да не лежим един до друг и да избягваме да бъдем голи или полуголи един пред друг. Подобно откриване на телата с право трябва да остане за брачната нощ.

Практикуването на такива ограничения е трудно, но така ще запазим прекрасното чувство на очакването да се отдадем един на друг във върховния момент. Един наш приятел писа:

> Преди да стана християнин, бях ходил на много сватби. Подобно на Чарлс от „Четири сватби и едно погребение" осъзнах, че почти не минава събота, без да съм някъде на сватба. Това бяха стопляващи сърцето тържества, пълни с красиви

рокли, мили думи и добро вино. Въпреки това, никога няма да забравя първата сватба, на която присъствах и знаех със сигурност, че сватбата ще положи началото на сексуалната връзка за тази двойка. Във въздуха витаеше нещо различно: доловима лекота, чувство на благоговение, усещане за деликатност, нежност и чистота. Сиянието на очите им докато изричаха брачните си обети е нещо, за което един ден ще разкажа на моите деца.

Минал сексуален опит

Божието намерение е и двамата младоженци да бъдат девствени, преди да сключат брак. Вече обсъдихме причината за въздържанието. Ако обаче поради минал сексуален опит има някаква болка, вина, ревност или непростителност, тези чувства трябва да бъдат обсъдени преди сключването на брака.

Предишна сексуална връзка, било то тайна или разкрита, може да помрачи нашия брак. Тя не само че няма да ни донесе полезен опит, а може да породи недоверие, ревност и разрушителни спомени. Християнският отговор е да предоставим сексуалното си минало пред Бога и да Го помолим да ни прости и очисти греховете, които сме извършили.

Предлагаме ви да разкриете минали сексуални връзки на своя годеник или годеница и да помолите за прошка. Не е нужно да навлизате в подробности, тъй като те могат да бъдат болезнени и да причинят допълнителна вреда. Тогава Бог може да ви изцели и да даде свободата и радостта на едно ново начало.

Възможно е да се страхуваме да не нараним своя годеник или годеница, но тайните са нещо опасно в брака. Когато те ненадейно изскочат наяве в една бъдеща връзка, ще причинят много повече болка и вреда. Ако се притеснявате как да разговаряте един с друг за това, можете да потърсите помощта на опитен църковен ръководител или съветник. Възможно е за такава изповед да е нужна и смелост, за да бъдете уверени, че бъдещето ви заедно се гради върху основата на доверие, откровеност и прошка.

Би било мъдро, ако потърсите съвет преди да говорите за области като аборт, пристрастяване, порнография, проституция, обличане в дрехи на другия пол или хомосексуални експерименти. Намерете човек, който е запознат с такива въпроси. Това би могло да положи началото на процес за справяне с миналото. Възможно е да продължи месеци, дори години. В подобен случай взаимната подкрепа е от изключителна важност.

Някои двойки съжаляват, че са стигнали по-далеч във физическия си контакт един с друг, отколкото са искали, преди брака. Сексуалните им желания са излезли извън контрол и един от тях е възбудил другия против истинските му / й желания. Тези съжаления могат да бъдат представени пред Бога и един пред друг за прошка и възстановяване. Когато дойдем открито и честно пред Бога, Неговото обещание към нас е, че „ако някой е в Христос, той е ново създание; старото премина; ето, всичко стана ново" (2 Коринтяни 5:17). Чудесно е, че може да пристъпим към брака със знанието, че сме свободни от миналото си.

Меденият месец

Бъдете подготвени

Предлагаме ви около месец преди сватбата и двамата да прочетете добра книга за секса от християнска гледна точка (вижте библиографията накрая), за да бъдете добре информирани. След като сключите брак, се постарайте заедно да прочетете друга такава книга. Това ще ви помогне да започнете по-лесно да обсъждате открито сексуалния си живот (един с друг!). Също така ще ви помогне, ако впоследствие се сблъскате с някои проблеми. Всяка брачна връзка за цял живот има периоди, когато нещата не вървят толкова добре. Много мъже преживяват известна импотентност в определени моменти, най-често по време на стрес. Много жени имат понижено сексуално желание, когато се появят децата.

Ако имате тревоги или неотговорени въпроси, можете да се обърнете към някой лекар или да разговаряте със семеен приятел, на когото можете да се доверите.

Бъдете реалистични

Признайте нуждата си от възстановяване от умората на сватбения ден. Постарайте се да си организирате меден месец, който да ви помогне възможно най-много да се отпуснете. Вероятно това не е най-подходящият момент да отидете в Антарктида, да плавате по Амазонка с кану или да изкачите Хималаите. Целта на медения месец е да прекарате време в отпускане, приспособяване и наслада един с друг. Прекалено дълго изморително пътуване или разглеждане на много забележителности няма да постигне тази цел. Това не е времето да планувате отпуската, която е мечта на живота ви. Запазете такава почивка за след година-две, след като сте женени. Тогава вероятно ще ви хареса много повече.

Не очаквайте прекалено много веднага

Меденият месец е само началото на цял един живот на постоянни открития. Гледайте в перспектива. По отношение на секса не очаквайте да се сбъднат всичките ви мечти наведнъж. Това е време на нежност, внимание и търпение. Чувството за хумор ще ви помогне да се отпуснете. Не се панирайте, ако нещата не станат, както сте гледали по филмите – веднага, спонтанно, с неколкократен оргазъм. Възможно е да е нужно известно време, преди и двамата да преживеете оргазъм или да го преживеете по едно и също време.

Не се притеснявайте да говорите за това, което ви носи наслада и това, което не харесвате по време и след като сте се любили. Това ще задълбочи умението ви, как да се възбуждате един друг. Първоначално това може да ви се струва странно и неестествено, но комуникирането е от основно значение за изграждането на физическа връзка. Скоро всяко притеснение ще изчезне.

Говорете за очакванията си

Лесно е да имаме нереалистични и неизказани очаквания един за друг. Не трябва да се чувствате задължени да се любите веднага, след като прекрачите прага на спалнята. Чувствайте се свободни и да не го правите. Непременно обсъдете този въпрос, за да не започвате брака си с несигурност и недоразумение. Възможно е внезапното пресичане на границата непозволено / позволено да ви се струва странно и да реагирате по различен начин.

Един съпруг ни каза, че съпругата му била толкова изтощена от деветчасовото сватбено тържество, че просто си легнала веднага, след като влезли в спалнята. Той стоял буден цяла нощ, дълбоко разочарован, считайки, че е допуснал най-ужасната грешка като се е оженил. Нещата значително се подобрили, когато двамата разговаряли за своите различни очаквания на следващия ден и меденият им месец преминал чудесно.

Поддържайте чувството си за хумор

Възможно е меденият месец да се окаже непредсказуем. Една брачна двойка ни разказа, че толкова ужасно изгорели на слънцето през първия ден от техния меден месец, че цяла седмица не успели да се докоснат. За щастие успели да погледнат от към веселата страна на тази ситуация. Друг младоженец описва как нещата не се развили по план първата им вечер:

> Когато най-накрая пристигнахме в хотела, беше единадесет часá. Изглеждаше по-малък, отколкото ни се стори на брошурата и се разочаровах. Единственият принос, който имах за организирането на сватбата, бе изборът на хотела. Денят бе преминал чудесно и съпругата ми сияеше. Толкова ми се искаше вечерта да бъде незабравима. Открихме стаята си. Беше прекрасна. Джейн се усмихна, когато видя изстуденото вино и розите върху леглото. Започнах да се отпускам. Всичко щеше да бъде наред.
>
> Наистина можеше да бъде наред. За мой ужас забелязах, че вместо двойно легло имаше две единични. Бързо намерих управителя. „Ние имаме меден месец и според вас това тук е луксозен апартамент за младоженци" – му казах аз.
>
> Управителят веднага се извини и каза, че поради многото гости друго семейство вече се е разположило в апартамента за младоженци.
>
> „Но ние имаме единични легла" – примолих се аз. В този момент трябваше да се скарам и да продължа да отстоявам правата си. Когато обаче управителят предложи друго

разрешение, се съгласих с него, защото ми каза, че в миналото така се е получавало добре.

„Ще ви изпратя въже и можете да стегнете леглата едно за друго" – каза той.

„Направете го бързо!" – възкликнах аз.

И така, в нощта, която чаках цели двадесет и осем години, в нощта, за която си мечтаех, докато давах всичко от себе си, леглата се разделиха. Заедно с Джейн паднахме на пода. Погледнах към тавана и ми се прииска да съм мъртъв. Джейн се наведе и пошепна в ухото ми: „Скъпи..., мисля, че усетих как земята се движи".[2]

Трето приложение

Семеен бюджет

Според проучване на Службата за семейно съветване „Рилейт", повечето спорове за пари са свързани с приоритетите за харченето им. Ако парите създават проблеми във вашия брак, би ви помогнало да съставите заедно план, как като двойка или семейство ще използвате парите си. Бюджетът, разбира се, не е някаква магическа формула, но самият процес по съвместното му изготвяне има няколко преимущества. Първото преимущество е, че финансовото ни състояние става ясно и на двамата. Второто е, че обсъждаме как ще харчим парите си. Третото, след като разпределим нужните суми за всяка област от разходите ни, всеки е свободен да избере какво да купи с определена сума пари.

Подобно на всяка друга конфликтна сфера, парите могат да се превърнат в нещо, което ни разделя и влияе върху цялата ни брачна връзка или в проблем, върху разрешаването на който трябва да работим заедно, като междувременно се приближаваме повече един към друг.

Работата по бюджета може да премахне страха, че нямаме контрол върху всичко, вината от безразсъдното харчене, както и конфликта, породен от взаимни обвинения, когато парите не достигат. Познаваме бракове, които са били преобразени от ожесточеност един спрямо друг към хармония чрез обсъждане и вземане на решения по отношение на финансите.

Ако парите са източник на напрежение, ви препоръчваме следните три стъпки: (Ще ви се сторят много очевидни и обикновени, но е изумително колко малко хора сядат и преминават през тях заедно.)

Открийте истинското си финансово състояние

Изчислете колко притежавате и колко дължите

Намерете време, когато не сте изморени или разсеяни и вероятно няма да бъдете прекъсвани. След това извадете банковите извлечения, неплатените сметки, спестовните книжки, извлеченията по кредитните карти и др. Възможно е отначало да ви бъде трудно да бъдете честни един с друг, ако сте похарчили повече пари и сте задлъжнели, но усилията определено ще си струват. Притеснението за парите много лесно може да се превърне в мрачна тайна. Когато страховете са изказани, те губят голяма част от властта си над нас.

Бъдете внимателни един с друг – никой не се справя съвършено. Ако открием, че сме задлъжнели, част от обсъждането ще трябва да бъде как да платим дълга си. Не се страхувайте или притеснявайте да търсите помощ от хора с опит. Колкото по-рано разпознаете проблема, толкова по-лесно той ще бъде разрешен.

Изчислете дохода си

За да планувame какво да харчим, трябва да знаем колко пари влизат в бюджета ни и къде отиват. По-лесната част е да изчислим общия си доход. Трябва да запишем всички приходи и средства, след като приспаднем данъка и парите за осигуровки. След това можем да възприемем този доход за среден за всеки месец. Впишете тези суми в „Месечния план на семейния бюджет”, копие от който ще видите в края на това приложение.

Изчислете какво харчите

Много брачни двойки са във финансово затруднение, но нямат представа къде отиват парите им. Поради това могат да набедят погрешни разходи като причина за задлъжняването си. За да придобием точна представа за разходите си, може да се наложи да записваме за месец-два всичко, за което харчим парите си. Тази информация, заедно с банковите извлечения и извлеченията по кредитните карти, ще ни помогне да съставим списък с разходите си за всеки месец. (Що се отнася до разходи, които не са ежемесечни, като например поправка на колата, застраховката на дома или почивките, изчислете годишната сума и я разделете на дванадесет.)

Запишете тази информация в „Месечния план на семейния бюджет" и създайте колкото ви трябват нови категории. Започнете с фиксираните разходи, като например погасяване на заем за къщата или наем, ток и вода, застраховка, пътни разходи. След това отбележете областите, в които може да бъдете по-гъвкави, като: храна, домакинство, дрехи, подаръци, гостоприемство и спорт.

След това трябва да извадим онова, което харчим, от това, което печелим. (Ако резултатът не съответства на банковата информация, банката е допуснала грешка или ние сме пропуснали нещо!) Разбира се, можем да получим отрицателно число. В този случай харчим повече, отколкото печелим и трябва незабавно да предприемем нещо по въпроса.

Обсъдете бъдещето

Втората стъпка е да планувaме използването на парите и да разпределим определени суми за различните области. Основната цел е да направим бюджет, който е в рамките на нашия доход и отразява приоритетите, които заедно сме определили, като същевременно заделяме достатъчно средства за нещо непредвидено.

Възможно е да се наложат жертви от страна на съпруга и съпругата, но за повечето брачни двойки е по-лесно да обсъждат бъдещето, отколкото да обясняват миналото. Ако не можете да се съгласите, прекъснете обсъждането, за да си дадете време да помислите (и да се молите) за гледната точка на своя партньор. Намерете друга възможност да говорите отново, когато сте настроени най-добре за това.

Голямото предимство при постигането на съгласие е в това, че ще можем да харчим пари до определения от нас лимит, без да се чувстваме виновни или да се налага да крием нещо един от друг.

Определете как да упражнявате контрол

Назначете си финансов директор

Определянето на бюджета е едно, а придържането към него е нещо съвсем различно. Полезно е да решим кой от нас е по-способен да следи финансите, да плаща сметките и да инициира редовни ревизии.

Следете кредитната си карта

За много хора най-голямата трудност при контролиране на харченето е кредитната им карта. Има две опасности. Едната е да си мислим, че сякаш не харчим истински пари. Следващата е, че няма автоматичен начин да следим колко пари са останали в бюджета ни. Ето защо някои двойки са се отказали от кредитните си карти и са се върнали към плащането в брой. Макар и не толкова удобно, то им помага да контролират какво харчат и до голяма степен предотвратява много конфликти в брака им.

Десет предложения за харчене без чувство на вина

Ето една лесна система. Бяха ни нужни десет години, за да си я изработим.

1. Вземете бял лист. Записвайте си общия брой средства,

които сте заделили за основни неща (храна, лекарства и др.) този месец.

2. Всеки път, когато харчите пари за основни неща, си отбелязвайте дадената сума като я изваждате от общата си сума за месеца. И двамата трябва да го правите.
3. Ако изтеглите пари от банкомат, вероятно ще ги използвате за основни неща. Запишете и тях. Лесно е да забравите за изтеглените пари от банкомат, особено ако искате да забравите.
4. В края на първата седмица проверете какво сте похарчили. Ще се наложи ли да намалите сумата за следващата седмица или сте успели да спестите нещо и можете да си отдъхнете? Бъдете честни. Ако сте спестили, върнете пържолите в списъка за пазаруване.
5. Започвайте нова страница в началото на всяка седмица с новата обща сума. Винаги изваждайте от нея това, което сте похарчили.
6. Последната седмица от месеца често се случва да излъжете, да се предадете или да ядете много боб, защото очевидно е много полезен за вас.
7. Останалите разходи, като нови дрехи и излизане на кафе или ресторант (за съжаление), трябва да бъдат категоризирани като второстепенни.
8. Бележка: не е нужно да купуваме неща, които не са основни. Ще живеем (макар и болезнено) без поръчки за дома от ресторант за бързо хранене, без да гледаме футболния мач на живо или без новите ботуши. Понякога ще се наложи да кажем „не" (за предпочитане на себе си, вместо един на друг).
9. Спазвайте същата система за основни и второстепенни неща. Желанието да излъжете, да забравите или да пропуснете някой разход може да се увеличи.
10. Когато имате средства, се насладете на воля на пазаруването, на вечерите на свещи, на уикенд извън дома или на каквото друго пожелаете.

Трябва да признаем, че системата е толкова добра, колкото хората, които я управляват. В нашия брак е имало периоди, когато парите не са достигали и е трябвало да разпределяме строго всеки лев. Друг път сме разполагали с повече и сме били по-небрежни в следенето на нещата, за които харчим. Рано или късно обаче се е налагало да направим ревизия на средствата си и да се върнем към системата, за да не харчим прекалено много.

Понякога, когато една двойка не може да се справи финансово, причината е, че няма достатъчно доходи, с които да се издържа. По-често обаче проблемът се корени в харченето. Роб Парсънс пише следното за своето възпитание:

> Баща ми беше пощальон, а майка ми чистачка. Живеехме в къща под наем и животът ни беше скромен, да не кажа оскъден. Второстепенни неща като отопление в спалните, килими и тоалетна хартия (не питайте!) бяха част от друг свят. Не бях се хранил в ресторант, докато не навърших шестнадесет. Въпреки това имах всичко, от което се нуждаех в този дом, включително мъдър съвет от баща, който често ме дръпваше настрани и ми рецитираше думите на г-н Микобър от „Дейвид Копърфийлд" на Чарлс Дикенс: „Годишен доход: двадесет шилинга; разходи: деветнадесет шилинга и шест пенса – резултат: щастие. Годишен доход: двадесет шилинга; разходи: двадесет шилинга и шест пенса – резултат: мизерия." Доверието в този принцип помогна на баща ми никога да не задлъжнява. Може да си мислите, че е платил неприемлива цена за това. Никога не е ходил на почивка извън дома си. Никога не е имал собствена банкова сметка. Никога не е опитвал паста. Въпреки това, не съм познавал по-доволен от живота човек от него.[1]

Месечен план на семейния бюджет

Среден месечен доход (определете годишна сума)

Двете заплати		_______ лв.
Други източници на приходи		_______ лв.
Общо (1) лв. _________ / 12 =		_______ **лв.**

Действителен бюджет

Фиксирани редовни разходи (определете годишна сума)

Наем / ипотечен заем	_______ лв.	_______ лв.
Данък	_______ лв.	_______ лв.
Сметки (ток, вода, газ)	_______ лв.	_______ лв.
Застраховка	_______ лв.	_______ лв.
Връщане на заеми	_______ лв.	_______ лв.
Пътуване (сезонен билет)	_______ лв.	_______ лв.
Кола (данък, застраховка)	_______ лв.	_______ лв.
Благотворителност	_______ лв.	_______ лв.
Други	_______ лв.	_______ лв.
Общо (2) лв. _________ / 12 =	_______ лв.	_______ лв.
	(месечно)	(месечно)

Променливи „основни" разходи (определете годишна сума)

Домакинство (храна, лекарства и др.)	_______ лв.	_______ лв.
Дрехи / обувки	_______ лв.	_______ лв.
Разходи по поддръжка на колата	_______ лв.	_______ лв.
Телефон	_______ лв.	_______ лв.
Други	_______ лв.	_______ лв.
Общо (3) лв. _________ / 12 =	_______ лв.	_______ лв.
	(месечно)	(месечно)

Променливи „второстепенни" разходи (определете годишна сума)

Забавления / гостоприемство	_______ лв.	_______ лв.
Подаръци	_______ лв.	_______ лв.
Спорт / свободно време	_______ лв.	_______ лв.
Почивка	_______ лв.	_______ лв.
Излизане	_______ лв.	_______ лв.
Други	_______ лв.	_______ лв.
Общо (4) лв. _________ / 12 =	_______ лв.	_______ лв.
	(месечно)	(месечно)

Месечна сума за спестявания / спешни случаи

Общо (5) лв. _________ / 12 =	_______ лв.	_______ лв.

Съберете заедно общите месечни разходи (2, 3, 4, 5)	_______ лв.	_______ лв.
Сравнете с общия месечен доход (1)	_______ лв.	_______ лв.

Четвърто приложение

Да се молим заедно

За някои хора, които четат тази книга, идеята за молитва би се сторила много странна и чужда. За някои молитвата е белег на слабост или интелектуална незрялост. Те са научени, че порастването е свързано с това, да могат сами да се справят. Ето защо те не смеят да признаят пред себе си, камо ли пред партньора си, че имат затруднения в някоя област от живота си.

За други идеята да се молят на глас е свързана със срам. Една жена, която участва в „Курса за брака", ни каза, че по-скоро би тичала гола по пътя, вместо да се моли със своя съпруг. Това може да ни накара да се чувстваме разголени и уязвими, тъй като молитвата е нещо много лично, дори интимно действие, но това не трябва да изглежда толкова трудно.

Когато се молим заедно, черпим от източник на мъдрост, любов и сила извън нас. Това ни носи надежда, не отчаяние. Ето какво споделят някои брачни двойки, които познаваме, за въздействието на общата молитва върху брака им:

- „Молитвата основно премахва безпокойството от нашия живот. Предаваме всичко на Бога и след това можем да се отпуснем малко."
- Опитваме се да се молим кратко всяка вечер преди да заспим. Това ни действа като лепило."
- „Опитваме се да се молим неделя вечер. Това означава,

че се безпокоим много по-малко, тъй като нещата, които ни тревожат, попадат върху Божието 'бюро'."

- „Животът ни се струва много по-труден, когато не се молим заедно. Когато застанем и двамата пред Бога, се обединяваме."

Как да започнем

За нас съвместната молитва играе важна роля в нашия брак, особено след като преодоляхме някои първоначални нереалистични очаквания. Те съответстваха пропорционално единствено на очакванията ни за това, колко можем да изядем.

Ники Когато сключихме брак, Сила редовно приготвяше огромна вечеря с достатъчно храна поне за шест души. Тя използваше нови рецепти няколко вечери седмично, докато след три седмици, довели до раздути стомаси и изтощена съпруга, тя повече не успяваше да спазва това темпо и превключихме на вечери с препечена филия с кашкавал или меню от някой китайски ресторант с доставка вкъщи.

Молитвата ни заедно започна по подобен начин. Винаги ни се струваше, че има толкова много неща, за които да се молим, ако изобщо успеехме да стигнем до молитвата в края на деня. В тези случаи молитвата продължаваше повече, отколкото можехме да издържим. Обикновено се молехме късно, когато често бяхме много изморени. След известно време никой вече не предлагаше да се молим, тъй като и двамата не можехме да понесем мисълта за още една дълга молитва.

> След това някой ни предложи да се опитаме да се молим заедно пет или десет минути в началото на деня. При нас това промени всичко. Засичахме времето, така че да имаме действително десет минути преди единият от нас да потегли за работа. Това премахна всяка опасност молитвата да продължи твърде дълго.

През последните тридесет и две години целта ни е била да започваме деня с кратка съвместна молитва, като сме нагаждали продължителността в зависимост от възрастта на децата и работната ни програма. Не успяваме да се молим заедно всеки ден, но след като си го поставим за цел, успяваме да го реализираме по-често, а преимуществата ни правят още по-усърдни.

Как да се молим заедно и един за друг

Идеята да се молим редовно заедно не трябва да ни се струва странна. Трябва да започнем да се молим както можем, не както не можем. За някои това може да означава да използват книги с написани молитви, които да четат на глас. За други добро начало може да бъде да прочитат по няколко стиха от Библията и след това тихо да се молят един за друг. Книгите „30 дни"[1] или „Всекидневна светлина"[2] с по няколко стиха от Библията за всеки ден са били полезни за много хора.

Други предпочитат да изричат своите молитви на глас. Съветът ни е да започнете с това, което ви кара да се чувствате удобно и да се стремите към простота и честност един към друг.

Преди няколко месеца се запознахме с една брачна двойка, която щеше да празнува четиридесетата годишнина от сватбата си. Попитахме ги какво според тях е най-важно за изграждането на такъв здрав брак. Те казаха няколко мили неща един за друг и ни разказаха как са се сближили.

Това, което казаха след това обаче, бе най-показателно. И двамата бяха съгласни, че онова, което е допринесло най-много за здравината и хармонията на техния брак, е съвместната молитва всяка сутрин.

Отначало помислихме, че са го правили всеки ден в продължение на последните четиридесет години и въпреки това, ги попитахме кога са започнали. Отговориха ни: „Преди около осемнадесет месеца". След това добавиха, че ако някой им бе казал, че това ще стане нещо важно за тях преди няколко години, щяло да им се стори много странно.

Никога не е твърде късно да започнем. Също така никога не е прекалено рано. Следват няколко предложения, които са ни помогнали неимоверно много да направим съвместната молитва постижима.

Започнете с благодарност към Бога

Благодарността пренасочва нашето мислене към Бога. Ако усещаме напрежение или се чувстваме претоварени и решим да изразим благодарност, перспективата ни ще се промени драстично. Апостол Павел пише няколко от писмата си от затвора, но въпреки това в тях има много благодарност и признателност към Бога. „Винаги се радвайте. Непрестанно се молете. За всичко благодарете, защото това е Божията воля за вас в Христос Исус" (1 Солуняни 5:16-18). Това отношение се различава от настоящата мода на недоволство и борба за нещо по-голямо и по-добро. Благодарността към Бога, включително и благодарността един за друг, ще промени нашата перспектива в живота.

Молете се един за друг

Основната цел на това време е да установим нуждите или безпокойствата си за предстоящия ден и да ги представим пред Бога. Понякога те ще се концентрират върху едно от децата ни; друг път ще бъдат породени от безпаричие; понякога ще са предизвикани от чувството ни на неадекватност в светлината на предизвикателствата пред нас. Ако на един от нас му е трудно да общува с определен човек, другият се моли Бог да промени сърцето му и да го изпълни със Своята любов към този човек.

Гордостта и упорството ни лесно могат да ни попречат да застанем пред Бога и да помолим за Неговата помощ. Бог иска да се молим за всичко, особено за онези неща, за които нямаме човешки отговор.

Не се притеснявайте, ако се молите за едно и също нещо през целия ден

Исус ни казва: „Искайте и ще ви се даде; търсете и ще намерите; хлопайте и ще ви се отвори" (Лука 11:9). Граматическото време в оригиналния текст *(Повелителната форма на сег. вр. в старогръцкия език е имала смисъла на продължителност и съответства на несвършения вид на бълг. глагол – бел. ред.)* означава да продължаваме да искаме, да търсим и да чукаме, да не се отказваме след първия опит.

Сила Когато децата ни бяха малки, осъзнах, че искам Ники да се моли за едно и също нещо за мен ден след ден. Безкрайно много се нуждаех от повече търпение и физическа сила. Молитвите на Ники оказаха силно въздействие върху взаимоотношенията ми с децата ни. Фактът, че продължаваме да се молим за едно и също нещо, не означава, че Бог не отговаря на молитвите ни, а по-скоро признаваме зависимостта ни от Него.

Молитвите ви нека бъдат „вертикални", не „хоризонтални" и манипулативни

Молитвата не е начин да си отмъстите един на друг. Аз (Сила) не трябва да се моля: „Господи, моля Те, помогни на

Ники да престане да работи толкова усилено, за да прекарва повече време с децата", освен ако той не е поискал да се моля конкретно за това. Също така не трябва да използваме молитвата като възможност да кажем нещо на своя брачен партньор, защото тогава едва ли ще посмее да ни прекъсне.

Не се отказвайте

Това се отнася особено за семействата с малки деца. Този етап от родителската грижа сякаш продължава вечно. Спомняме си, как си мислихме, че никога отново няма да успеем да се помолим заедно, дори за пет минути. Сякаш изразходвахме много физическа и емоционална сила да заведем детето до неговата стая с играчка или касета и да му обясним: „Сега ще се молим. Още не е време да ставаш." След това се връщахме бързо в спалнята, за да си откраднем още минутка молитва, преди вратата да се отвори отново и да се наложи да повторим цялата процедура.

Струваше ли си? Когато погледнем назад във времето, дори ако бяхме успели да се помолим заедно само два или три пъти седмично, тези няколко минути определено ни помогнаха, както и позволиха на децата ни да видят колко важна е молитвата за нас. Децата порастват и става по-лесно да се молим заедно.

Надявайте се на Божиите обещания

Заучаването на много от Божиите обещания в Библията се превърна в наше богатство. Ставаме по-мъдри, когато четем Библията поотделно и заедно. Когато се учим да прилагаме съветите й в ежедневието си, тя оформя и променя нашето отношение и поведение.

Както в молитвата има сила, така и в съвместното четене на Библията има сила. Често сме се уверявали, че няколкото стиха, които сме прочитали заедно от Псалмите или от

Евангелията преди да започнем да се молим, са имали силно лично приложение и за двама ни през същия ден.

Заключение

Много хора си мислят, че Бог иска да ги улови в капан, да ги обвини или да ограничи живота им. Нищо не може да е по-чуждо на характера на Бога, който ни се е открил в Исус Христос. Бог копнее да ни дава, да ни помага, да ни освобождава от миналото и да ни прави способни да гледаме на околните с любов. Той не ни се натрапва, но чака да откликнем на Неговата любов.

Библейското наставление: „... като се подчинявате един на друг в страх от Христос" е поставено в контекста на това, да търсим *Божията* воля за своя живот: „Опитвайте какво е благоугодно на Господа" и „Затова не бъдете неразумни, а проумявайте каква е Господната воля" (Ефесяни 5:21, 10, 17). Когато съпругът и съпругата решат, всеки за себе си, да търсят Божията воля за важните неща в живота си, ще установят, че са свободни от всяко безпокойство, а това ще повлияе силно на техния брак.

Апостол Павел пише от собствен опит: „Не се безпокойте за нищо, но във всяко нещо с молитва и молба изказвайте прошенията си на Бога с благодарение; и Божият мир, който никой ум не може да схване, ще пази сърцата ви и мислите ви в Христос Исус" (Филипяни 4:6-7).

Молитвата може да стане най-важното нещо, което правим заедно.

Бележки

Увод

1. За отговор на въпроса „Защо умря Иисус?", ви препоръчваме да прочетете книгата „Житейски въпроси" от Ники Гамбъл (Алфа България, 2011), по-специално трета глава.
2. От англиканската венчална церемония, *The Alternative Service Book*, 1980.

Първа глава: Поглед в перспектива

1. Mike Mason, *The Mystery of Marriage* (Triangle, 1997), p. 160.
2. John Bayley, Iris, *A Memoir of Iris Murdoch* (Duckworth, 1998), p. 57.
3. Уилям Шекспир, „Сонети", (Захарий Стоянов, 1999), стр. 120.
4. Frank Muir, *A Kentish Lad* (Corgi, 1997), p. 404.
5. *The Guardian*, 24 October 1998, p. 3.
6. Цитирана аудио касета от Sam Thompson, 'Communion in Marriage', част 2, касета 2, Anaheim: VMI 1984.
7. Цитирано в Selwyn Hughes, *Marriage as God Intended* (Kingsway Publications, 1983), p. 13.
8. *The Daily Mail Weekend*, 9 January 1999, [Interview with Lynda Lee-Potter].
9. *The Times*, 15 February 2000, [Interview with Celia Brayfield].

Втора глава: Планувайте, за да успеете

1. Публий Вергилий Марон - Буколики, Георгики, Енеида (Народна култура, 1980), стр. 99.
2. John Fitzgerald Kennedy, *The Observer*, 10 December 1961.
3. Rob Parsons, *Loving Against the Odds*, (Hodder & Stoughton, 1994), p. 39.
4. Raymond Snoddy & Carol Midgley, *The Times*, 22 April 1998, p. 5.
5. Ibid.
6. *Vanity Fair*, October 1999, p. 135.
7. *The Daily Mail*, 20 April 1998.

8. Гари Чапмън, „Петте езика на любовта”, (Нов човек, 2008), стр. 22, 27.
9. Alan Storkey, *Marriage and its Modern Crises*, (Hodder & Stoughton, 1996), p. 25.
10. Д-р Хенри Клауд и д-р Джон Таунзенд, „Границите”, (Нов човек, София, 2003), стр. 160.
11. Rob Parsons, *Loving Against the Odds*, (Hodder & Stoughton, 1994), p. 39.

Трета глава: Как да разговаряме по-ефективно

1. Libby Purves, *Nature's Masterpiece, A Family Survival Book*, (Hodder & Stoughton, 2000), p. 221.
2. *Speaking for Themselves.* Личните писма на Уинстън и Клементин Чърчил, редактирани от Мери Соумс (Black Swan, 1999).
3. The Mail on Sunday.
4. Cherry Norton, *The Independent on Sunday*, 3 October 1999, p. 6-7.
5. Libby Purves, *Nature's Masterpiece, A Family Survival Book*, (Hodder & Stoughton, 2000), p. 221.
6. Sonia Leach, *Good Housekeeping*, August 1994 – "Do Men Understand Intimacy?"
7. *The Message*, съвременен лесно разбираем превод на Библията на английски език от Юджийн Х. Питърсън (Navpress 1993).
8. Frank Muir, *A Kentish Lad*, (Corgi, 1997), p. 404.

Четвърта глава: Как да слушаме по-ефективно

1. Marry Catterwood, 1847-1901, U.S. writer, *Mackinac and Late Stories* (Marianson).
2. Gerard Hughes.
3. Петте категории лоши слушатели са формулирани от Acorn Christian Foundation, Tel.: 01420 478 121; website: acornchristian.org
4. Гари Чапмън, „Петте езика на любовта”, (Нов човек, 2008), стр. 49-50.
5. Седемте навика на високо ефективните хора, Стивън Кови, (Кибеа, 1999), стр. 358.
6. Аллах - моят Отец?, Билкис Шейх, (Искрен Шопов ЕТ, 2002), стр. 45.

7. Седемте навика на високо ефективните хора, Стивън Кови, (Кибеа, 1999), стр. 356.
8. Как да печелим приятели и да влияем на другите, Дейл Карнеги, (Кибеа, 2007), стр. 149.
9. Diana Vaughan, *Uncoupling: Turning: Points in Intimate Relationships*, (Oxford University Press 1984).

Пета глава: Пет начина за изразяване на любов

1. Луис де Берниер, „Мандолината на капитан Корели", (ИК „Бард" ООД, 2007), стр. 355.
2. Гари Чапмън, „Петте езика на любовта", (Нов човек, 2008).
3. Richard Bausch, *The Eye of Love*, (Macmillan, 1995), p. 258, 261, 264.

Шеста глава: Думи и дела

1. Ella Wheeler Wilcox, 'An Unfaithful Wife to Her Husband', in Charles Mylander, Running the Red Lights, (Ventura, CA: Regal Books, 1986), p. 30.
2. Луис де Берниер, „Мандолината на капитан Корели", (ИК „Бард" ООД, 2007), стр. 63-64.

Седма глава: Време, подаръци и докосване

1. Jean Anouilh (1910-1987) from *Adela* (1949).
2. Alan Storkey, *The Message of Love* (IVP, 1994), p. 117.
3. Гари Чапмън, „Петте езика на любовта", (Нов човек, 2008), стр. 90.

Осма глава: Да ценим различията помежду ни

1. Frank Muir, *A Kentish Lad*, (Corgi, 1997).
2. Richard Hooker (1554-1660), English Theologian.
3. Paul Tournier, *Marriage Difficulties* (SCM Press, 1971), p. 26.
4. Susan Quillam and Relate, *Stop Arguing Start Talking* by Relate (Vermilion, 1998).
5. Monty Don, *Observer Marriage*, 19 May 2002.
6. Bill and Lynne Hybels, *Love That Lasts* (Marshall Pickering 1995), p. 12.
7. Ibid. p. 15.
8. Judith S. Wallerstein and Sandra Blakeslee, *The Good Marriage* (Houghton Mifflin Company, 1995).
9. Ibid.

10. Richard Selzer, Mortal Lessons: Notes in the Art of Surgery.
11. Red Magazine, March 2000.

Девета глава: Да се съсредоточим върху проблема

1. Цитирано от Филип Янси в „Изумителна благодат" (Нов човек, 2004), стр. 98.
2. Philip Delves Broughton, *The Times*, 12 February 1998, p. 9.
3. Libby Purves, *Nature's Masterpiece, A Family Survival Book*, (Hodder & Stoughton, 2000), p. 227.
4. Колосяни 4:6; Филипяни 4:5 от *The Message*, съвременен лесно разбираем превод на Библията на английски език от Юджийн Х. Питърсън (Navpress 1993).
5. Rob Parsons, *Loving Against the Odds*, (Hodder & Stoughton, 1994), p. 65.

Десета глава: Поставете център на живота си

1. Габриел, Гарсия Маркес, Любов по време на холера, (Народна култура, 1987), стр. 235.
2. *Children's Letters to God*, compiled by Stuart Hemple and Eric Marshall (Collinsp 1966).
3. Алфа курсът предлага възможността да бъдат чути и обсъдени актуалността и истинността на християнското послание. Днес се провежда в над седем хиляди църкви във Великобритания и в много други църкви по света. Лично познаваме много двойки, чиито бракове са били променени в резултат от участието им в този курс.
4. За онези, които искат да научат повече за молитвата, могат да открият добро основно въведение в пета глава на книгата „Житейски въпроси" от Ники Гамбъл (Алфа България, 2011).

Единадесета глава: Как можем да изгубим близостта си?

1. John Taylor, *Falling* (Victor Gollancz, 1999), p. 3.
2. За тази част сме особено благодарни на Дейвид и Тереза Фъргюсън за вдъхновението и прозренията, които извлякохме от тяхната книга *Intimate Encounters*, (Nelson, 1997) и на курсовете за семеен живот.
3. К. С. Луис, „Четири пъти любов", (Нов човек, 1996), стр. 132.

4. Valerie Windsor, "Telling Stories", *Fresh Talent*, (W. H. Smith), p. 39.

Дванадесета глава: Как можем да възстановим близостта си?

1. Мартин Лутър Кинг цитиран от Филип Янси, „Изумителна благодат" (Нов човек, 2004).
2. *Readings for Meditation and Reflection*, ed. By Walter Hooper, (New York: Harper Collins, 1996), p. 63.
3. Филип Янси, „Изумителна благодат" (Нов човек, 2004), стр. 97.
4. Corrie ten Boom, *He Sets the Captives Free*, (Kingsway Publications, 1977), p. 38.

Тринадесета глава: Как да се разбираме добре със своите родители и сватове?

1. Amanda Vail, *Love Me Little.*
2. Mary Pitches, *Yesterday's Child*, (Hodder and Stoughton, 1990), p. 147.
3. Ann McFerran, Motherland – Interviews with Mothers and Daughters, (Virago Press, 1998), p. 22.
4. Victoria Glendinning, *Sons and Mothers*, (Virago Press, 1997), p. 248.
5. Libby Purves, *Nature's Masterpiece*, (Hodder and Stoughton, 2000), p. 260.
6. Ibid. p. 337.
7. Ann McFerran, Motherland – Interviews with Mothers and Daughters, (Virago Press, 1998), p. 119.
8. Ibid. p. 15.

Четиринадесета глава: Как да се освободим от родителския контрол?

1. Robin Skinner and John Cleese, *Families and How to Survive Them*, (Mandarin, 1990), p. 298.
2. Victoria Glendinning, *Sons and Mothers*, (Virago Press, 1997), p. 256.
3. Ann McFerran, Motherland – Interviews with Mothers and Daughters, (Virago Press, 1998), p. 168.
4. Dr David Mace, Getting Ready for Marriage.

5. Libby Purves, *Nature's Masterpiece*, (Hodder and Stoughton, 2000), p. 262.
6. Ann McFerran, Motherland – Interviews with Mothers and Daughters, (Virago Press, 1998), p. 28-9.

Петнадесета глава: Как да се справим с последствията от наранявания в детството?

1. Alan Storkey, *The Meaning of Love*, (IVP, 1994).
2. Victor Frankel, *Man's Search for Meaning*, (Hodder and Stoughton,1992).
3. Victoria Glendinning, *Sons and Mothers*, (Virago Press, 1997), p. 255.

Шестнадесета глава: Секс – какво е това?

1. John White, *Eros Defiled*, (IVP, 1977), p. 20.
2. Mike Mason, *The Mystery of Marriage*, (Triangle, 1997), p. 100.
3. Libby Purves, *Holy Smoke*, (Hodder and Stoughton, 1998), p. 85.
4. Michael and Myrtle Baughen, *Your Marriage*, (Hodder and Stoughton, 1994), p. 62.
5. John White, *Eros Defiled*, (IVP, 1977), p. 86.
6. *The Sunday Times*, 2 November, 1997, News p. 14.
7. *The Guardian*, 17 October, 1998, p. 3.
8. John White, *Eros Defiled*, (IVP, 1977), p. 15.

Седемнадесета глава: Шест качества на добрите любовници

1. Alan Storkey, *The Meaning of Love*, (IVP, 1994), p. 98.
2. Shaunti Feldhahn, *For Women Only: What You Need to Know about the Inner Lives of Men*, (Multnomah, 2004), p. 100.
3. Michael Castleman, *Sexual Solutions*, (Simon & Schuster, 1983), p. 162.

Осемнадесета глава: Да защитаваме брака си

1. John White, *Eros Defiled*, (IVP, 1977), p. 75.
2. Kathryn Knight, *The Times*, 17 March, 1996.
3. John White, *Eros Defiled*, (IVP, 1977), p. 81.
4. *Good Housekeeping*, March, 2000, p. 64.
5. Alan Storkey, *The Meaning of Love*, (IVP, 1994), p. 83.
6. Gary Chapman, *Hope for the Separated*, (Moody Press, 1982), p. 78.
7. *Good Housekeeping*, March, 2000, p. 64.

Деветнадесета глава: Да поддържаме секса жив

1. Alan Storkey, *The Meaning of Love*, (IVP, 1994), p. 164.
2. Bill Hybels, *Tender Love*, (Moody Press, 1993), p. 106.
3. Libby Purves, *Nature's Masterpiece*, (Hodder and Stoughton, 2000), p. 225.

Двадесета глава: Възможността на живота

1. Ian and Ruth Coffey, *Friends, Helpers, Lovers*, (IVP, 1996), p. 177.
2. Tom Marshall, *Right Relationships*, (Sovereign World, 1992), p. 24.
3. Mike Mason, *The Mystery of Marriage*, (Triangle, 1997), p. 20.
4. Реч по време на церемонията по дипломирането на завършващите през 1990 в колежа „Уелсли" (Wellesley College Library, Wellesley, Mass.), p. 4.
5. Dietrich Bonhoeffer, *Letters and Papers from Prison*, (S. C. M. Press, 1971), p. 42.
6. Clio Turner, *Closer to God April-May-June 1999*, (Scripture Union, 1999), p. 127.

Първо приложение: Готови за брак?

1. Тези въпроси са адаптирани от *I Married You*, Walter Trobisch, (IVP, 1971), p. 89.
2. Джон Грей, „Мъжете са от Марс, жените – от Венера", (Хомо Футурус, 1993), стр. 136-137.

Второ приложение: Годеж, секс и меден месец

1. Mike Mason, *The Mystery of Marriage*, (Triangle, 1997), p. 100.
2. Paul Francis, *Teenagers: The Parents' One Hour Survival Guide*, (Marshall Pickering, 1998), p. 88.

Трето приложение: Семеен бюджет

1. Rob Parsons, *Loving Against the Odds*, (Hodder & Stoughton, 1994), p. 190.

Четвърто приложение: Да се молим заедно

1. Nicky Gumbel, 30 Days – a thirty-day practical introduction to reading the Bible, (Alpha International Publications, 1990).
2. *Daily Light – The Classic Scripture Selection*, (Hodder & Stoughton, 1982).

Библиография

1. Общо за брака
Mike Mason, *The Mystery of Marriage*, (Triangle, 1997)
Rob Parsons, *The Sixty Minute Marriage*, (Hodder & Stoughton, 1997)
Гари Чапмън, „Петте езика на любовта", (Нов човек, 2008)
Bill and Lynne Hybels, *Love That Lasts*, (Marshall Pickering, 1999)
Rob Parsons, *Loving Against the Odds*, (Hodder & Stoughton, 1994)

2. Изграждане на сексуалната връзка
Dr Douglas E. Resenau, *A Celebration of Sex*, (Thomas Nelson, 2002)
Richard and Lorraine Meier, Frank Minirth, and Paul Meier, *Sex in the Christian Marriage*, (Fleming H. Revell Company / Baker Book House, 1997)

3. Преодоляване въздействието на наранявания в детството
Gary Chapman, *The Other Side of Love – Handling Anger in a Godly Way*, (Moody Press, 1999)
Mary Pytches, *Yesterday's Child*, (Hodder & Stoughton London, 1990)
Dr David Ferguson and Dr Don McMinn, *Top 10 Intimacy Needs*, (Intimacy Press, 1994)

4. Преодоляване на финансови затруднения
Keith Tondeur and Larry Burket, *Debt-Free Living*, (Monarch Publications, 1997)
Keith Tondeur, *Financial Tips for the Family*, (Hodder & Stoughton, 1997)
Ron and Judy Blue, *Money Talks and So Can We*, (Zondervan Publishing House, 1999)

5. Преодоляване на хранителни разстройства
Helen Wilkinson, *Beyond Chaotic Eating*, (Zondervan Publishing House, 1993)
Jo Ind, *Fat is a Spiritual Issue*, (Mowbray, 1993)

6. Възстановяване на брака
Gary Chapman, *Hope for the Separated*, (Moody Press, 1996)
Джеймз Добсън, „Любовта трябва да бъде твърда", (Нов човек, 1999)

7. Други полезни източници

Care for the Family
Цели да съдейства за укрепване на семейния живот и да помага на хората, които са преживели семейна раздяла. Дейността им включва семинари и събития във Великобритания. Предлага информация и материали.
www.careforthefamily.org.uk

Marriage Resource
Интернет страница, която съдържа указател на християнските съветници във Великобритания и други материали.
www.marriageresource.org.uk

CareConfidential National Helpline for Crisis Pregnancy and Post-Abortion Support
www.carteconfidential.com

Living Waters
Християнска организация, която работи за изцеляване на наранени чувства, взаимоотношения, сексуални проблеми; работи с хора, които имат проблеми с половата си идентичност.
www.living-waters-uk.org

Credit Action
Предлага образоване и съветване за хора с дългове.
www.creditaction.org.uk

Очаквайте също от Ники и Сила Лий

Книга за отглеждане и възпитание на децата

Ако искате да научите повече за християнската вяра и

да посетите Алфа курс, можете да посетите:

www.alpabg.org

или да се свържете с нас

Алфа България

П. К. 107

5100 Горна Оряховица

тел. /факс 0618 23 200

моб. тел. 089 468 30 35

info@alphabg.org

www.ingramcontent.com/pod-product-compliance
Lightning Source LLC
La Vergne TN
LVHW010745270826
846327LV00013B/67